खून के छींटे इतिहास के पन्नों पर

खून के छींटे इतिहास के पन्नों पर

भगवत शरण उपाध्याय

वाणी प्रकाशन

वाणी प्रकाशन

4695, 21-ए, दरियागंज, नयी दिल्ली 110 002

शाखा

अशोक राजपथ, पटना 800 004

फ़ोन: +91 11 23273167 फ़ैक्स: +91 11 23275710

www.vaniprakashan.in

vaniprakashan@gmail.com

IOON KE CHHINTE ITIHAS KE PANNON PAR

by Bhagwat Sharan Upadhyaya

ISBN : 81-8143-125-1

History

संस्करण 2004

आवृत्ति 2012

मूल्य : ₹ 250

मेहरा ऑफ़सेट, नयी दिल्ली-110002 में मुद्रित

वाणी प्रकाशन का लोगो मक़बूल फ़िदा हुसेन की कूची से

क्रान्तिकारी और क्रान्तिदर्शी
शक्तियों को

दूसरे संस्करण की भूमिका

यह रिपोर्ताज भारतीय समाज के मानवीय अंगों की आपबीती है। इसका पहला संस्करण, जमाना हुआ, निकला था। सही प्रकाशक की प्रतिक्षा में इसका नया संस्करण रोके रहा। अब पीपुल्स पब्लिशिंग हाउस को इसे देकर संतोष लाभ कर रहा हूं।

उज्जैन, --- लेखक

5-5-1973

वाणी प्रकाशन की ओर से

प्रिय पाठकों,

'खून की छींटे' इतिहास के पन्नों पर पुस्तक का यह संस्करण वाणी प्रकाशन की ओर से पीपुल्स पब्लिशिंग हाउस से सहयोग से प्रकाशित किया जा रहा है। इस शृंखला के तहत पी पी एच, नयी दिल्ली की अनेकों पुस्तकें प्रकाशित की जाएंगी। ज्ञान का असीम भंडार होती हैं, महत्त्वपूर्ण पुस्तकों का उपलब्ध कराना एक प्रकाशक का कर्त्तव्य है और इसी शृंखला के तहत अनेकों पुस्तकें प्रकाशित की जा रही हैं।

अनुक्रम

नारी

"उठ नारी, वह मृतक है जिसके पार्श्व में तू लेटी है। उठ और इस नवोदित को वर, उठ और जीवितों के जगत में प्रवेश कर।"

1

मैं नारी हूं— भारतीय नारी। मेरी कहानी अभिशप्त की है। इस कहानी के प्रसार पर वेदना का विस्तार है, रक्त का रंग उस पर चढ़ा है, दुर्भाग्य के कीचड़ में वह सनी है।

मैं नारी हूं, पितृसत्ताक-युग से पूर्व मातृसत्ताक-युग की भारतीय नारी, जिसने वनों का शासन किया, जनों का निग्रह। तब मैं नितान्त नग्नावस्था में गिरि-शिखरों पर कुलांच भरती थी, गुहा-गह्वरों में शयन करती थी, वन-वृक्षों को आपाद-मस्तक नाप लेती थी, तीव्रगतिका नदियों का अवगाहन करती थी।

शक्ति-परिचायक मेरे अंगों में तब भारी स्फूर्ति थी, शशक की गति का मैं परिहास करती थी, मृग की कुलांच का तिरस्कार। शूअर को मैं अपने पत्थर के भाले पर तौल लेती थी और सिंह की लटों से मैं बच्चों के झूले बांधती थी। सिंहवाहिनी थी तब मैं, काल्पनिक दुर्गा नहीं, प्रयोग-सिद्ध चण्डी।

आज सिंह का गर्जन आतंक का प्रतीक है। तब मेरी हुंकार वन के मार्ग को प्राणहीन कर देती थी। सिंह और सुअर मेरी राह छोड़ हट जाते, हाथी मस्तक झुका लेते, गैंडे मुग्ध मुझे देखते रह जाते।— और पुरुष ?

पुरुष मेरा दास था, मेरे श्रम से उपार्जित आहार का आश्रित। मेरे अंग-अंग में शक्ति बसती थी, रोम-रोम में स्पन्दन था। शिराएं रज्जु की भांति स्कंध पर, वक्ष पर, भुजाओं पर, जानुओं के विस्तार में जैसे उलझी खिंची रहतीं। शिकार से लौट कंधों पर मृग और सुअर लाद जब मैं उछलती-कूदती पसीने से लथपथ उपत्यका में उतरती तब मेरा परिवार मुझे घेर लेता, मेरा गृहस्थ नर, मेरी शक्ति-मण्डित बालक-बालिकाएं।

नर तब मेरा मुंह ताकता, मेरी भाव-भंगिमा देखता, मेरे तेवरों से कांप उठता। तब मैं जब चाहती, उसे बदल सकती थी। उसके कालभुक्त जर्जर गात से मेरी अभितृप्ति जब न होती, मैं तत्काल उसे उसके भाग्य पर छोड़ अन्यत्र चली जाती, तरुणायत पुत्र को उसका स्थानापन्न करती और अपनी स्थिति कमजोर देखते ही शक्तिमुखी कन्या के मार्ग से हट

जाती — पर हट आसानी से न जाती। कन्या स्वाभाविक उत्तराधिकारिणी थी। मेरे प्रौढ़ मांसल तन को वह अपलक देखती — "क्या इस शक्ति-परिचय का अन्त न होगा ?"

वह मेरी शक्ति के मध्याह्न के बाद का अपराह्न था और मैं अपनी शक्तिमुखी कन्या के विचारों को आंकती-समझती। मां के प्रौढ़ मांसल तन को कभी मैंने भी इसी आंख से देखा-निहारा था। अक्सर तब मेरा अन्त संघर्ष में होता, मां-बेटी के संघर्ष में।

उस काल यदि कोई अभागा था तो वह नर-दास जिसके लिए इस बदलते शक्ति-शासन में कोई अपनापन न था। उसका गृहालु जीवन जैसा पहले कार्यबहुल था, वैसा ही अब भी बना रहा— दब्बू, महत्त्वहीन, आकांक्षारहित, भविष्यहीन।

2

सहस्त्राब्दियों बाद --

जीवन बदल गया था, वन बदल गये थे, पर्वत और जल-स्रोत बदल गये थे। मैं स्वयं अपने को पहचान न सकी। मैं अब उसकी गुलाम थी जो कभी मेरा गुलाम रह चुका था

उस कभी के दब्बू, महत्त्वहीन, आकांक्षारहित, भविष्यहीन नर की।

—अब वह भविष्यहीन न था। सूर्य की भांति अब वह पूर्व क्षितिज पर आरूढ़ था और उसकी शक्ति की अरुणाभ उषा कब की पूर्वाकाश में नाच चुकी थी। अब उसकी शक्ति गगन की मूर्धा की ओर अत्यन्त तीव्र गति से उठ चली थी।

दयनीय वह नहीं, दयनीय मैं थी। अब युग मातृसत्ताक नहीं, पितसत्ताक था। नर अब साभिमान गृह का शासन करता था। अब एक गृह था, गृहों में कुल का निवास था, कुलों का एक ग्राम था, और मैं सबकी चेरी थी, गृह की, कुल की, ग्राम की।

परन्तु अभी मैं अविवाहित थी, रखेली। रख ली जाती थी और रख लेना ही मेरी शक्ति की नाप थी। हां, कभी-कभी मैं अपनी शक्ति का प्रदर्शन करती, अपनी मायाविनी भीषण शक्ति का और तब शक्तिमान नर के आश्रय में भाग जाती—दृढतर वृक्ष की घनी छाया में विश्राम करती।

अब अनेक कबीले थे, अनेक जन। इन कबीलों में, जनों में, युद्ध होता—मेरे लिए, चरागाहों के लिए, खेतों के लिए। युद्ध होता — साधारण युद्ध नहीं, ऐसा जो गांव के गांव नष्ट कर देता।

दबे पांव, रात के अंधेरे में, कबीले वाले आते। नर जो अब अपने को मर्द कहने लगे थे— चोर, छिप कर चोट करने वाले मर्द।

मुझे याद है, मैंने अपने पूर्व के शक्तिपुंज-जीवन में कभी इस प्रकार की चौरवृत्ति न अपनायी थी।

मर्द आते, रात के अन्धेरे में। हमला करते, गांव का गांव उजड़ जाता, लुट जाता, भस्म हो जाता। हार कर जीवित रहना तब सम्भव न था। लड़ाई शेर और सुअर की थी जो लड़ कर मर जाते हैं।

मर्द मर जाते, गांव के बाहर आग की लपटें आसमान चूमने लगतीं, और विजेता वृद्धों और बालकों को उन लपटों में स्वाहा कर देते। यदि कोई बच पाती तो मुझ जैसी।

नारी बच ही नहीं जाती थी, बचायी जाती थी, उसी प्रकार जैस पशु । मर्द का यह शासन था, उसी का न्याय था और उसके न्याय में जीवन नहीं, मृत्यु थी, शान्ति नहीं, अनुताप था।

नारी की उसे आवश्यकता थी, अतीव आवश्यकता थी और वह उसे बचाता था। जैसे वह शत्रु के पशुओं को बचाता था, वैसे ही वह उसे बचाता था, नारी को।

पशुओं के श्रम की, उनके दूध की, उनके शावकों की उसे आवश्यकता थी। मर्द उन्हें पकड़ ले जाता था। नारियों के श्रम की, उनके दूध की, उनके शावकों की भी, अगले युद्धों के लिए, उसे आवश्यकता थी। मर्द उन्हें भी पकड़ ले जाता था।

मर्द का काम अब एक से न चलता था, उसकी परितृप्ति का साधन अब अनेक नारियों को बनना पड़ता था। और उसके समूह में जो एक प्रधान होता, मुख्य, अरे वह तो दैत्य था — उसकी अतृप्ति की सीमा न थी। नारी की अनवरत श्रृंखला उसके भोग की परिधि बांधने का प्रयत्न करती और कड़ी-कड़ी ही रहती, पर उसका प्रयास निष्फल होता। उसकी तृष्णा का अब असीम उदय हो चला था जिसका उसके उत्तरकालीन 'महापुरुषों' ने अनन्त घटाटोप बांधा।

वह नर का परिवार न था, वास्तव में वह तब नारी का परिवार था, उसकी संख्या की अनेकता का, उसके अश्रुसिक्त व्यवसाय का, उसके घृणित अवांछित व्यभिचार-व्यापार का। उसकी 'इहा' का न कोई अर्थ था, न अनिच्छा की कोई परवाह थी। वह नर की वासना की अभितृप्ति मात्र करती।

परन्तु इसकी भी एक सीमा थी। नर के अलसित अर्द्ध-निमीलित क्षणिक स्वप्लिन स्नेह की भाजन भी वह अपने शरीर के सम्मोहक व्यापार से ही बन सकती थी। और इस शरीर के सम्मोहक व्यापार की भी परिधि होती है। काल का परिमाण उसमें विशेष भाग पाता है। रूप-रस-गन्ध का विलास जब तक उस शरीर से सधता, तभी तक वह क्षणभंगुर सुख-व्यंग्य भी प्राप्य होता, वरन् फिर उसकी गति भी निर्दुग्धा गो की हो जाती। अन्तर केवल इतना रह जाता कि गाय बिना काम किये खूंटे पर घास खाती या मैदान में चरती परन्तु मैं तब केवल श्रम करती, जर्जर शरीर से।

मैं उपेक्षिता, सर्वहारा, निरादृता, नारी !

3

मैंने एक कदम और लिया। खन्दक की गहराइयां नीचे खुलती जा रही थी। उनमें तल न था और मैं अधो-मुखी हो चली थी। फिर भी कुछ नवीनताओं के इस स्थिति में दर्शन हुए।

एक नये श्रमिक का मेरे क्षेत्र-वृत्त में प्रादुर्भाव हुआ । वह नर था -- मर्द, पर उसमे

नरत्व या मर्दानगी का कोई चिह न था। शायद पहले कभी वह नर रहा हो, मर्द भी रहा हो, पर अब उसमें और पशु में कोई अन्तर न था।

मेरी प्रशंसा इसमें थी कि नर-देवता के विलास में अविराम अंग-संचालन से रस घोलूं, उस नराकृत मर्द का वैभव इसमें था कि श्रम में वह पशु को नीचा दिखा दे। पीठ पर कोड़े का प्रभाव कितना क्षणिक है, यदि वह पशु की भांति त्वचा कंपा कर दिखा देता और व्यवस्थित कर्म में रत हो जाता तो उसका स्थान निश्चय स्वविधों में आगे था।

इस नवागन्तुक को अपने परिवार में आया देख कुछ अभितृप्ति हुई। वह दो कारणों से। एक तो यह कि उसने गृहकार्य में हाथ बंटाया और दूसरे यह कि झेलने की परम्परा में एक और प्राणी की वृद्धि हुई।

यह वृद्धि कैसे हुई ?

अब कबीला या जन गांव पर आक्रमण कर उसके जनबल को सर्वथा नष्ट कर देता था। वृद्ध और बालक तो भार होते थे। वृद्ध तो सर्वथा और बालक को खिला-पिला कर बछड़े की भांति बड़ा करना पड़ता था। इससे उनको भी आग की लपटों में डाल दिया जाता था। परन्तु युद्ध के तरुण बचा लिये जाते और श्रृंखला में बंध कर वे विजेता जन के दास बनते। और हमारे प्रहार का भी जब-तब वे ही आधार बनते।

अभी मेरा विवाह नहीं होता था, फिर भी मैं प्रायः एक ही व्यक्ति की अभितृप्ति का साधन बनती। और अब एक और विपत्ति का सामना करना पड़ा। एक नयी जाति ने हमारे देश पर आक्रमण किया। उस जाति का नाम उसके आचरण पर प्रभूत व्यंग्य था। वह अपने को 'आर्य' कहती थी और संसार के जनों में अपने को सबसे उन्नत मानती थी। परन्तु उसका व्यवहार मैंने अपनी आंखों देखा, उसने हमारे अच्छे-बुरे मर्दों की सभ्यता तोड़ दी।

समय की प्रगति ने हमारे पुरुषों को मेधा दी थी और उन्होंने सुन्दर नगरों के निर्माण से एक सभ्यता को जन्म दिया था, परन्तु नवागन्तुकों ने उसे कुचल डाला। वे नितान्त रिक्त-हस्त आये थे। उनका तो गान भी यही थी — खुले हाथ आये हैं, खुले हाथ जायेंगे।

निश्चय ही वे दरिद्र थे। घोड़े की पीठ पर अपना घर लिये आये और हमारे पुरुषों पर उन्होंने बाणों की वर्षा की, अपने भयावह दाढ़ों वाले कुत्तों को ललकारा। हमने स्वयं उनकी सेनाओं का सामना किया परन्तु उनकी शक्ति, उनका पौरुष, उनका युद्ध-कौशल, सभी हमारे पुरुषों से कहीं बढ़ कर थे और उन्होंने हमारी सभ्यता नष्ट कर अपनी सभ्यता उसके स्थान पर खड़ी की।

वस्तुतः मुझे इसका अफसोस नहीं कि कौन हारा, कौन जीता, क्योंकि मेरे लिए दोनों ही प्रभु थे, स्वामी। फिर भी आगन्तुकों के व्यवहार से मेरा दिल हिल गया, रोम-रोम कांप उठा। मेरे लिए वे विध्वंस का प्रतीक होकर आये।

अब तक मैं पिसती थी, दिन-रात श्रम की श्रृंखला में बंधी रहती थी। फिर भी जीवन इतना संशय में न था। उसका मूल्य तो निश्चय कुछ न था, परन्तु वह साधारणतः चल जाया करता था। श्रम की मात्रा बढ़ा देने के साथ-साथ कुछ जीवन की आसानियां भी

हासिल हो जाती थी, उसका कड़वापन कुछ कम भी हो जाता था, पर नवागन्तुकों ने एक नयी सूरत पैदा कर दी।

वे नितान्त मनस्वी थे, गर्वीले। वे सह न सकते थे कि उनकी भोगी हुई नारी कोई और भोगे। उनका एक ही विधान था—पुरुष भोगी है, स्त्री भोग्या और भोगी के जीवन के बाद भोग्या को तन रखने का कोई अधिकार नहीं।

इसके बाद जो ललाट-लेखा मेरे सामने आयी उसे मनुष्य चुपचाप नहीं सुन सकता, विक्षिप्त हो जायेगा। जब उस नयी आर्य जाति का नर मरने लगा, तब उसकी चिता पर उसकी नारियों को भी जलना पड़ता था।

जीवन में उसकी अनेक नारियां थीं और वह संभव न था कि उसकी मृत्यु के बाद उन्हें कोई और भोगे। फिर उनका मृत्यु के बाद का भी एक संसार था— जीवित विलास का, जिसे वे स्वर्ग कहते थे, जहां उनका देवता इन्द्र अनेक वेश्याओं के साथ विहार करता था। वहीं उनको भी जाना था और वे अपने विलास के सारे साधन अपने साथ ले जाना चाहते थे।

भारत आते समय वे उन सभ्यताओं की राह होकर निकले थे जहां यह परम्परा और गहरी थी और उन्होंने अपनी नारी या नारियों को अपने मर जाने के बाद भी जीवित न छोड़ा। उन्हें अपनी चिरसंगिनी बनाया, लपटों में उन्हें स्वाहा किया।

मैं अकेली ही तो उनकी नारी न थी। मेरी जैसी उनकी अनेक थीं और उन हतभागिनियों को एक साथ जल मरना होता था।

और वे 'ऋषि' कहलाते थे, सत्य का दर्शन करते थे, मन्त्रों का उच्चारण।

अभी शायद उनमें विवाह परम्परा न थी। इससे मेरा जीवन और संकटमय हो गया। मेरे पहले के पुरुषों में तो कम से कम यह बात थी कि उनकी अनेक नारियां होने के कारण जब तब मुझे उस घृणित 'हरिणीखुर-वृत्ति' से अवकाश भी मिल जाता, परन्तु इस नयी दुनिया में तो एक नई दशा भी झेलनी पड़ी । मैं एक की सर्वथा न थी जिसकी कही जाती थी, उसकी भी सर्वथा नहीं। उसके सामने ही लोग मुझे बारी-बारी से उठा ले जाते।

यह एक नया अनुभव था। अनेक में से एक होना कुछ विशेष न खटका, पर यह तो अद्‌भुत था कि कोई आये और उठा ले जाये।

एक दिन चुपचाप बैठी थी। ऋषि ब्रहाचारियों को पढ़ा रहे थे। दूसरा ऋषि आया। मेरे अपने कहलाने वाले के देखते ही देखते उसने मुझे उठा लिया और पास की अमराइयों में चला गया। उसके बाद की कथा पाशविक है, नितान्त घृणा से भरी।

जीवन—जिसमें मुझसे कुछ न पूछा जाय, मेरी चित-वृत्ति का अनुमान तक न किया जाय, मेरी रुचि-अरुचि भी न पूछी जाय और मेरी कोमल भावनाओं को सर्वथा कुचल दिया जाय। मुझसे अच्छी तो वे बाबुल की मेरी बहिनें थीं जिन्हें देवी के नाम पर जीवन के केवल एक बार ही तो अपरिचित के साथ वेश्यावृत्ति करनी पड़ती थी।

अब जो ऋषि को क्षोभ आया तो उसने मेरा विधान कर दिया, वैवाहिक विधान। अब मुझे धार्मिक कृत्यों से एक पुरुष के साथ जीवन व्यतीत करना पड़ता, एक ही के

साथ जीना-मरना होता।

अभी कुछ कह नहीं सकती कि भविष्य में क्या बदा है। भोग कर ही कहूंगी। मेरी कथा का अभी अन्त कहां?

4

आर्य प्रगति ने भारत में एक दूसरा रूप धारण किया। मेरा विवाह हो गया। अनेक क्रियाओं-प्रक्रियाओं से मेरा विवाह होता। अनेक प्रकार के आशीर्वाद से मेरा अंग-अंग प्रफुल्ल होने लगा।

मैं गृह की स्वामिनी कही जाने लगी, ससुर की साम्राज्ञी, सास की साम्राज्ञी, देवर-ननदों की साम्राज्ञी, नौकर-दासों की साम्राज्ञी।

कुछ अधिकार भी मिले। पिता के धन में नाममात्र को भाग मिलने लगा। वास्तव में वह भाग मेरे विवाह का कौतुक था। मेरा अधिकार तो केवल उन सम्बन्धियों द्वारा भेंट की हुई वस्तुओं पर हुआ जिनकी संज्ञा कालान्तर में 'स्त्री-धन' हुई।

फिर भी मैं सिद्धान्ततः पति के पर्याप्त निकट थी। उसके साथ ही, उसी के आसन पर, बैठने वाली। मैं अपना पति आप चुनती थी । अनेकाशं में मैं उसकी प्रेयसी थी। इससे भी बढ़ कर उसके पुत्रों की माता— साधारण नहीं, दस-दस पुत्रों की माता।

मैं अपनी बाबुली बहिन से अब कहीं अच्छी थी। कोई मुझे वेश्यावृत्ति के लिए बाध्य नहीं करता था। मेरी इज्जत मेरा पति जान देकर बचाता।

मैं कुछ पढ़ती-लिखती थी, शक्तिशालिनी थी, रथ दौड़ाती पति के साथ युद्ध में जाती।

एक बार मैं विश्पला के रूप में जनमी और युद्ध में पैर कट जाने के कारण मैंने लोहे का पैर धारण किया। उसी काल में कय देश में जनमी और कोशल के राजा दशरथ की रानी हुई। पति साथ मैं रण में गयी और जब रथ के चक्र की धुरी ने जवाब दे दिया, पहिया गिरने लगा और शत्रुओं ने जोर का हमला किया, तब मैंने धुरी में हाथ डाल उससे पहिये को संभाल पति के मान और शक्ति की रक्षा की।

आह, तभी मेरा जन्म सीता के रूप में हुआ। मुझे जो पति मिला, वह मानवों में आदर्श था, शक्ति का पुंज। उसे संसार ने पुरुषोत्तम कहा और मुझे भी कालान्तर में जगदम्बा कह कर पूजा। परन्तु मैं भी क्या ? वह वस्तु जो हरण की जा सकती थी।

पौलस्त्यकुलीय रावण नामक ब्राह्मण ने मुझे हर लिया। एक लंबे काल तक मुझे उसके यहां रहना पड़ा, उसकी कैद भोगनी पड़ी। हां, इतना और कह दूं कि मेरे संबंध में उसका व्यवहार अत्यन्त उदार हुआ। मैं यह कहते नहीं भूलती कि जब मेरे पिता ने स्वयंवर रचा था, तब वह असाधारण योद्धा भी वहां आया था। परन्तु मैं पड़ी अपने यशस्वी पति राम के हिस्से।

इस एकपत्नीव्रत राम ने अपने पूर्वजों की परम्परा तोड़ मुझे अकेनी पत्नी अंगीकार

किया और वे साधारण मानव की भांति मेरे अभाव में दर-दर फिरते और बिलखते रहे। परन्तु आश्चर्य, उन्होंने जब मुझे रावण के बन्धन से छुड़ाया, तब मेरी अग्नि-परीक्षा करके स्वीकार किया।

मिनट-मिनट मैंने वर्ष की भांति काटे थे उनकी याद में, पर-पुरुष की छाया ने मेरे मस्तिष्क या दृष्टि-पथ का स्पर्श न किया था, यद्यपि इस प्रकार के उपपति का स्वीकरण नारी के लिए उन दिनों कुछ अजब न था। कौन-सी वह औरत थी, जिसका कोई उपपति न था? कौन-सा वह पुरुष था, जिसकी कोई उपपत्नी न थी? मेरे समकालीन ऋचा-साहित्य में 'जार' शब्द भरा पड़ा है। परन्तु हां, यदि इस प्रगति के काई अपवाद थे तो पुरुषों में राम और स्त्रियों में मैं, राम के भाई, उनकी पत्नियां, परन्तु राम ने फिर भी मेरी अग्नि-परीक्षा कर मुझे अंगीकार किया। और वह अंगीकरण भी कितना बड़ा व्यंग्य था। तब शासन जनता के हाथ से निकल कर राजन्य-वंशों में कुलागत हो चला था। राजा अपने व्यवहार से प्रजा को यह दिखाना चाहता था कि एक का शासन अनेक के शासन से कहीं सुन्दर, कहीं न्यायप्रिय, कहीं सुखद है। परन्तु वास्तव में तो उद्देश्य स्वेच्छाचारिता थी, अनियंत्रित निरंकुशता, सो उसका अभिशाप मुझे ही सहना पड़ा।

किसी धोबी ने मेरा उपहास किया और राम ने मेरा परित्याग कर दिया। और तब मेरी दशा क्या थी? राम का तेज मेरी कोख में था। मैं एकनिष्ठा से, अव्यभिचारिणी भक्ति से, उस तेज को वहन कर रही थी।

सौमित्र ने मुझे वाल्मीकि के आश्रम की राह दिखा कर उस भयंकर वन में छोड़ दिया। संसार विश्रुत कवि कालिदास ने मेरे मुंह में रख कर मुझसे लक्ष्मण द्वारा पहले तो कहलाया — वाच्यस्त्वया मद्वचनात्स राजा—मेरे शब्दों में जाकर उस राम से कहो। फिर कहलाया — राम का दोष नहीं, मेरे पूर्व कर्मों का है।

पहला तो सही — मैं कहती, मैं आज उसका नाम लेने को तैयार नहीं। उसने राजा, केवल राजा, मनुष्येतर शक्ति-लोलुप, यश-लोलुप राजा का आचरण किया। उसके साथ आत्मीयता का काई सुलूक नहीं हो सकता। सो तो सही, मैं कहती कहना उस राजा से, मेरे कर्मों का विपाक है यह, ऐसा मैं हरगिज नहीं कहती। वह कालिदास का अपना है। मैं कुछ और कहती, अपना कहती, कालिदास का नहीं।

और मैंने कहा, जिसे कोई सुन न सका उस भीषण वन में—न लक्ष्मण, न वाल्मीकि, न कालिदास। मैंने कहा—उस राजा से कहो — मैं उसके समक्ष नागरिका तक नहीं, इन्द्रियतृप्ति का साधन मात्र हूं और तुम में लोकापवाद की भीरुता है, न्यायपथ पर आरूढ़ रहने का साहस नहीं!

पर राम का आचरण लोकानुकूल था। अनेक पत्नीक राजाओं की परम्परा में जन्म लेने और बसने का युक्त परिणाम था। नारी की अवस्था फिर दयनीय—घृणित हो चली थी। कारण कि इस नये देश में अब पत्नियों की कमी न थी। सपत्नियां अनेक होतीं। स्वयं इन्द्राणी— शची— पौलोमी तक को इसका रोना था। अपनी सपत्नियों पर विजय पाने के लिए वे पुतलियों का दाह करती थीं, पति के प्रेम को स्वायत्त करने के लिए

औषधि-विशेष का मंतर साधती थीं, सपत्नियों की ओर से पति का मन उचाटने के लिए टोना-टोटका करती थीं।

शुत्र की सेना से, शत्रुओं के घर से, इतनी बहिनों की उपलब्धि हुई थी कि उपपत्नियों का दल का दल घर में झूमता था। राजा अब गायों और दासों की भांति मेरी बहिनों को भी रथ भर-भर कर पुरोहितों और प्रसादलब्धों को दान करने लगे थे।

परन्तु उस युग की एक बात निश्चय सराहनीय है। उन्होंने अपनी पुरानी प्रथा 'सती' का प्रचलन रोक दिया। बाद में वह फिर चली, पहले भी थी, परन्तु इस काल निश्चय अवरोध हुआ और आग में जलकर मरने का जो नित्य मेरे मन में खटका लगा रहता था, उसका कुछ काल के लिए अन्त हुआ।

अब पति के मरने पर मुझे अपना बलिदान न करना होता, वरन् दूसरे का ग्रहण। शव के साथ एक बार लेटना अवश्य होता, परन्तु शीघ्र देवर — छोटा वर — जिसके लिए विवाह के समय ही मेरी संज्ञा 'देवृकामा' — देवर की कामना करने वाली — पड़ी, हाथ पकड़ कर नव-संस्कृति की ओर संकेत करता और पुरोहित कहता, "उठ नारी, वह मृतक है जिसके पार्श्व में तू पड़ी है। उठ, और इस नवोदित को वर, इसको जो तेरे विगत पति के धनुष के साथ ही तेरा पाणि-ग्रहण करता है । उठ, और जिवितों के जगत में प्रवेश कर।"

सुन्दर, पर यह सन्तान की कामना के लिए सारा आडम्बर था, मेरे दारुण कष्ट के लिए नहीं ।

एक नये योग की प्रथा चली — नियोग की — जिससे क्लीव पति के स्थान पर उसका भाई, पुरोहित अथवा कुल का कोई मुझ से पुत्र उत्पन्न करने लगा। सही, मेरा स्वाभाविक ताप जब-तब समाज-शास्त्री को साधुवाद कह उठता, परन्तु यदि यह मेरी मनोवृति को द्रव करने की बजाय पुत्रोत्पत्ति का साधन था, तो मैं प्रायः आश्चर्य करती — इसका सुख कृत्रिम पिता को क्या था?

इस प्रकार के आचरण की तो परम्परा बन गयी। इसी काल के अन्त में होने वाली मेरी सगिनियों ने समय-असमय इच्छानुसार स्वतंत्रता का लाभ उठाया। सत्यवती ने कुमार्यावस्था में पराशर से उस ऋषि-पुंगव व्यास को उत्पन्न किया जिसने वेदों का सम्पादन किया, महाभारत और पुराण रचे, और अपनी उत्पत्ति-परम्परा का विस्तार किया।

इसी नियोग-विधि द्वारा विचित्रवीर्य की विधवाओं — अम्बिका और अम्बालिका — से धृतराष्ट्र और पाण्डु उत्पन्न हुए और दासी से विदुर। कुन्ती और माद्री का एक भी पुत्र औरस न था। कुन्ती ने तो कुमारिकावस्था में ही कर्ण का प्रसव किया। युधिष्ठिर, भीम, अर्जुन, नकुल, सहदेव सभी एक से एक धुरन्धर हुए, और इनकी उत्पत्ति हुई देवताओं से।

हां, उसकी क्या कहूं — वह मेरा रहस्य है, गोप्य । और ये मंदोदरी, तारा, अहिल्या, कुन्ती, द्रोपदी प्रातःस्मरणीय पंचकन्याएं हुई। प्रातःस्मरणीया, क्योंकि उन्होंने समर्थों के कार्य साधे थे — समाज के छिपे रुस्तम सूर्य, इन्द्र, वायु, अश्वनीकुमार समर्थों के — जिन्हें

दुष्कृत्यों का दोष नहीं लगता ।

द्रौपदी की याद एक और प्रसंग खड़ा कर देती है । बहुपतिका का । इस देश में मेरा भाग्य अब तक दूसरी तरह का रहा था । मैं पति की चेरी अनेकों के साथ रही थी, परन्तु मेरे पति की संख्या सदा एक रही थी, सपत्नियों की चाहे जितनी रही हो । परन्तु अब एक और इकाई इस सामाजिक परम्परा में आ जुड़ी ।

वह इकाई थी अनेक पतिका की । मैंने वह दिन देखा था जब अनेकों के बीच मैं उपेक्षित-सी हो गयी थी, परन्तु फिर भी शरीर और स्वास्थ्य मेरे थे। परन्तु अब मैं जीवित नरक में पड़ी, जब अनेक पतियों को मुझे एक-साथ संभालना पड़ा ।

पतिव्रत का कैसे स्वांग रच सकती, कैसे कोई नारी पांच पतियों को अव्यभिचारिणी निष्ठा से एक साथ स्वीकार कर सकती है ?

अर्जुन मुझे वर्ण, पराक्रम और बुद्धि तीनों से स्वाभाविक ही पसन्द था और मैंने उसके लिए तन, मन, प्राण कुछ भी अदेय न रखा, परन्तु इसका भोग मुझे भोगना पड़ा।

हिमालय की बर्फीली चोटी पर जब मेरा देहावसान हुआ तब भीम के पूछने पर धर्मराज -- सत्य कथन के कारण भूमि से हाथ भर ऊचे हवा में दौड़ते रथ पर बैठने वाले सत्यसन्ध युधिष्ठिर ने कहा, "यह इसलिए सदेह स्वर्ग जाने के पहले ही राह में गिर गयी कि इसने हम सबसे अधिक अर्जुन को चाहा था।"

इसी ऋग्वैदिक काल के अन्त में त्रेता-द्वापर के बाद मेरा बचा-खुचा स्वत्व भी नष्ट हो गया। मैं पति की अर्धांगिनी थी, इससे विधिक्रियाओं का उसके साझे में संपन्न करना अनिवार्य हो गया। अश्वमेध की जो परम्परा चली तो मारी गयी मैं। अब तक मेरा जीवन चाहे जितना भी क्षुद्र, जितना भी दारुण, जितना भी घृणित क्यों न रहा हो, मानुषिक ही था परन्तु अब सर्वथा पाशविक हो गया।

नारी मनुष्य के साथ कुछ भी कर सकती है, परन्तु पशु के साथ--अश्व के साथ...

सायण-महीधर कैसे उसकी व्याख्या कर सके, **ऐतरेय** ब्राह्मण में कैसे उसे सम्मिलित किया जा सका? जनमेजय का वह अश्वमेध.... पुरोहित तुरकावषेय के अश्व का वह आक्रमण...

हाय, किसे मैं गाली दूं —अश्वमेधयायियों को या ऋत्विक् पुरोहितों को ?

5

उस वैदिक युग में भी पति की छाया मात्र थी मैं। चाहे इन्द्राणी होऊं, चाहे सीता, चाहे द्रौपदी, चाहे विविध देवियां— सब रूपों में मैं पति की छाया मात्र थी।

उपनिषत्काल का जीवन मुझे और नीचे ले चला । माना, मैं गार्गी और मैत्रेयी थी — ब्राह्मवादिनी — परन्तु कात्यायनी भी तो मैं ही थी ।

इतने मेधावी महर्षि की पत्नी होकर भी मैं निरक्षर कैसे रह सकी ? जो पुरुष पत्नी

को अर्धांग मानता है वह स्वयं व्युत्पन्न और विचक्षण अपने अर्धांग को मूर्ख रख कर स्वयं कैसे मेधावी हो सकता है?

संस्कृति का आलोक तो अपने चतुर्दिक् प्रकाश फैलाता है, निकट के अन्धकार को हरता है। फिर इतने युग-प्रवर्तक आत्मवादी की पत्नी होकर भी मेरा अज्ञान दूर क्यों न हुआ ? और एक बात पूछूं ? यह त्यागी, अप्रमादी, ब्रह्मवादी, विदेह जनक-गुरु, निरीह, इन्द्रिय-निग्रही याज्ञवल्क्य भी एकपत्नीक न बन सका? उसने भी मेरे अभ्युदय में सपत्नी की श्रृंखला डाल दी।

और तभी मैं महर्षि सत्यकाम जाबाल की माता के रूप में भी तो अवतरित हुई। उससे जब गुरु ने पूछा कि तुम्हारा पिता कौन है— ब्राह्मण या क्षत्रिय, तो क्या कहे वह सीधा बालक सिवा मुझसे पूछने के? और मैं ही क्या बताऊं उसे अपना वह अकथनीय गुप्त रहस्य— और अपना वह नितान्त घृणित अमानुषिक पारवश्य आचरण — पिता के घर में अनेक अतिथियों का अगमन, उनको देवतुल्य मानने की परम्परा, उनको विमुख न करने की परिपाटी और उन तृषित रुक्ष अप्रत्यक्ष एकान्त विलासियों का एकैक परिभोग!

भला मुझे ही क्या पता, किसका है वह निर्वर्ण जाबाल ?

6

आगे का जीवन अत्यन्त क्लेश का जीवन था। मैं अपने लिए नहीं, औरों के लिए जीने लगी । पहले मेरा विवाह तन के पुष्ट हो जाने पर हुआ करता था, अब आठ-आठ दस-दस वर्ष की आयु में होने लगा। सारे अधिकार भी छिन गये । अधिकार पहले ही कितने थे, परन्तु अब तो कुछ भी न रहे। पहले कम-से-कम जनन-कार्य सशक्त होने पर करना पड़ता था; अब मां बन जाने पर भी शिशुता को झलक न जाती।

भूमि, जायदाद सभी पति आदि के थे । पति के मरने पर दूर-दूर के संबंधी, यहां तक कि उसके गुरुभाई तक उसमें हिस्सा पाते, परन्तु मेरा पति की जायदाद पर कोई अधिकार न था।

मेरी संज्ञा 'अबला' हुई। मैं कुमार्यावस्था में पिता द्वारा, यौवन में पति द्वारा और वृद्धावस्था में पुत्रों द्वारा नियंत्रित मानी जाने लगी।

वैदिक काल में इन्द्र ने कहा था —"नारी का हृदय वृक् (भेड़िये) का हृदय है । कभी विश्वसनीय नहीं।"

अब एक ओर तो सूत्रों ने अल्पायु-विवाह की व्यवस्था दी, जायदाद से मेरा नाम काट दिया। मनु ने एक ओर तो, 'नारीरत्नं सुदुष्कुलादपि' का मंत्र दिया, दूसरी ओर उसके पूजे जाने की व्यवस्था दी, तीसरी ओर उसका पुनर्विवाह वर्जित कर दिया।

इसके बाद दूसरा धर्मशास्त्री जो उठा तो उसने मुझे नौकरों, दासों, चाण्डालों की पंक्ति में ला बिठाया। उन्हें वेद पढ़ने का अधिकार न था, वेद सुनने का भी नहीं। मेरी भी व्यवस्था इस संबंध में वही हुई जो उनकी थी।

वेदों की निर्माता कभी मैं रह चुकी थी, पर अब यदि मैं कभी उनका मंत्रांश सुन लेती तो शूद्रों-चाण्डालों की भांति मुझे भी पिघला रांगा अपने कानों में लेना होता। निश्चय, अब मैं इन्द्राणी अथवा वाचवनवी न थी जो ललकार उठती — 'अहं रुद्राय धनुरातनोमि ब्रह्मद्विषे शरवे हन्तवाउ।'

अब मैं बाहर न निकल सकती थी, न किसी से मिल ही सकती थी। एक बार पति के घर जाकर पिता के घर लौटना असम्भव था। पर्दा का घटाटोप अब मुझे घेर चला।

जितने भी दुख मुझे अगले युगों में भोगने पड़े, उनकी शिलाभित्ति इसी काल, धर्म-सूत्रों और धर्म-शास्त्रों के इसी युग में प्रस्तुत हुई थी। भावी हिन्दू समाज की आधार-वेदी इन्हीं विधान-ग्रन्थों ने निर्मित की थी और उसके नेपथ्य-पूजन में पहला बलिदान मेरा ही हुआ। मुझ विधवा — बालविधवा — की दशा नितान्त करुण हो गयी। मैं अपने पति को किसी अवस्था में न त्याग सकती थी। वह मुझे जब चाहता, छोड़ सकता था और उससे भी बुरी बात तो यह कि जब चाहता मेरी छाती पर मूंग दलने के लिए सौतेंला बिठाता।

अत्यन्त प्राचीन काल से और उपाय न देख अपने तन की रक्षा के लिए मैं अपना शरीर चांदी के टुकड़ों पर बेचती आ रही थी। लिच्छवियों में, कोसलों में, मालवों में, सर्वत्र मेरी पूछ थी। विधवा के लिए समाज में जो सुख था, सती के लिए जो भूख थी, उससे चकलों का बसना स्वाभाविक ही था। और मेरे उस प्रकोष्ठ पर अनेक धर्म-धुरन्धर आते।

वेश्या, रूपजीवा, वारांगना, पण्य-स्त्री आदि मेरी संज्ञाएं हुईं। कौटिल्य ने हमारे ऊपर टैक्स लगा कर हमारा व्यवसाय और बढ़ाने का प्रबन्ध कर दिया। पांच-पांच सौ मुद्रा प्रति रात्रि मेरा शुल्क हुआ।

मैं और करती भी क्या? चार रास्ते थे— घर में विधवा बने रहने या सती हो जाने का, वेश्या बन जाने का, अथवा बौद्ध संघों में भिक्षुणी की दीक्षा ले लेने का।

भगवान तथागत ने अत्यन्त कृपा से संघ की हजार वर्ष की बजाय, अगर मेरा सम्पर्क हो गया तो, पांच सौ वर्षों की आयु ही आंकी थी। इससे महास्थविर वहां भी भरसक मेरी पैठ न होने देते, यद्यपि मेरी उनको आवश्यकता थी— आवश्यकता तो ऐसी थी कि उसके कारण जो मुझ पर बीती, वह क्या कहूं। संघ का व्यवसाय भी चलता रहा, तथागत की भविष्यवाणी भी असिद्ध हुई।

पांच सौ वर्ष बाद संघ भी न टूटा, और मेरी वजह से उसके भिक्षुओं की संख्या में नित्य वृद्धि होती गयी।

7

धर्मसूत्रों और धर्मशास्त्रों की मार सह कर भी मैं जिन्दा रह गयी। नन्द-शूद्रों के उत्कर्ष के साथ मैंने सोचा था कि सम्भवतः मेरा भी अभ्युदय होगा। परन्तु नहीं, इस संबंध में ब्राह्मण-शूद्र सब एक-से थे।

शूद्रों ने, निश्चय बर्दाश्त की इति हो जाने पर जोर लगा कर क्रान्ति कर दी, परन्तु उसे सह कौन सकता था। क्षत्रियों को नीचा दिखाने के लिए तो उसका उपयोग ब्राह्मण ही कर सकता था, जैसाकि किया भी उसने। कात्यायन और राक्षस दानों ने 'सर्वक्षत्रांतक' महापद्मनंद का साचिव्य किया। परन्तु चाणक्य ने चन्द्रगुप्त की पीठ ठोंक ब्राह्मण-क्षत्रिय के संयुक्त बल से उसका नाश कर दिया। फिर धर्मसूत्रों और शास्त्रों का आतंक जमा।

चाणक्य, चन्द्रगुप्त, अशोक आये। अर्थशास्त्र ने अनेक व्यवस्थाएं दीं, अशोक ने दलितों के उद्धार के लिए धर्मध्वजाएं खड़ी कीं, पर मेरे लिए उनमें कहीं कुछ न था— मैं फिर भी अपाहिज ही बनी रही।

मैं इस लोक की समझी ही नहीं जाती थी, मेरे धर्माधिकार की कुछ चर्चा जब-तब अवश्य हो जाती थी, स्त्र्याध्यक्ष-महापात्र मुझे दान की महिमा जरूर समझा जाते थे और विधानों की श्रृंखला मेरे तन पर कसती जाती थी।

* * *

मैं अपने नैमित्तिक मार्ग पर चुपचाप चल रही थी। मेरी राह और बनाते थे, मुझे बस चलना ही चलना था। विधायक स्वयं क्रूर थे, कायर थे, और परिस्थितियों ने उसकी कायरता प्रदर्शित कर दी थी।

बलख से देमित्रियस आया, सीधा पाटलिपुत्र पहुंच गया। उसके सामने मौर्य न टिक सके। नागरिक नगर छोड़ ग्रीकों के सामने गंगा पार या राजगिरि की गुफाओं में सिधारे, पर मेरे हाथों में हथकड़ियां पड़ी थीं, पैरों में बेड़ियां थीं— न तो लड़ सकती थी, न भाग कर रक्षा कर सकती थी। मैं शिकार हो गयी।

मेरा अपना क्या था जो जाता? अपना तो कर्मों के विपाक से सर्वस्व चला ही गया था, चला ही जा रहा था। मुझे अपनापा का बोध क्योंकर होता जब अपना कुछ था ही नहीं? मैं तो अपनी थी नहीं, औरों की थी; और जब औरों की थी तब जैसी एक की वैसी दूसरे की। रूपजीविका का और सिद्धांत ही क्या होता है? सो मैं पाटलिपुत्र के उस विराट नगर मे देमित्रियस के सैनिकों की हुई।

परन्तु इससे भी बढ़ कर भयंकर मार तो मुझ पर कुछ काल बाद पड़ी, तभी जब शायद प्रसिद्ध विक्रमादित्य अवन्ती का नाम मालव सार्थक कर रहे थे। लोहिताक्ष शक अम्लाट आया और उत्तरापथ को कुचलता मगध आ पहुंचा। पाटलिपुत्र के नरों को भागने तक का अवसर न मिला, अम्लाट ने सारे पुरुषों को तलवार के घाट उतार दिया।

कहीं कोई पुरुष दिखायी भी न पड़ता था और मुझे उन क्रूरकर्मा, गन्दे, भीषण शकों के चोगों में अपना मुंह छिपाना पड़ा। सड़कों पर रक्त प्रवाहित हो रहा था और उन्हीं रक्त बहाने वालों को मुझे तृप्त करना पड़ता। संयोगवश शव शीघ्र चले गये, मुझे सांस लेने का अवकाश मिला।

अवकाश क्या मिला, नितान्त चुप्पी थी। पुरुष नगर में थे नहीं, मैंने नगर का शासन

संभाला, हल की हत्थी अपने हाथों पकड़ी और नगर की वयवस्था की। बीस-बीस पचीस-पचीस की संख्या में मैं एक पुरुष के साथ सहवास करती। फिर भी, इतना देख लेने पर भी उसकी अनुपस्थिति में मैंने जो बुद्धि का परिचय दिया था उसे समझ की भी उसने मेरा तिरस्कार ही किया और जब वह संभला तब मुझे अपने विधानों से उसने और जकड़ दिया। उसकी शक्ति मेरे ही सामने जाग उठती थी, विदेशियों के सामने नहीं।

8

कालान्तर में मैं उस युग में जनमी जिसे इस देश के इतिहास में स्वर्ण-युग कहते है। इस युग ने कला में, साहित्य में, शक्ति में, सज्जनता में, उन्नति की और उन्नति कर आकाश छू लिया। परन्तु मेरे लिए बन्धन जैसे-के-तैसे बने रहे। मेरे लिए किसी प्रकार की सुविधा न हुई। मेरे लिए मनु ने जन्म लिया और फिर अपनी लेखनी से उन्होंने हमारे ललाट पर वज्र-प्रहार किया। अनुलोम-प्रतिलोम के शक्तिमान् शिकंजे मेरे भाग्य को जकड़ चुके थे और पुरुष को स्वार्थसाधक अवसर दे चुके थे। फिर भी जब-तब इस अन्धकार में प्रकाश की लौ चमक जाती।

उस युग में ध्रुवदेवी नाम से मेरा जन्म हुआ। मगध के सिंहसन पर तब गुप्तकुलभूषण समुद्रगुप्त के सुपुत्र रामगुप्त विद्यमान थे। उनके पौरुष का सुख-दुःख तो मुझे भोगना पड़ ही रहा था, अब उनके एक और आचरण ने मुझे ही नहीं सारे भारत को चकित कर दिया। उनकी शक्ति और पराक्रम का अन्दाज तो शकों को लग ही गया था। उन्होंने उन पर आक्रमण किया। मेरी सुन्दरता की ख्याति दूर-दूर तक पहुंच चुकी थी। शकराज भी विशेषकर मेरे ही लिए आया था। युद्ध बगैर किये ही रामगुप्त राजप्रासाद की चहारदीवारी के भीतर आ बैठा। युद्ध-क्षेत्र में न गया, न गया।

मगध में वीरों की कमी न थी। समुद्रगुप्त की सेना जिसने आर्यावर्त से पड़ोसी राजाओं को उखाड फेंका था, आटविक राज्यों को आत्म-निवेदन करने को मजबूर किया था, दक्षिणापथ के राजाओं को 'गृहीत-प्रतिमुक्त' कर यश-विस्तार किया था, प्रचण्ड गणराज्यों को संत्रस्त कर दिया था, प्रत्यन्तों का 'कन्योपायन' आदि से विजेता को सन्तुष्ट करने को बाध्य किया था, शक-मुरुण्डशाहि-शाहानुशाहियों को विकल कर दिया था, वह विजयवाहिनी अभी गरुड़ध्वज की छाया में खड़ी ही थी, परन्तु क्लीव और कायर रामगुपत से पीठ दिखा दी।

शकराज ने कहलाया — 'यदि ध्रुवदेवी को समर्पित कर दोगे तो लौट जाऊंगा।'

रामगुप्त ने तो मुझे दे ही डाला था, पर उसके यशस्वी अनुज ने शकराज और रामगुप्त दानों को मार कर मेरी और समुद्रगुप्त के साम्राज्य दोनों की रक्षा की । चन्द्रगुप्त ने राज्य और मुझे दोनों को वरा ।

यह काव्यों-महाकाव्यों का युग था, नाटकों-त्रोटकों का, जब कालिदास और

विशाखदत्त लिखते थे, जब सरस्वती इनके संकेत पर नाचती थी । समाज में मेरा जो स्थान सुरक्षित था, पशुओं, भृत्यों, दासों के पास, बस वहीं मुझे काव्यकारों-नाटककारों ने भी स्थान दिया । भरत का विधान था, वे करें क्या ?

भरत का विधान था कि नारी नाटक में, चाहे वह जनक की पुत्री और राम की ही पत्नी क्यों न हो, विश्वामित्र की कन्या महर्षि कण्व की सांस्कृतिक अनुकम्पा में ही क्यों न पली हो, दुष्यन्त की पत्नी और भरत की ही मां क्यों न हो, सम्यक् रूप से संस्कृत भाषा का उपयोग वह नहीं कर सकती । उसे प्राकृतें ही बोलनी होंगी -- बोलियां ही, जो उसके भृत्यादि, उसकी चेरियां आदि, बोलती हैं ।

मैं 'कामिनी' हूं — कामना की उद्देश्य, 'रमणी' हूं — रमण की साधन, 'नायिका' — जो उचित ही पश्चात्काल में कुट्नी की द्योतक हुई, तब जब मेरी सन्तान को बड़ी-से-बड़ी संख्या में 'कोठे' पर बैठना पड़ा, जब हमारे वर्ग को किस प्रकार पुरुष फंसाना चाहिए, वेश्यावृत्ति किस प्रकार अर्थकरी करनी चाहिए, इसकी सुमति दी — इस पर ग्रन्थ लिखे —**कुट्टनिमतम् और समयमात्रिका**। दोनों लेखक— दामोदर गुप्त और क्षेमेन्द्र — कश्मीरी पण्डित थे! खैर, यह पीछे की बात थी, आगे आ गयी।

9

मैं विज्जिका होकर जनमी। मैंने **कौमुदीमहोत्सव** लिखा, परन्तु मैं स्वयं उसमें प्राकृत बोलती रही। मेरे कोठे पर कालिदास, कुमारदास, विशाख, कौन नहीं आया ? किसने मेरे अधरों के स्पर्श की भीख न मांगी? मुझसे नहीं, अपनी परम्परा से पूछो, अपनी ख्यातों, अपने इतिवृत्त से पूछो। कितने भोजप्रबन्ध, कितने सुभाषित, मेरी समस्याओं से नहीं भरे पड़े हैं?

अजन्ता और बाघ, सत्तनवसल और सिगिरिया के भित्तिचित्र और उनमें मेरा नग्न रूप — जिसने पुरुष को अपनी साधना से हटा कर नरक के द्वार पर ला खड़ा किया है। स्वयं 'नरक का द्वार' है वह। अश्वघोष की प्रांजल भाषा में 'सुन्दरी' के प्राणों का तन्तु तना है, उस सुन्दरी का जिसके मोहवश नन्द कामातुर हो उठा है, मुक्तिपथ से जो दूर है, सद्धर्म से सर्वथा पृथक और जिसकी तुलना अश्वघोष का बुद्ध कानी बन्दरिया से करता है। यह अश्वघोष जो स्वयं विरागी है, संन्यस्त, प्रव्रजित, दार्शनिक, असाधारण कवि जिसके **बुद्धचरित** से कालिदास सरीखे समर्थ कवि को सीखना है!

यह भवभूति का जमाना है, भर्तृहरि का, बाण और दण्डी का । सारा साहित्य मेरे ही रूप और मण्डन पर टिका है। भवभूति मुझे उपकृत करता है, धन्य। भर्तृहरि मेरी प्रवंचना से आहत हो सात बार प्रव्रजित होता है, सात बार गृहस्थ होता है। बाण **कादम्बरी** लिखता है, रोमांचक उपन्यास का श्रीगणेश करता है, परन्तु उसकी नायिकाएं जमीन पर पांव नहीं धरने पातीं। भाव-जगत् में ही मानस-पुत्रियां बनी अन्तर्ध्यान हो जाती है। स्वयं बाण 'गतप्रायारत्रि' में 'शीर्यत शशिमुखी' को देखता है, जिस प्रकार वह स्वयं 'आसवघूर्णित'

है उसी प्रकार उसका 'प्रदीप' भी है और उसकी भामिनो 'प्रणामान्त' में भी उज्झित-मान नहीं होती — और उसके चौथे अटके चरण को उसका साला या श्वसुर मयूर संभालता है — कुचप्रत्या सत्या हृदयमपि ते चण्डि कठिनम् । मूढ़, यह कुच किसका है, जानता है? — तेरी भगिनी या कन्या का !

और दण्डी! संभवतः प्रव्रजित, वही दण्डी जिसने साहित्य के लिए मापदण्ड प्रस्तुत किया था। परन्तु अपने दशकुमारचरित में स्वयं उसने मेरा चरित नंगा रखा है; पर निःसन्देह यही भारतीय समाज है तब का। मैं सर्वथा घृणित त्याज्य हो गयी, परन्तु मुझे घृणित और त्याज्य बनाया किसने? किसने मेरे नख-शिख लिखा? किसने मेर अंग-अंग की चारुता निहार नंगी कर दी ? दशकुमारचरित की विलासिता का एकमात्र केन्द्र कौन है? मैं!

अब मेरी एक नवीन कल्पना होती है। हीनयान से महायान, महायान से मंत्रयान, मंत्रयान से वज्रयान का क्रमिक विकास हो चुका है। उड़ीसा में वज्र पर्वत पर वज्रयान के सिद्ध घोषणा करते हैं कि संयमन से नहीं, अभितृप्ति से सिद्धि होगी।

रजक की कन्या जिस सिद्धि को साध सकती है, उसे शम-दम के कोई विधान नहीं प्राप्त कर सकते। फिर क्या, मेरी खोज होने लगी, सिद्ध 'श्रीवर्धन' करने लगे, मैं आये हुए अतिथि-साधुओं के सत्कारार्थ अर्पित होने लगी। उत्तर मे योगिनी और दक्षिण में देवदासी के रूप में मैं यतियों के यत्न का केन्द्र हुई। कलिंग से कामरूप तक, कामरूप से विन्ध्याचल तक शक्ति के रूप में मैं नंगी पूजी जाने लगी और मेरी संज्ञा कुमारी हुई।

मैंने उस समय जो-जो व्यथा सही, मर्दों-यतियों के अमानुषिक कृत्य सहे, वे अकथनीय हैं ।

उड़ीसा के मन्दिरों पर फिर तो खुल्लमखुला मेरे घृणित चित्रण किये गये। जो गोप्य था, घर की चहारदीवारी के भीतर भी गुह्म कर्म था, वह देव्र-मन्दिरों की बाहरी दीवारों पर अंकित हो गया। मनुष्य कितना गिर सकता है, मां कह कर भी नारी को कितना नीचे खींच सकता है!

10

बीच के स्मृतिकारों ने मुझे कुछ अधिकार के आभास दे दिये थे। मिताक्षरा और दायभाग ने कतिपय परिस्थितियों में मुझे अपने स्त्रीधन से ऊपर उठा दिया। क्यों, कहना कठिन है, संभवतः शंकराचार्य के प्रभाव से जो उस देश के थे जहां की नारी तब भी अर्थाधिकारिणी थी, आज भी है। परन्तु विज्ञानेश्वर और जीमूतवाहन का यह तुच्छ औदार्य भी समाज के अग्रणी सह न सके।

दायादों की भूख बड़ी थी, उनका उदर बड़ा था और यह संभव न था कि वे जायदाद का भाग किसी प्रकार विधवा के अधिकार में आने दें। झट उन्होंने पुरानी भूली हुई सती-प्रथा का पुनरावर्तन किया। उसकी प्रशस्ति गा-गा कर उसे विधवा का प्रथम कर्त्तव्य

स्थिर किया। इससे उनका काम बन गया और समाज की विधवाओं की समस्या हल हो गयी। मैं फिर एक बार अग्नि की भीषण लपटों में स्वाहा होने लगी । बंगाल से इस मृत्यु-ताण्डव को विशेष प्रश्रय मिला।

महोदय (कनौज) श्री के लिए गुर्जर-प्रतिहारों, पालों और राष्ट्रकूटों में संघर्ष होता रहा, परमारों की राजधानी उज्जैन और धारा में मुंज और भोज की राज-सभाओं में निरन्तर सरस्वती नंगी नचायी जाती रही, नारी का नख-शिख खोल उसके अवयवों से समस्याएं बुनती-हल होती रहीं, परन्तु मेरी शारिरिक आवश्यकताएं भी कुछ हो सकती है, यह किसी को न सूझी । मेरे 'अन्त्यमण्डन' से ही समाज को विशेष प्रेम था जिसका रास्ता कालिदास ने अपने **कुमारसंभव** में सतीदाह के प्रसंग में दिखा दिया था ।

राजपूत शौर्य के केन्द्र पृथ्वीराज ने अपनी अधिकतर लड़ाइयां मेरे लिए लड़ीं; पिताओं से उनकी आकर्षक कन्याएं छीन लेने के लिए। कन्ह-कैमास जैसे वीर इन्हीं लड़ाइयों में स्वामी की काम-साधना की बलि हो गयी। उनकी सविस्तार कथाएं चन्द और जगनिक के चित्रपटों पर अंकित है।

इस छीना-झपटी में मेरी क्या गति हुई—इसे किसने देखा? जिस परम्परा का कृष्ण और अर्जुन ने विस्तार किया था, उस असुर-विधान का फल मुझे भुगतना पड़ा। मैं दान की वस्तु समझी जाती — गाय, भेड़, बकरी, धन, भूमि की भांति दान की — और दान की वस्तु की अपनी इच्छा नहीं होती। उसके भाग्य का निर्णय तो दाता के विचार का पात्रत्व करता था। जिस प्रकार पशु और भूमि के संबंध में छीना-झपटी संभव थी, आसुर प्रयत्न हो सकते थे, उसी प्रकार मेरा प्रबन्ध भी होने लगा।

यह स्वाभाविक भी था। देश में अनेक विजयी जातियां आयीं। उनसे अपनी धरती और नारी की रक्षा एतद्देशीयों से संभव न हो सकी। और वे स्वयं प्रसन्नता से उन्हें नारी देने को तैयार न थे। फिर और होता भी क्या? हां, सती-दाह की आवश्यकता उन्हें अवश्य दिन-दिन बढ़ती हुई जान पड़ने लगी । नित्य विधवओं का स्वाहा होने लगा। मेरा क्या था, जहां कामुक पुरुषों की वासना में जलती थी, अब धर्म की अग्नि में भस्म होने लगी।

जयदेव और विद्यापति प्रासादों के पिछवाड़े रहते थे, संकेत-स्थानों के चक्कर काटा करते थे, उन्हें समय अथवा रुचि कहां थी जो आक्रामकों के विरुद्ध अपने राजाओं के उभाड़ते, उत्साहित करते। जयेदव ने तो प्रभु की पूजा भी बजाय फूलों के मेरी बहिनों से ही की! करे भी क्या, जैसे देवता वैसी पूजा!

11

फिर हमले हुए। भारत का शासन अधिकतर मुसलमान नृपतियों के हाथ में आया। नगरों का विध्वंस हुआ और उनके साथ ही मेरे मान का भी। हजारों की संख्या में मेरी बहिनें पकड़-पकड़ भारत से बाहर ले जायी जाने लगीं और मध्य एशिया के बाजारों में उनका क्रय-विक्रय होने लगा।

कभी भारत ने भी पुरुष-दासों के साथ नारी-दासियों का सौदा किया था। अनेक यवनी-दासियां भारतीय राजाओं और श्रीमानों द्वारा प्राचीन काल में क्रीत हुई थीं। राजाओं की अस्त्रवाहिका तो यवनी-दासियां ही होती थीं। कौटिल्य ने तो यहां तक विधान किया कि राजा प्रातः पलंग से उठते ही पहले इनका मुख देखे। इनमें से अनेक अवसर पाकर उसके पत्नी-परिवार की शोभा बढ़ातीं।

फिरोजशाह तुगलक के मंत्री मकबूल खां के हरम में तो मेरी बहिनों की संख्या गणनातीत थी। जैतूनी इतालियन से लेकर पीली चीनी तक उसकी प्यास बुझाने का प्रयत्न करतीं। विजयनगर के रामराजा ने तो कृष्ण को भी नीचा दिखा दिया। उसके अन्तःपुर में जितनी रानियां थीं, शायद ही किसी राजा के अवरोध में रही हों। कृष्ण के अन्तःपुर में परिणीताओं की संख्या इतनी न थी जितनी उनकी परिचित राधा आदि परकीयाओं की।

अकबर के हरम में जोधाबाई से मरियम तक सभी जातियों की नारियां थीं और अबुलफजल ने कुछ गलत भी नहीं कहा था कि जो इन अनेक प्रकार की नारियों के पारस्परिक संघर्ष सफलतापूर्वक शान्त कर सकता है, वह निश्चय साम्राज्य आसानी से संभाल सकता है।

इतने बड़े-बड़े हरमों में मेरी दशा क्या हो सकती थी, यह समझा जा सकता है। मैं एक बार जब अपने स्वामी की नजर तले पड़ती, उसकी हो रहती, पर एक बार के बाद क्या उसकी नजर उस नारियों के जंगल में फिर कभी मुझ पर पड़ सकती थी?

सती-दाह तो चल ही रहा था, जौहर का भी रूप निखर आया। जौहार भी प्राचीन हथियार था, सती की ही भांति, यद्यपि इतना प्राचीन नहीं। सिकन्दर के हमले के समय अनेक बार मैंने जौहर द्वारा अपना स्वत्व बचाया। रास्ते दो ही थे— जौहर से अपनी रक्षा करना या तक्षशिला के बाजारों में पिता द्वारा बेचा जाना।

जौहर की नितान्त आवश्यकता थी। विपन्न भारतीय विदेशी-विधर्मियों की मार से बेदम हो रहे थे। अपनी रक्षा का भार मुझे अपने हाथों मे लेना पड़ा। अनेक बार मैंने रण में चण्डी का रूप धारण किया, अनेक बार मैंने लोहे से लहू बरसाया, परन्तु रक्षा का अन्यतम रूप प्रायः जौहर ने ही प्रस्तुत किया।

अलाउद्दीन और अकबर के आक्रमणों के समय मैंने अनन्त संख्या में अपने को अग्नि को भेंट किया। मेरी उड़ती हुई भस्म ने राणा कुम्भा के विजय-स्तंभ की ऊंचाइयां नाप दीं।

मैं वेश्या के रूप में जनमी। वेश्याओं ने भारतीय कला और संगीत की एक समय रक्षा कर ली थी। मैं तब मालवा में थी। उज्जैनी और धारा में मेरे संगीत की लहरी गूंजती। मेरी कविता की मादकता ने अनेकों को उन्मत्त कर दिया।

मैं तब रूपमती थी, रूपजीवा। उदयन ने बाजबहादुर का अवतार लिया और उसकी कथाएं भी वृद्ध कोविद उदयन की कथाओं की ही भांति उज्जैन में, धारा में, मांडू में कहते। वही कवि बाजबहादुर मुझे अपनी नयन-पुत्तलिका बना मांडू के महलों में ले गया। परन्तु उस मनस्वी की मनस्विता और मान दोनों पर आदम खां ने हमला किया। जहर खाकर

मैंने अपनी मर्यादा की रक्षा की और हरम की शहजादियों ने अग्नि की लपटों से।

पर्दा का घटाटोप तो पहले भी कुछ कम न था, परन्तु अब तो उसने मेरी प्राचीन 'असूर्यंपश्या' की परम्परा सर्वथा सही कर दी। मैं अपने भाई और पिता के सामने भी नहीं निकल सकती थी। किसी संबंधी-स्वजन के सामने मेरा निकल जाना मर्यादा के प्रतिकूल था। अपनी बहिनों के सामने भी मुझे पर्दा करना होता था।

अब मेरा आकाश मेरी अन्धी कोठरी तक ही सीमित रहने लगा। अविद्या, अन्धकार, व्याधि और व्यभिचार की मैं शिकार हुई।

रात्रि के अन्धकार में कोई पुरुष दबे पांव आता, मुंह पर हाथ रखता जिससे मैं चूं तक न करूं और गृह की बहू की मर्यादा बनी रहे, कुछ करता और दबे पांव ही लौट जाता। उसे मैं जानती न थी, कभी दिन के उजाले में देखा न था; अन्य पुरुषों के बीच उसे पहचान न सकती थी । पर वह शायद मेरा पति था। ऐसा ही लोग कहते थे।

हां, अकबर की याद मुझे फिर करनी होगी। उस महापुरुष ने विदेशी होकर भी, और शायद विदेशी होकर ही, वह कार्य किया जो एतद्देशीयों की दृष्टि में अधर्म था। कालिदास ने लिखा कि परम दयावान् होने पर भी यज्ञ-धर्म में अग्निहोत्री को नितान्त दारुण कर्म पशुवध करना पड़ता है। भारतीय ऋत्विज के विचार में शायद दारुण कर्म होकर भी इसी प्रकार सतीदाह अवश्यकरणीय हुआ । परन्तु अकबर ने उसके विरुद्ध अपने विधान की शक्ति लगायी और यदि उसका अन्त वह न कर सका, निश्चय उसने मेरा कुछ सीमा तक त्राण किया।

12

नयी जाति ने धीरे-धीरे समुद्र पार से आकर भारत पर अधिकार किया। ईस्ट इंडिया कम्पनी के अफसरों ने जिस रूप से बंगाल में मुझे भोगा वह घृणा और क्रोध दोनों का विषय है, यद्यपि मैं यह नहीं भूलती कि विलियम बैंटिंक के अनुशासन और राममोहन राय के अध्यवसाय से अग्निकांड से मेरा उद्धार हुआ।

ईस्ट इंडिया कम्पनी के विरुद्ध अपने पुरुषों के साथ लक्ष्मीबाई के रूप में मैंने तलवार उठायी, अपनी लंबी पैनी तलवार— जिसकी चोट से एक बार ह्यू का हदय भी हिल गया।

परन्तु उसका परिणाम क्या हुआ? —सदियों के बलिदान और सहस्त्राब्दियों के त्याग और सेवा का परिणाम क्या यही है आज जो भुगतना पड़ रहा है? परन्तु नहीं, विश्वास है कि वह मेरा बलिदान व्यर्थ नहीं जायगा, मूर्त होकर वह मेरा कल्याण करेगा।

मैं अपने सुविस्तृत अतीत की ओर देखती हूं और कांप उठती हूं — कहीं ऐसा न हो कि वह प्रकरण जीवन में फिर खुले।

भारत आजाद हुआ, मेरी भी स्थिति सुधरी। योरपीय नारी-स्वातंत्र्य की परंपरा ने मुझे भी आजाद किया। अनेक प्रगतिशील मुझे साथ ले चले । मुझे पर्दे से आजाद किया,

बन्धनों से आजाद किया। रवि ठाकुर ने लिखा — देवी नहीं, मात्र नारी, पत्नी जो पति से साथ, पुरुष के साथ कंधा मिला कर खड़ी हो सके। मैं उन्नति के राजमार्ग पर आरूढ़ हुई। मंत्री हुई, राजदूत हुई, और संयुक्त राष्ट्रमंडल की प्रधान हुई, और भारत की धरा पर राष्ट्र की नियामिका, प्रधान मंत्री भी।

सामने देखती हूं, भविष्य की ओर, और हृदय आशा से भर उठता है। सदियों झेला है, पर सामने पौ फट रही है, उषा थिरक रही है। संघर्ष सामने है सही, पर जोर लगा कर बन्धन तोड़ दूंगी, आगे की मंजिले सर करूंगी, जिन्होंने लाल सूरज को छिपा रखा है।

ब्राह्मण

1

आज जो मुझे गांवों में दीन-हीन अवस्था में देखता है, उसे गुमान भी नहीं हो सकता कि सदियों की कूच में मैंने साम्राज्यों का संचालना किया है और अवरिल जनसंख्या मेरे संकेतों पर नाचती रही है। ना, मैं अब-सा दीन कभी न था। यह मेरे चरम उत्कर्ष का वैषम्य है। गांवों में वस्तुतः मेरे प्रेत की छाया डोल रही है। मैं ब्राह्मण हूं, मेरी कहानी ब्राह्मण की है — दृप्त, उद्दंड, ज्ञानपर।

मैं केवल भारत का ही नहीं हूं । सारे संसार की प्राचीन सभ्यताओं का मैं संचालक समर्थ अंग रहा हूं। मिस्री राजाओं का मैं विशेष सुहृद् था। उस अदुत अनुलेप का आविष्कार मैंने ही किया था, जिसके कारण मिस्र के पिरामिडों के विख्यात ममी सुरक्षित रखे जा सके। पिरामिडों की चट्टाने तो बिखर चलीं, पर उनके भीतर रखे शरीर को किसी प्रकार की क्षति न हुई ईसा से प्रायः आठ हजार वर्ष पहले ही मैंने उस अनुलेप-द्रव्य की खोज कर ली थी। निश्चय है कि इस रहस्य की जानकारी से मेरी शक्ति मिस्र की जनता पर असाधारण मात्रा में बढ़ गयी थी।

इसी प्रकार दक्षिण-बाबुल की प्रारंभिक सभ्यता के केन्द्र सुमेर में भी मैंने ईसा से प्रायः पांच हजार वर्ष पूर्व ही अपनी शक्ति प्रदर्शित कर दी थी। केंगी के शाह के रूप में तब मेरा नाम एन-शाग-कुश-अन्ना था; परन्तु तभी मैं एन-लिल अथवा बेलका 'पतेसी' (पुरोहित) भी था — ठीक उसी प्रकार, जैसे पिछले काल में तुर्की का सुल्तान खलीफा था। तब की मेरी शक्ति का अन्दाज नहीं लगाया जा सकता। तभी तो मैं अपनी मृत्यु पर दफनाये जाने के समय अनेक दास-दासियों को जिवित दरगोर कर पाता था। अनेक रानियों और दास-दासियों को विष के घूंट पीकर दम तोड़ना पड़ता था, जिससे परलोक में उनका मेरा साथ हो सके और मुझे किसी प्रकार की असुविधा न होने पाये। इसी कारण घोड़े, खच्चर, गधे, रथ और अनेकानेक आवश्यक वैभव और अनिवार्य वस्तुओं के साथ मैं समाधि लेता था।

और इस संबंध में मैं अकेला न था। प्राचीन चीन और भारत में भी मेरी शक्ति का बोलबाला था। सैन्धव सभ्यता में भी मैं अनेक प्रकार से अपने प्रताप का अर्जन करता था, और यद्यपि वहां मैं अपना बाबुली वैभव प्राप्त न कर सका, क्योंकि वहां राजा और

पुरोहित भिन्न-भिन्न थे, फिर भी पुजारी होने के नाते मेरा तेज यहां भी कुछ कम न था। मैं अपने उसी प्राचीन भारतीय रूप की कहानी कहने जा रहा हूं, जिसने मोहेनजो-दड़ो, झुकार-दड़ो, कान्हू-दड़ो, हड़प्पा आदि में अवतार लेकर अपने यश और प्रभुता का विस्तार किया था और जिस की पराकाष्ठा वास्तव में **ऋग्वेद** द्वारा प्रसूत परम्परा के उत्कर्ष में हुई थी । इस प्रकार मेरी कहानी, जो इस देश में विशेषतः ऋग्वैदिक सभ्यता सभ्यता से प्रारंभ होती है, अत्यन्त रोचक है।

मैं पहले कह चुका हूं कि मैं केवल भारत का नहीं हूं और मेरा आरंभ अत्यन्त प्राचीन काल में हुआ था — शायद तब, जब आदिम मनुष्य ने पहले-पहल वन्य पशुओं की ओर छलांग मारी थी और झरने का अविरल स्वर सुना था। परन्तु उसकी कथा बड़ी पुरानी है, मैं नहीं कहूंगा, कम-से-कम इस प्रसंग में नहीं। ऋग्वैदिक परम्परा में मैं भारतीय नहीं हूं। जिस देश से प्राचीन ऋग्वैदिक आर्य भारत में आये थे, मैं वहीं से आया था, क्योंकि मैं ही उनका नेता, उनका मंत्रदाता था। और जहां-जहां उनकी बेलें गयीं — ईरान, इराक, ग्रीस, रोम, फ्रांस, इंग्लैण्ड, जर्मनी और लिथुआनिया में — सर्वत्र मैं आर्य-टोलियों के आगे था — उनके देवताओं को प्रसन्न करने वाला, उनके भविष्य का प्राक्कथन करने वाला, उनके जन्म से मृत्यु तक के कार्यों को संस्कारतः बांधने और उनका विधान करने वाला, वस्तुतः उनके देवताओं का अपने मानव रूप में प्रजनक।

भारत में मैं भी अपनी शक्तिम हिंस्र टोलियां लिये आया। मैं चला तो भूख से आहार की तलाश में था, परन्तु मेरा नारा था -- कृण्वन्तं विश्वमार्यम्। मैं गायक और द्रष्टा न होता तो भविष्यवक्ता कैसे बनता? रहस्य में, अज्ञात में झांक कर देखना मेरा काम था। यही मेरी शक्ति का आधार भी था । मैंने धर्म का साक्षात्कार किया — उस धर्म का, जिसे कोई और नहीं जानता था, जान ही नहीं सकता था। अन्य के जानते ही मेरी शक्ति बंट जाती और शक्ति बंट जाने पर मैं पंगु हो जाता। शिरकत में शक्ति मारी जाती है। मैं साझीदार स्वीकार नहीं करता। मैं अपना रहस्य अपने तक ही सीमित रखता हूं — न किसी की शक्ति में हाथ बंटाता हूं, न अपनी हिस्सा बंटने देता हूं। इसी विचार से मैंने राजा को भी परिमित शक्ति का भरसक न होने दिया, सर्वदा उसकी ठोस, अविभाजित, अपरिमित शक्ति का प्रजनन, विकास और पोषण किया । यही रहस्य — ऋषि-धर्म, द्रष्टि की दृष्टा का — मेरी शक्ति की आधार-शिला था, और जैसा कि पहले कह आया हूं, इसमें मैं कोई साझीदार नहीं चाहता था। इसीलिए मैंने विश्वामित्र से रण ठाना, इसीलिए सदियों के दौरान मैं दूसरों के रक्त का प्यासा हो गया और अन्य मेरे रक्त के ग्राहक हो गये।

मैं तब गायक था। अपने जाने हुए आर्ष रहस्य का मैं गानपूर्वक विस्तार करता था। पार्थिव शक्तियों को मैं देवत्व प्रदान करना मूर्खता समझता था। मेरे हितैषी देव सोम, अग्नि और पृथ्वी, इन्द्र, वायु, मरुत और पर्जन्य, और वरुण, द्यौस्, अश्विन, सूर्य, मित्र, पूषन् तथा विष्णु थे । धीरे-धीरे मैंने अपने हितैषी देवताओं का परिवार बढ़ा लिया। अनेक देवियां, स्थूल और सूक्ष्म, सदय और निर्दय, मेरे मानस से निकलीं। अनन्त-अनन्त देवताओं

का मैंने सृजन किया — विश्वेदेवाः का, फिर नदियों, पहाड़ों का।

इनके अतिरिक्त मैं इनकी भीम मूर्तियों का भी ऋषि और द्रष्टा हुआ । बादलों की गड़गड़ाहट और नदियों के शक्तिम प्रवाह का भी मैंने अर्थ लगाया और भाव व्यक्त किया। उनके तथ्य और कथन को एकमात्र समझने वाला मैं था। प्रकृति की हिंस्र तथा द्रव प्रवृत्तियों को मैंने मुखरित किया, जिह्म दी। मैंने ही उनके गूढ़ मन्तव्यों का रहस्य अपनी स्पष्ट समझ में आने वाली भाषा में व्यक्त किया।

रुद्र की मारक भयंकर शक्ति का उद्घाटन मैंने ही किया, और मैंने ही उसके क्रोध और आतंक से मानवजाति की रक्षा के प्रबंध सोचे। करुण और हिंस्त्र दोनों प्रकार के देवताओं के यजन-पूजन-प्रसादन के अनेक और अनन्त उपाय मैंने ही सोचे, वरना मानव-योनि रसातल को चली जाती। जन-कल्याण की भावना ने मुझे उस ओर प्रवृत्त किया, मैं स्वयं तो सारे सुखों से निवृत्त था। मेरी कामना एकमात्र जन-कल्याण की थी।

जब मैं भारत आया तब भी कई कुलों में विभक्त था। भरद्वाज, आंगिरस्, वसिष्ठ, अत्रि, कण्व आदि अनेक पुरोहितों के कुल तब भी आर्यों की पारलौकिक आवश्यकताओं का प्रबन्ध करते थे। इहलोक के बाद परलोक की कल्पना मैंने ही की परन्तु यह केवल भारतीय जगत की न थी, सारे विश्व की थी। मैंने जब इसका आविष्कार किया, तब इसकी मोहकता ने लोगों को अत्यन्त आकर्षित किया। फिर तो लोग इसकी माया में ऐसे फंसे कि उन्होंने इहलोक की परवाह न कर उसी लोक के सुखों के स्वप्न देखे और उन्हें प्राप्त करने की तैयारी शुरू कर दी। कालान्तर में मेरे इस प्रयास में क्षत्रिय दार्शनिकों ने भी योग दिया।

जीवन से स्वाभाविक ही सबको प्रेम होता है और दीर्घकाल का रोगी भी अमित यातना सहता है, फिर भी अपने शरीर को रखना ही चाहता है। इस लोक में जीवित रहने की जो हविस पूरी न हो पाती, तो दूसरे लोक में भी, इस जीवन के परे भी, जीने की लालसा करता है। और उस कल्पना में जो विलास की वस्तु उसे इस लोक में प्राप्त नहीं होती, उसके लिए वह जीवन भर तरसता और हाय-हाय करता रहता है, उसके भोग की भी प्रबल कामना करता है, और मैं उसकी इसी लोलुपता को शक्ति और रीढ़ देता हूं।

फिर भी मेरा ऋग्वैदिक परिवार अभी इस पारलौकिक सुख की कल्पना और कामना में इतना व्यग्र न था, जितना वह पीछे हुआ। अभी तो वह दुखी, दरिद्र, आवश्यकताहीन घुमक्कड़ परिस्थितियों से होकर आया था और उसे इहलौकिक वस्तुओं की ही कामना थी। अभी वह आहार, वस्र, धन, धान्य, दास, गो, अश्व, श्वान आदि की ही मांग करता था। उसका जीवन कठिन सघर्ष से होकर गुजरा था, सदा जीवन के लाले पड़ रहे थे। इससे अपनी आकस्मिक और युद्ध की मृत्यु से घबरा कर वह सौ वर्ष जीवित रहने की ही कामना किया करता था।

उसकी विपत्तियों के शमन के निमित मैंने अनेक प्रकार के यज्ञों की अभिसृष्टि की — नरमेध, गोमेध, अश्वमेध आदि की। मेरे लिए तब कोई पदार्थ, कोई जीव अभक्ष्य न था — गाय, घोड़ा, कुछ भी नहीं। गाय — विशेषकर बछड़ा तो अतिथियों को विशेष

प्रिय था। मुझे यह किसी प्रकार भी मान्य न था कि संसार में सुरा और आमिष-से स्वादु आहार के रहते भी केवल शाक और वनस्पति पर गुजर की जाय। परन्तु धर्मप्राण होने के कारण जीव-हनन को सर्वथा मान्य भी नहीं बता सकता था। इससे उन्हें देवार्पित कर खाने का मैंने विधान बांधा। यज्ञादि करके देवऋण से उऋण होना ही था। और उसके लिए यज्ञार्पित वस्तु को मैंने सेव्य और खाद्य घोषित किया। सभी स्वाद, खाद्य और पेय पदार्थ देवार्थक थे— सुरा और आमिष तो विशेषतः, यद्यपि पायस का उपयोग भी यज्ञों में अब बढ़ चला था। यज्ञ में अर्पित प्रत्येक वस्तु प्रसाद के रूप में अत्याज्य ही नहीं, अवश्य ग्राह्य थी और इस प्रकार सोम की मार्यादा बढ़ी। मेरे सारे देवता हिंस्र और आमिष-भोजी थे। इन्द्र सोम पीता और गोमांस खाता था, वज्र धारण करता थी, वरुण और यम भी अपने-अपने पाश धारण करते थे।

जब मैं भारत आया, तब यहां का वैभव, शस्य-श्यामला भूमि, अद्‌भुत सूर्योदय और सूर्यास्त देख स्तंभित--मुखरित--हो उठा। उषा की लाली देख मुझे रोमांच हो आया। परन्तु उस सप्तसिन्धु देश में ठहरना कुछ आसान न था। उसमें एक अद्‌भुत सभ्यता का निवास था, जैसी मैंने कहीं देखी न थी। उसके निवासी थे तो कृष्णकाय, अनास, मुध्रवाक्, दास, दस्यु, अयजवन्, अकर्मन्, अदेवयु, शिश्नदेव, और मुझे उनसे अमित घृणा थी; परन्तु उनकी सभ्यता देख मैंने दांतों तले उंगली दबा ली। वे कृष्णकाय दस्यु श्वेत वस्त्र धारण करते, कई-मंजिले स्वच्छ मकानों में रहते, वृषभों के रथ पर चलते और छतों पर सोते थे। उनके गृह दुर्ग थे, नगर दुर्ग थे और मुहल्ले दुर्ग थे। वे प्रसन्न वदन फिरते। उनके बाजारों में संसार की सारी वस्तुओं का सौदा होता। उनके कृत्रिम सुन्दर तालाबों में नित्य जलक्रीड़ा होती। उनके नगरों की सफाई आश्चर्यजनक थी।

परन्तु मुझे तो उस सभ्यता का अन्त करना था। बिना उसका अन्त किये, न तो उस स्वर्णभूमि पर हमारा अधिकार हो सकता था और न उस जादू के देश पर स्वयं मेरे प्रभुत्व का साका चल सकता था। मैंने अपने विशों को, विविध जनों को शत्रुओं के नाश के निमित ललकारा। और मुझे क्या सचमुच उन्हें इसके लिए कुछ अधिक बढ़ावा देने की आवश्यकता पड़ी? उन्होंने क्या अपना दर-ब-दर फिरने वाला बनैला जीवन विस्मृत कर दिया था? उन्हें क्या पता न था कि जान पर खेल कर भी सप्तसिन्धु के उस प्रशान्त भूखंड को स्वायत्त करना होगा?

उनके नगर मैंने जला कर भस्म कर डाले, उनकी बखारें, उनके ढोर, उनके वस्त्र हमने छीन लिये। उनको सर्वथा नष्ट कर डाला । जो बच रहे, वे या तो दक्षिण-पूर्व की राह भागे या हमारे दास हुए। हमारे दासों की संख्या अब बढ़ चली। और ये दास भी क्या थे? हमने उनसे विशेष कृषि-कर्म सीखा, मकान और नगर-निर्माण सीखा, मोहन-उच्चाटन सीखे।

उनके पुरोहितों और ब्राह्मणों की सत्ता भी कुछ साधारण न थी । मुझे उनका रहस्य सीखने की बड़ी लगन थी। मेरे यजमान मेरी नित्य की युक्तियों से अब ऊब गये थे। उनको एक नये सिलसिले में बांधना आवश्यक था। मेरे यजमानों में एक बड़ी अच्छी बात यह

थी कि वे अपने को संसार में सबसे उच्च और श्रेष्ठ समझते थे और उन्हें यह कोई किसी प्रकार नहीं समझा सकता था कि उनके ब्राह्मणों से अधिक बुद्धिमान, उनके ऋषियों से अधिक रहस्य का जानकार कोई कहीं हो सकता है। फिर भी अपने ज्ञान को नित्य नया करते रहना अत्यन्त आवश्यक था।

मैंने अधिकतर उन दासों को अपने घरों में रखा, जो अपनी सभ्यता में पुरोहित रह चुके थे। उनमें झाड़-फूंक की बड़ी मान्यता और प्रभुता थी। मैंने उनसे मन्त्र पूछ लिये। फिर मैंने उनका समुचित उपयोग किया। मैंने उन्हें अपनी भाषा में लिख डाला और उनकी संहिता **अथर्ववेद** बना। यह एक नया रहस्य-भडांर था, जिसे आर्य नहीं समझते थे, और चूंकि मैंने उसे अपनी पुरातन भाषा में लिखा, उन्होंने उसे मेरा ही समझा। इस प्रकार मेरी प्रभुता उन पर और बढ़ी। मैं अब सब प्रकार से सुखी था, शक्तिमान्। अनेक दास-दासियां मेरी परिचर्या करती। राजा मुझे दान में दास-दासियां प्रदान करता। गोधन मेरे पास अनन्त था और शत्रु-नगरों की लूट से मेरे भंडार भरे थे। अब सुमुखियों के प्रति अपने अनुग्रह को भी मैंने वैधानिक करार दिया। कक्षीवान और कवष उसी के मूर्त रूप थे।

यद्यपि अभी तक मेरे अनेक कुल बन गये थे, जो केवल पौरोहित्य करते थे, मेरी वृत्ति में प्रवेश असम्भव न था परन्तु इस क्षत्रिय-कुलों के पौरोहित्य को मैं भय की दृष्टि से देखता था। विश्वामित्र ने मेरा दुर्ग छीनने का बड़ा प्रयत्न किया। क्रोध से परशुराम को फरसा दे मैंने क्षत्रियों का नाश कर उनसे वैर साधा। प्रयत्न बराबर यही था कि किसी प्रकार मेरे पेशे में कोई और दाखिल न हो सके, देवापि के-से कुछ महत्वाकांक्षी मेरी पंक्ति में जब-तब घुस ही आते थे।

अब मैंने निश्चय किया कि इससे काम न बनेगा और मुझे इस आवागमन पर कड़े प्रतिबन्ध डालने होंगे। मेरे कुल तो अनेक अवश्य खड़े हो चुके थे, परन्तु क्षत्रिय राजकुलों में अभी अस्थिरता थी। उनका अभी तक चुनाव होता था, और यद्यपि कुल विशेषतः राजन्यों के ही होते थे, निर्वाचन का क्षेत्र सिद्धान्ततः बड़ा था। मैंने देखा कि अपने कुलों को स्थायित्व देने के पहले राजसता को कुलागत करना होगा। और मैंने उसे कुलागत कर दिया। अब मुझे एक अत्यन्त प्रबल मित्र लाभ हुआ -- क्षत्रिय का। अपने कुलागत स्वत्व की रक्षा के लिए उसका मेरे कुलागत पौरोहित्य की रक्षा करना आवश्यक हो गया। इसी समय मैंने अद्भुत सूझ से काम लिया। मैंने पुरुषसूक्त की अभिसृष्टि कर डाली। इसमें ब्राह्मण की उत्पति ब्रह्म (पुरुष) के मुख से, क्षत्रिय की भुजाओं से, वैश्य की जांघों से और शूद्र की उसके चरणों से बतायी। इसने वर्णों को यथास्थान रख दिया। और यह व्यवस्था ईश्वरीय — अपौरुषेय — मान ली गयी। अब वर्णों में आदान-प्रदान नहीं हो सकते थे। इस प्रकार जो अपूर्व धन मेरे हिस्से में आता था, उसकी रक्षा हुई।

अब भी जब-तब इस वर्ण-धर्म में स्खलन होते थे। मेरे पौरोहित्य में हिस्सा बंटवाने के लिए निश्छल राजन्य प्रयत्न करते थे, परन्तु अब पौरोहित्य भी कुछ साधारण कार्य न था। पहले मैं केवल चार ऋत्विजों से यज्ञ का काम चला लेता था, परन्तु अब निरन्तर यज्ञ की विधि-क्रियाओं में जो मैंने विकास किया, उसके पेचों को ऐसा कोई व्यक्ति नहीं

संभाल सकता था जो जन्मना ब्राह्मण न हो और जिसने वर्षों मेरी शागिर्दी न की हो। मैंने अपने यज्ञ के कर्मकाण्डियों की संख्या चार से बढ़ा कर सत्रह कर दी। जैसे-जैसे राजन्य का राज्य-विस्तार बढ़ा वैसे-वैसे मेरे यज्ञों के आकार-प्रकार में भी अभिवृद्धि हुई। जनपद राज्यों क साथ-साथ मैंने भी अपने सत्रों का विस्तार बढ़ा दिया और उनके अनुष्ठान सौ-सौ वर्ष तक होने लगे।

2

वैदिक काल में ही मेरा विरोध होने लगा था। राजाओं के पास शक्ति और वैभव सब कुछ था, फिर भी वे मेरा उत्कर्ष नहीं देख सकते थे। मेरे पास घर में अन्न निश्चय काफी था, पत्नियां थीं, दास-दासी थे, रथ-अश्व थे, चौपाये थे; परन्तु साधारण जीवन मेरा तप और त्याग का था। अपने लिए सिवा दूसरों के दिये दान के मैंने कुछ और न रखा। फिर लंगोटी वाले मुझ विरागी का राज्यादि के मामले में दखल देना उन्हें अच्छा नहीं लगता था। मैं ही जब प्रजा की ओर से राजदण्ड और अन्य लांछन देता, उन्हें प्रजापालन की शपथ दिलाता, तब कहीं उनकी राजसत्ता दृढ़ होती थी। इससे निश्चय ही मैं उनकी ईर्ष्या का कारण बन गया। फिर भी मैं उनके समक्ष अपनी शक्ति बनाये रहा। राजा तो अनेक प्रकार से मेरे अधिकार में था, परन्तु राजन्य— राजा से अन्य, उसके भाई-बन्धु, अधिकतर उसके छोटे भाई — मुझसे डाह करते थे, यद्यपि समाज के विविध वर्गों के कर्त्तव्य मैंने बांट दिये थे और उनकी आयुधजीविका अक्षुण्ण बनी थी, फिर भी वे प्रमादी मेरा ही व्यवसाय छीन कर सहसा धनी हो जाने के प्रयत्न में थे ।

परन्तु यह एक ऐसा क्षेत्र था जिसमें मैं उन्हें पांव नहीं रखने दे सकता था। महाभारत काल में भी अनेकांश में यह संघर्ष चला। परशुराम ने तो यहां तक प्रण किया कि अपने अस्त्र-प्रहार का रहस्य वे किसी क्षत्रिय को न बतायेंगे। कुछ अंश में इस राजनीतिक झगड़े के अतिरिक्त क्षत्रियों से मेरा एक सामाजिक झगड़ा भी था। मैंने पुत्राभाव में और सपुत्र के अभिजनक के अर्थ 'नियोग' - विधि का विधान किया था, जिसमें पति के अभाव या क्लैव्य में पत्नी देवर से और उसके अभाव में गुरु-पुरोहित के संयोग से पुत्र प्रसव करती थी। क्षत्रियों के लिए यह कुछ कसक की बात न थी।

क्षत्रिय इस व्यवस्था के कारण झल्लाते तो बहुत थे, परन्तु कोई चारा न था। इस प्रथा में मुझे सिवाय एकांश में कामुकता-तृप्ति के कुछ विशेष लाभ न था। लाभ वास्तव में उन्हीं का था। देवर से पुत्र उत्पन्न कराने की प्रथा से अलग यदि क्षत्रिय औरत किसी अन्य क्षत्रिय द्वारा तनय प्रसव करती, तो 'दाय' मे कठिनाइयां उत्पन्न हो जातीं, पैतृक संपत्ति में दूर के हिस्से लगने लगते। इससे मेरा उपयोग विशिष्ट राजन्यों अथवा राजकुलों में उन्हें उचित जान पड़ने लगा था, यद्यपि यह विधान मेरा ही था। फल यह हुआ कि **महाभारत** के महान् पुरुष अधिकतर मुझ से ही उत्पन्न हुए। धृतराष्ट्र, पाण्डु, विदुर सब मेरी ही संतति थे। फिर भी मेरे प्रति क्षत्रियों का विरोध बढ़ता ही गया। उन्होंने शीघ्र ही

मेरे देवता इन्द्र और मेरी वृत्ति के साधक यज्ञानुष्ठानों के शत्रु कृष्ण को देवोत्तर स्थान दिया। उन्होंने उसे— जो क्षत्रिय भी न था, यद्यपि क्षत्रिय बनने का निरन्तर प्रयत्न कर रहा था— विष्णु का अवतार माना और अधिकतर क्षत्रिय ही उस देवदुर्लभ पद के उपयुक्त समझे गये। उनके चरितों की गाथाएं गायी जाने लगीं। इतिहास-पुराण बनने लगे। कुछ ब्राह्मणों को प्रलोभन दे उन्होंने अपने सहकारी और अपनी सभा के पण्डित बना लिये, जिनका काम उनकी प्रशस्ति लिखना था, उनके चरित और पराक्रम का बखान करना था। **रामायण-महाभारत** की अभिसृष्टि इसी प्रकार हुई। फिर तो क्षत्रिय का साहस इतना बढ़ा कि उसने गीता में अपने को संसार की सारी सुन्दर श्रेष्ठ वस्तुओं का सार कहा और सारे देवताओं के ऊपर रखा। अन्य देवताओं की पूजा वर्जित की, केवल अपनी पूजा उचित कही। निश्चय ही क्षत्रियों की यह मेरे ऊपर पहली महत्त्वपूर्ण विजय थी।

मैंने भी इसके विरुद्ध अपनी आवाज उठायी। 'धिग्बलं क्षत्रियबलं ब्रह्मतेजोबलं बलम्' का सबल नाद किया। यजमान को निरस्त करने का सब प्रकार से प्रण किया। परीक्षित ने मेरे गले में मरा नाग डाल मेरी समाधि का उपहास किया, उसे ढोंग कहा। मैंने भी सीमा प्रान्त के उन नागों को भड़का दिया, जिनके देवता उरग थे। परीक्षित को तो सात दिनों में मार डालने की घोषणा कर नागों ने अवधि के भीतर मार ही डाला और अर्जुन का साम्राज्य उसकी रक्षा न कर सका। फिर प्रतिशोध की भावना से उतप्त हो जनमेजय ने तक्षशिला का दारुण और नृशंस नर-यज्ञ किया — नाग-यज्ञ युद्ध में, धोखे से, खुले आम, पकड़-पकड़ नाग वीर लाये जाते और उन्हें आग में डाल दिया जाता। कुभाकुमू की घाटी और निषध की उपत्यका में बसने वाले नागों की जनमेजय की साम्राज्य-शक्ति के सामने बिसात ही क्या थी? वे पकड़ कर लाये जाते और जलती शिला पर तक्षक-परिवार के नाग जला डाले जाते। निश्चच ही मैं उस नाग-यज्ञ--नरमेध--का ऋत्विज् था, परन्तु उस दारुण क्रूरता में मेरा मन न था। मैंने वह यज्ञ भय के कारण कराया, क्योंकि मैं जानता था कि आपात्ति करते ही मुझे भी शिला के ऊपर अग्नि की लपटों का आलिंगन करना होगा। फिर भी मैंने युक्ति और सावधानी से नागों के राजा तक्षक को निकल भागने दिया।

जनमेजय ने अश्वमेध भी किया । और मैंने अबकी उसे अपावन कर देने की प्रतिज्ञा की। उसे अपावन कर भी दिया। वह कथा साहस की है और रहस्य की, जिसे मैंने अपने ब्राह्मणों में सुरक्षित किया। मेरे आचरण से जनमेजय के भाई -- राजन्य -- श्रुतसेन और भीमसेन अत्यन्त कुपित हुए और उन्होंने वहां उपस्थित सारे ऋषि-समुदाय को तलवार के घाट उतार दिया। अश्वमेध अपावन होगा, इसकी गन्ध ब्राह्मणों को लग चुकी थी और वे जनमेजय का पराभव देखने अधिक-से-अधिक संख्या में आये। प्रायः साठ हजार की संख्या में उनका वध हुआ। जो बचे, उन्हें जनमेजय ने भारत से बाहर निकाल दिया।

मेरे अभाव में क्षत्रियों को अपनी क्षति का पता चला। मेरी व्यवस्था में वैश्य, शूद्र सभी अपने-अपने स्थान पर थे। अब उनका स्खलन होने लगा। सबकी महत्त्वाकांक्षाएं प्रबल हो उठीं। सारे जप-तप, यम-नियम, यज्ञानुष्ठान बन्द हो गये और उनको कराने वाला कोई न रहा। पौरोहित्य के लिए क्षत्रियों ने प्रयास तो किया था, परन्तु उसके विस्तृत कार्यक्षेत्र को संभालना उनके वश की बात न थी और उन्होंने अपने कन्धे नीचे डाल दिये। हार कर राजन्यों को मुझे फिर बुलाना पड़ा। उन्होंने मुझसे लौटने की बड़ी मिन्नतें कीं, और मैं लौट भी आया, क्योंकि आखिर मैं कब तक दर-ब-दर फिर सकता था, जब मेरा सारा साम्राज्य भारत में अराजक स्थिति धारण कर रहा था, कर चुका था? मैं लौटा और मुझे अपनी शक्ति का अदाज लगा। देश में प्रत्येक कार्य रुका हुआ था। और उसे अपने अभाव में और पंगु कर देने के लिए मैंने ब्राह्मण-ग्रन्थों का निर्माण किया। अपने क्रियानुष्ठानों और कर्मकाण्ड की विधियां विधानतः लिख डालीं और उनको ब्राह्मण कहा। ये ही ब्राह्मण मेरी संतान की संपत्ति हुए —उनके मूल ग्रन्थ, उनकी शक्ति के रहस्य और व्यापार की कुंजी। अब उनके व्यापार में कोई अन्य हिस्सा नहीं ले सकता था। कर्मकाण्ड और पौरोहित्य अब सर्वथा उनका था और उनमें अब किसी की गति न हो सकती थी। हां, यदि कोई पौरोहित्य तथा कर्मकाण्ड पर ही आघात करे, तो उसकी बात दूसरी थी।

और उन्होंने पौरोहित्य तथा कर्मकाण्ड पर आघात किया। क्षत्रियों ने भी अपने 'ब्राह्मण' रचे, जिनके नाम **उपनिषद्** हुए। उपनिषदों में उनके उत्कर्ष की कथा कही गयी। **गीता** उसकी अन्तिम श्रृखला थी, जिसमें क्षत्रिय को ईश्वर का स्थानापन्न किया गया। उपनिषदों में एक नये ब्रह्म और आत्मा का वर्णन आया। ये ब्रह्म और आत्मा दोनों अनादि और अनन्त थे, अजन्मा। आत्मा शरीर के अन्दर रह कर भी अजर-अमर और शरीर के कार्यों से उदासीन रहती है। पशुमारण-धर्म व्यर्थ और बेजा है। यज्ञ निन्द्य है। पौरोहित्य निम्न स्तर की वस्तु है। ज्ञान बड़ी चीज है। बह्म का ज्ञान ही मोक्ष का साधन है। शरीर दुःख है। आवागमन उसका बड़ा प्रतिबन्ध है।

जनपंद राज्यों के खड़े हो जाने पर राजाओं को अब ब्राह्मणों की आवश्यकता विशेषतः न रही। क्षत्रिय या तो राजकर्मचारी और सैनिक थे या भू-स्वामी। अपनी आय के सबंध में इस प्रकार निश्चिन्त हो राजा और क्षत्रिय उस दर्शन-वितन्वन में लगे जो अवकाश का पूरक है। उन्होंने जिस काल्पनिक सत्य के दर्शन किये, उसे ही सब कुछ मान कर मुझे चुनौती दी। मैं भी घबरा उठा, क्योंकि जिस शब्दजाल का उन्होंने वितन्वन किया वह मेरा जाना न था। दर्प के साथ राजन्य ने मुझे मेरा ही शब्दघोष सुनाया—'समित्पाणी भव!'

पंजाब में, पंचाल में, काशी में, विदेह में — सर्वत्र राजन्यों की सांस्कृतिक और दार्शनिक शक्ति बढ़ी—अश्वपति कैकेय, प्रवाहण जैवलि, अजातशत्रु, जनक विदेह प्रबल हुए। परन्तु मैंने भी आत्म-समर्पण नहीं किया। **उपनिषद्** का उत्तर दर्शन से दिया, दर्शन

का दर्शन से। लोहे को फौलाद से काटा। उनका ब्रह्म निष्काम, निर्गुण और शरीरहीन था। मैंने कहा कि फिर उसकी काल्पनिक स्थिति को ही क्यों माना जाय? मैंने ईमानदार और सच्चे सांख्य की अनीश्वरवादी पद्धति का दर्शन किया। वैशेषिकों ने प्रकृति के सांघातिक (प्रयोग निजी है) अणु-मार्ग का निरूपण किया। ब्रह्म को न्याय की तर्क-प्रणाली से सर्वथा उखाड़ फेंका।

तब क्षत्रिय ने मुझे जेर करने का एक दूसरा तरीका अपनाया। उसने सही समझा कि मेरी शक्ति के दो प्रबल पाये हैं -- पर्णव्यवस्था और संस्कृत भाषा। दोनों पर आघात किये -- पार्श्व ने, महावीर ने, बुद्ध ने। तीनों ने वर्णों पर आक्रमण कर मनुष्य की प्राकृतिक समानता घोषित की। तीनों ने जन-भाषा में ही अपने उपदेश कहे। इनमें बुद्ध का प्रचार तो निश्चय ही असाधारण हुआ। उसने जो अपने संघ का संगठन किया, वह कालान्तर में मेरा सतत शत्रु बना, यद्यपि अन्त में मैं उसे निगल गया। अब मुझ पर खुले रूप में चोटें हुईं। मैं भी अपनी रक्षा और शत्रु के नाश के लिए स्पष्टतः मैदान में उतर आया।

4

नन्दों के बाद पिछले शूद्र (नव) नन्दों के साथ मैंने राजनीति में साझा किया और सारे क्षत्रिय राजाओं का उच्छेद कर डाला। परन्तु मेरा यह सौभाग्य बहुत दिनों न चल सका। शूद्र के भावी उत्कर्ष के भय से अंग ने अंग पर प्रहार किया और चाणक्य-रक्षित चन्द्रगुप्त ने नन्दों का सर्वनाश कर डाला। मैंने फिर अवकाश पा और आवश्यकता देख शूद्र के विरुद्ध अपने अर्थशास्त्र में अनन्त विधान बनाये। मौर्यों का शासन शीघ्र मेरे मंत्रित्व के बाद ब्राह्मण विरोधी और सर्वथा क्षत्रिय-बौद्ध-समर्थक हो उठा था। अशोक ने तो यज्ञों पर अनेक प्रतिबन्ध भी लगा दिये। फिर तो मेरे लिए षड्यन्त्र के सिवा और कोई अपनी रक्षा का साधन ही नहीं दीख पड़ा। मेरे भाग्य से अशोक के वंशधर दुर्बल हुए, और वे विदेशी आक्रमणों से प्रजा की रक्षा न कर सके।

जब देमित्रियस न बाख्त्री से आकर मगध के हृदय पाटलिपुत्र पर प्रहार किया तब मौर्य राजा ने राजगिरि की पहाड़ियों में शरण ली, और जब ब्राह्मण खारवेल ने उड़ीसा से बढ़ कर मगध पर आक्रमण किया, तब न तो ग्रीक रह गये, न मौर्य। पर मौर्य फिर लौटें। अब तक मेरी शक्ति भीतर-ही-भीतर दृढ़ होती जा रही थी और प्रजा की रक्षा न कर सकने का अरोप मैं बराबर मौर्य राजा पर लगाता गया। फिर मैंने राजा के विरुद्ध 'प्रतिज्ञा दौर्बल्य' का नारा बुलन्द किया और अपने पौरोहित्य पद से उचक कर मगध का राजदण्ड शीघ्र ही अपने हाथ में ले लिया। पुष्यपित्र के रूप में मैंने खुले आम वृहद्रथ की हत्या कर मगध का साम्राज्य स्वायत्त कर लिया। तब मेरी रक्षा महर्षि पतंजलि कर रहे थे।

अब मैंने बौद्धों पर प्रतिबन्ध लगाये। श्रमणों की तो जान पर ही आ बनी। ब्राह्मणों के यज्ञादि और संस्कृत भाषा का पुनरुद्धार किया। स्वयं दो-दो अश्वमेध किये और ग्रीकराज बौद्ध मिनान्दर को मार कर ग्रीकों को सिन्धु के पार निकाल दिया। तब तक भारत

में मेरे तीन साम्राज्य प्रतिष्ठित हो चुके थे — दक्षिण में सातवाहनों का, पूर्व में खारवेल का, मध्यदेश में शुंगों का, और शुंगों के बाद काण्वायन आये और फिर सातवाहन। सभी ब्राह्मण।

इस बीच मैंने **मनुस्मृति** की रचना की। ब्राह्मण को भूसुर कहा और राजा को देवोत्तर संज्ञा से विभूषित किया, क्योंकि इस समय राजा स्वयं मैं था। यदि कभी राजा क्षत्रिय भी हुआ, तो मुझे उससे आपत्ति न थी, क्योंकि मुझे राज-लोभ इतना न था जितना शासन और विधान-लोभ। जब तक राजा कानून का उद्‌गम न था, जब तक उसकी दण्डनीति और दाय आदि पर मेरे सिद्धान्तों की मुहर थी, तब तक मुझे इसकी परवाह न थी कि राजा कौन होता है। राजा मैं बार-बार केवल शक्ति-तुला के दण्ड को यथावत् सम करने के निमित्त बना करता था।

हां, इसी समय शक अम्लाट के आक्रमण हुए, जिसने मेरे वर्ण-धर्म पर प्रबल आघात किया। सारा देश लहूलुहान हो गया। अनीति सर्वत्र उग्र रूप धारण करने लगी। सद्योजात शिशुओं का वर्ण स्थिर करना कठिन हो गया। ब्राह्मण के आचरण शूद्र के हो गये और शूद्र के ब्राह्मण के। फिर जब शान्ति हुई और शक मेरे प्रभाव में आकर आज्ञाकारी हो गये, तब मैंने अपनी लेखनी फिर धारण की और विधानों का पुनः सृजन किया। मैंने सूत्रों के अनेक ग्रन्थों की रचना की, यद्यपि उनका आरंभ सदियों पहले मैंने शुरू कर दिया था। मैंने मनुष्य को संस्कारों से जकड़ दिया। संस्कार उसके जन्म के पूर्व से और मरण के पश्चात् तक उसके सिर हो गये।

शकों, कुषाणों आदि के आगमन से निश्चय ही मेरी व्यवस्था को बड़ी हानि पहुंची। यद्यपि शक सर्वथा हिन्दू हो गये, मेरी भाषा तक उन्होंने अपना ली, फिर भी मुझे उन्हें अपनी व्यवस्था में सम्मिलित कर विशेष संतोष न हुआ। मैं उन्हें उनके विजित प्रान्तों से निकाल बाहर करने की तदवीर सोचने लगा। नागों से अति प्राचीन काल से मेरा सद्‌भाव था। अब उनमें से कुछ पद्मावती के पास आ बसे थे और झांसी के आसपास उन्होंने अपनी शक्ति केन्द्रित की थी। मैंने शीघ्र ही उनमें प्राण फूंके और उन्हें धर्मातुर बना डाला। वे शिव के तो इतने पुजारी बन गये कि शालिग्राम सदा उनकी पीठ पर बना रहता, जिससे उनकी संज्ञा तक भारशिव-नाग हो गयी। परन्तु उन पर भरोसा होते हुए भी मैंने उन्हें उस क्षेत्र में अकेला न छोड़ा। उनके दक्षिणी-पश्चिमी पड़ोस में ही मैंने अपने ब्राह्मण-वाकाटक-कुल की स्थापना की, जो शुंगों का इतिहास फिर से दुहरा दें; पर उसकी आवश्यकता न पड़ी। भारशिव-नाग पर्याप्त स्वामिभक्त निकले। उन्होंने मेरी व्यवस्था को सर्वथा निजी समझा और विदेशियों पर निरन्तर अपने हमले जारी रखे। प्रत्येक हमले और जीत के बाद उन्होंने काशी में गंगा के तट पर एक-एक अश्वमेध किया। जब इन्हीं अश्वमेधों की परम्परा दस की हो गयी, तब काशी के उस घाट का नाम दशाश्वमेध पड़ा।

काशी मेरी नहीं थी, न शिव ही मेरे थे। दोनों अनार्यों के थे, परन्तु किस प्रकार मैंने दोनों को अपना बनाया, यह प्राचीन कथा है। उसका वर्णन यहां विषयान्तर होगा। नागों-वाकाटकों ने कुषाणों का अन्त कर दिया। डर यह था कि दोनों विदेशी राजकुल कहीं

मिल न जायें, इसलिए मध्य-भारत में मैंने विशेष रुचि और सावधानी से राजनीति का संचालन किया। वाकाटक मालवा और गुजरात-सौराष्ट्र के शकों पर आंख गड़ा कर बैठे, जिससे वे अपने उत्तरी बन्धुओं से मिल न जायें, तब तक उधर मथुरा से पुरुषपुर तक के कुषाणों को नागों ने ध्वस्त कर दिया, उन्हें उखाड़ फेंका।

अब मध्य-देश में एक नयी शक्ति का उदय हुआ, जो सर्वथा मेरे अनुकूल थी। वास्तव में विदेशी आक्रमण छोड़ ऐसी कोई राजनीतिक शक्ति न थी, जो मेरी अनुमति और आशीर्वाद के बिना प्रतिष्ठित हो सकती हो। नागों की बढ़ती हुई कीर्ति भी मेरी आंखों मे खटकी। यद्यपि वाकाटक उनके ऊपर सबल प्रतिबन्ध थे, फिर भी मैंने अपनी व्यवस्था को एक नया रूप दे अपनी राजनीति सशक्त की। ब्राह्मणों और क्षत्रियों का परस्पर विवाह मुझे प्राचीन काल से ही सम्मत न था और बार-बार मैंने उसका विरोध किया था; पर अब आवश्यकतावश स्वयं मैंने उसकी व्यवस्था दी। नागों और वाकाटक के पुत्र ने ब्याहा--प्रवरसेन वही, जो पुराणों का प्रवीर है और जिसने ब्राह्मण-परम्परा के अनुरूप अनेक अश्वमेध, वाजपेय, वृहस्पति आदि यज्ञ किये। यह कोई साधारण बात नहीं थी, और मैंने वाकाटकों के अभिलेखों में इसका जो बार-बार उल्लेख कराया, वह इसलिए नहीं कि यह सुन्दर व्यवस्था थी, वरन् इसलिए कि इसे बार-बार पढ़ कर लोग इस संबंध को स्वाभाविक समझने लगें।

विदेशियों के विरोध मे इसकी आवश्यकता थी और मैंने समाज को राजनीति के ऊपर नहीं रखा। सिकन्दर के समय जब प्राचीन काल से मालव और क्षद्रक गण-राज्यों में वैर चला आता था, तब मैंने क्या किया? देश की राजनीतिक आवश्यकता के अनुसार दोनों के हजारों तरुण-तरुणियों को मैंने विवाह-संबंध में बांध दिया और इस प्रकार नागों -वाकाटकों का संबंध सम्पादित किया। वाकाटकों से एक और संबंध भी कराना था -- मगध में उठती हुई उस गुप्त शक्ति का जिसका हवाला मैंने अभी-अभी दिया है।

5

गुप्त कौन थे, यह बताने की आवश्यकता नहीं। इतना पर्याप्त होगा कि उनका मूल संदिग्ध था। उन्हें संभ्रान्त क्षत्रिय कहते प्राचीन कुलीन क्षत्रिय जरा झिझकते। परन्तु जब मैंने उन्हें क्षत्रिय माना, तो किसी को उन्हें क्षत्रिय मानने में क्या आपत्ति हो सकती थी? और मेरे स्वीकरण का आभार उन पर इतना था कि वे सर्वथा मेरे हो गये। पहले तो मुझे उनके कुल को प्रख्यात और संभ्रान्त करना था। इसलिए मैंने चन्द्रगुप्त का विवाह-संबंध वर्धमान-जिन-पहावीर के संबंधी प्राचीन लिच्छवी-कुल से किया। फिर उससे समुद्रगुप्त ने तो दिग्विजय और अश्वमेध मे मेरी संस्कृति और व्यवस्था का कार्य भरपूर साधा। यद्यपि शक-मुरुण्ड उससे संत्रस्त हो भेंटोपान से उसका प्रसादन करने लगे, वस्तुतः उनका नाश न हो सका। शक मालवा में तो बने ही रहे।

उनके उच्छेद का काम अभी मेरे सामने था। इसी समय ऐसी दुर्घटना घटी जिसने

उस संभाव्य खतरे को मेरे सामने ला खड़ा किया। समुद्रगुप्त के मरने पर गुप्त-साम्राज्य का स्वामी उसका ज्येष्ठ कायर पुत्र रामगुप्त हुआ। समुद्र का सशक्त हाथ हट जाने पर शकों ने एका कर मध्य-देश पर धावा किया। रामगुप्त, उनका सामना करना करना तो दूर रहा, मैदान में निकला तक नहीं, पाटलिपुत्र के राजप्रासाद में छिपा रहा। शकों ने उत्साहित होकर उसकी सुन्दर रानी ध्रुवदेदी तक को सुलह की शर्तों में मांग लिया, और वह क्लीव-कायर रामगुप्त उसे प्रदान करने पर भी तैयार हो गया। मेरे आदर्शों का प्रतीक चन्द्रगुप्त, जो बाद में विक्रमादित्य के नाम से प्रसिद्ध हुआ, सक्षम और मनस्वी था। उसने ध्रुवदेवी के रूप में उपस्थित होकर शकपति का वध किया और इस प्रकार मगध की विदेशियों से रक्षा की।

परन्तु मैंने देखा कि इससे परिस्थिति संभली नहीं। दुर्बल रामगुप्त मगध का राजा बना ही रहा और सबल शक भी पश्चिम तथा सीमा-प्रान्त पर जमे रहे। रामगुप्त से प्रसर की कोई आशा न थी। इससे मैंने चन्द्रगुप्त को रामगुप्त को मार कर उसकी गद्दी और पत्नी दोनों स्वायत्त कर लेने के लिए प्रोत्साहित किया। चन्द्रगुप्त ने तद्वत् कर प्रसर-नीति अपनायी। भाई की विधवा से इस प्रकार विवाह वर्जित हो चुका था, परन्तु शीघ्र ही मैंने उसकी व्यवस्था दे दी, यद्यपि चन्द्रगुप्त का एक विवाह नागा की कन्या कुबेरनागा से हो चुका था।

चन्द्रगुप्त ने सबल प्रसर-नीति अपनायी। वह पश्चिम और उत्तर की ओर एक साथ बढ़ा। मैंने उसका हाथ रोक दिया। मालवा के शकों की ओर बढ़ने से पूर्व एक और वैवाहिक सन्धि अपेक्षित थी और यह भी परम्परा के विरुद्ध थी, परन्तु मैंने इसकी भी व्यवस्था दे दी। ब्राह्मण वाकाटकों के युवराज के साथ कुबेरनागा से उत्पन्न चन्द्रागप्त की कन्या प्रभावती का विवाह करा दिया। अब वाकाटकों ने चन्द्रगुप्त का शकों पर आक्रमण करने का मार्ग दे दिया। समुद्रगुप्त ने तो कारणवश गण-राज्यों को यथावत् छोड़ दिया था, परन्तु चन्द्रगुप्त ने जो मेरी ओर देखा, तो मैंने उन्हें कुचल देने का साफ विधान दिया। चन्द्रगुप्त ने अपने साम्राज्य की नींव में गणतंत्रों की काया डाल दी। एक बार पूर्व--मौर्य-काल--में भी इसी नीति का प्रयोग हुआ था। साम्राज्य के निर्माण में यह आवश्यक कर्त्तव्य था, करना ही पड़ा।

हूणों के अनवरत आक्रमणों ने गुप्तों का साम्राज्य तोड़ दिया। उस साम्राज्य के आधार 'सामन्तमौलि' थे। वह कब तक खड़ा रह सकता था? हूणों की शक्ति पहले मालवा और मध्य-देश में फिर कश्मीर में दिखायी पड़ी और फिर भारतीय राजनीति में खो गयी। वर्धनों की शक्ति ने एक बार फिर साम्राज्य का बाना धारण किया और शीघ्र ही मौखरियों से मिलकर उसने सारे मध्य-देश पर अपनी छाया डाली। पहले तो मैंने भी उसकी अनेक प्रकार से सहायता की, परन्तु उसकी अब्राह्मण-प्रवृति देख मुझे मालवा और गौड़ का आश्रय ग्रहण करना पड़ा। मगध के गुप्त मौखरियों से हार कर मालवा में प्रतिष्ठित हुए थे। मैंने गौड़ों से उनकी मित्रता करायी और उनके राजा शशांक को मैं थानेश्वर और कनौज के विरुद्ध चढ़ा लाया।

हर्ष ने बौद्धों का बाना पहना, और वह मेरी अवमानना करने लगा। मैंने कनौज-मालवा-गौड़ में एक गुत्थी डाल दी। हर्ष कामरूप से सन्धि कर वलभी पर चढ़ गया। मैंने भड़ौंच को उभाड़ कर ध्रुवभट को फिर गद्दी दिला दी और पुलकेशिन् को वह पाठ पढ़ाया कि उसने सकलोत्तरापथनाथ को धूल चटा दी। ऐहोल की प्रशस्ति मैंने ही लिखीः

युधि पतितगजेन्द्रानीकवीभत्सभूतो ।
भयविगलितहर्षो येन चाकारि हर्षः ।।

इतना ही नहीं, शैव शशांक को मैं बोधगया तक चढ़ा लाया। उसने बोधिवृक्ष को समूल नष्ट कर उसकी जड़ में आग डाल दी जिससे वह फिर पनप न सके। हर्ष इसे न भूल सकता था, न भूला। कनौज की परिषद में उसने मेरी अवमानना की। महायान की व्याख्या के लिए उसने चीनी श्रमण को सभापति बनाया। मैं चुप था, पर जब उसने खंडन करने को मुझे ललकारा तो मुझसे न रहा गया। जब मैं उसका उत्तर देने के लिए उठा, तब राजा ने मेरी जबान काट लेने की व्यवस्था की। मैंने भी मंडप में आग लगा दी और हर्ष के प्राणों पर भी आक्रमण किया । वेण की कथा मैंने फिर से घटानी चाही। उसने मुझे पाखण्डी कह कर देश-निकाला दिया। मैंने भी उसे प्रयोग के पंचवर्षीय महामोक्ष-परिषद् मे प्रजा का धन पानी की भांति स्वार्थ-साधक दिखावे के लिए दान करने के कारण पाखण्डी कहा। और मैं जानता हूं, मैं गलत न था।

अब भारत की स्थिति बदल गयी थी--राजनीतिक भी, सामाजिक भी। एक बार तो हर्ष के मरने पर मैंने विप्लव कर कनौज की शक्ति स्वायत्त करनी चाही और हर्ष के दौत्य के उत्तर में आये चीनी दूतमण्डल को बन्दी भी कर लिया; परन्तु उसमें मैं परिणाम में सफल न हो सका। समाज में उथल-पुथल मच गयी थी। हूण, गुर्जर आदि जो अनेक जातियां भारत में आकर बस गयी थीं, उन्होंने एक अजब पेंच पैदा कर दिया था। उधर क्षत्रियों ने फिर मुझसे पुरानी शत्रुता छेड़ दी थी। बंगाल में पालों का शूद्र-बौद्ध राज्य उठ रहा था। मैंने शीघ्र ही अपना करणीय निश्चित कर लिया।

6

पुराने शत्रुओं का संघर्ष फिर चल पड़ा। क्षत्रिय पाल-शूद्रों को भी न देख सके। चोल (राजेन्द्र) और चालुक्य (सोमेश्वर-विक्रमादित्य) दक्षिण से उन पर चढ़ आये। मैंने पुराने क्षत्रियों से लोहा लेने के लिए नये क्षत्रिय बनाये। आबू पर्वत पर एक महायज्ञ कर मैंने सारे नवागतों--हूणों, गुर्जरों, आमीरों, शकों आदि -- को शुद्ध कर क्षत्रिय घोषित कर दिया। नये क्षत्रिय-कुलों की संज्ञा अग्नि-कुल हुई। इन क्षत्रियों को पुराने देशी क्षत्रिय तो स्वीकार करने को तैयार थे ही नहीं। दोनों में इस कारण भी संघर्ष छिड़ना आवश्यक ही था। फिर मुझे भी तो इन नवागतों के समाज में घुल-मिल जाने का डर था। इससे उनको इस विधि से रखना था कि वे मेरे प्राचीन शत्रुओं से अपने कारणों से लड़ सकें और स्वयं स्पष्ट वर्णेतर भी बने रहें। प्रतिहारों, पालों, राष्ट्रकूटों, परमारों, चालुक्यों आदि के युद्ध क्या

अकारण थे? फिर जाटों, गूजरों और अहीरों को किस भारतीय वर्ण में ईमानदारी से रखता? उनकी रूप-रेखा, उनके रीति-रिवाज, उनके खेल-व्यायाम, उनके आमोद-प्रमोद किधर से शुद्ध भारतीय थे? अस्तु, मैंने अपनी गाय (पृथ्वी, धन की माप) चुराने वाले विश्वामित्र और उसके प्राचीन राजन्य बन्धुओं से लोहा लेने के लिए नव-क्षत्रिय प्रस्तुत कर दिये। उत्तर-भारत में, मध्य-देश तथा पंजाब में, सर्वत्र इन नवीनों-प्राचीनों में, परस्पर भी, सदियों पैंतरे होते रहे और मैं लेखनी लिये व्यवस्था देता रहा। स्मृतियों की शक्ति डगमगाने लगी। कुछ ही काल बाद मैंने मिताक्षरा, दायभाग और व्यवहार-कल्पतरुओं की अभिसृष्टि की।

यदि पाल बोद्ध न होते, तो मुझे उनके शूद्रत्व में कोई आपत्ति न होती, परन्तु उनके नवधर्म ने मुझे कुछ करने के लिए बाध्य कर दिया। चालुक्य सोमेश्वर की उत्तर-विजय के समय कुछ कर्णाट-ब्राह्मण बंगाल में आ बसे थे और विजयी होने के कारण प्रबल हो उठे थे। उन्हें संगठित कर मैंने महत्त्वाकांक्षी घूंटे पिलायीं और शीघ्र ही उन ब्रह्म-क्षत्रियों ने सेन-शक्ति की घोषणा कर पालों से राजदण्ड छीन लिया।

उधर सिन्ध में भी एक नया काण्ड शुरू हो गया था । वहां भी शूद्रों का ही राजा था। इसी कारण सिहरसराय को हरा कर भी हर्ष ने उसका राज्य दखल नहीं किया। मैंने पालों से भी पहले उन पर हमला किया। छछ के रूप में मैं साहसी का मंत्री बना और शीघ्र ही उसका अन्त कर मैंने उसकी गद्दी और रानी दोनों को स्वायत्त कर लिया। वहां मेरा राजकुल चल पड़ा।

सिन्ध में कुछ आज से नहीं, प्राचीन काल से मेरा प्रभुत्व था। सदा से मैंने वहां की राजनीति में नेतृत्व किया था। जब पंजाब के सारे राजा और गणराज्य हार कर बैठ गये थे तब भी बार-बार मैंने सिकन्दर की राह रोकी थी। मूषिकों को आत्म-समर्पण कर देने के बाद भी उभाड़ उनसे बगावत दी थी। स्वयं सिन्ध में खुल्लमखुल्ला मैंने सिकन्दर से लोहा लिया था।

जिस सिन्ध में उसने हजारों की संख्या में मेरा वध कराया था, उसी सिन्ध को मैंने फिर संभला। इस संबंध में मेरा चरित वीरों के हृदय पर खुद गया। दाहिर रूप में मैंने बराबर हज्जाज की ईरानी और अरबों की इराकी सेनाओं से लोहा लिया। अन्त में मैं पृथ्वीराज की भांति भागा नहीं, वीर दर्प से डेबुल और मुल्तान में लड़ता हुआ मरा। फिर मेरी बहन ने बहमनाबाद में मुहम्मद-इब्न-कासिम से लोहा लिया और जौहार का अनुष्ठान कर पिछली राजपूती रीति की नींव डाली। मेरी कन्याओं का प्रतिशोध इस्लाम के इतिहास का एक पृष्ठ है जिससे कासिम को चमड़े में सिल कर जान देनी पड़ी। इसके लिए उन्होंने कोई बलिदान मूल्यवान न समझा, क्योंकि दमिश्क की सड़कों पर घोड़ों से घसीट कर उनकी जान गयी। फिर मुसलमानी सल्तनत सिन्ध में कायम हो जाने पर भी वहां का शासन सर्वथा मेरे ही हाथ में रहा। मैं ही वहां कर वसूलता था। मैं ही मन्दिर बनवाता और उनका जीर्णोद्धार करता था। मैं ही इस्लाम की फौजों को तनख्वाह बांटता था।

उन दिनों सामाजिक व्यवस्था सर्वथा टूट-सी गयी थी, टूटती जा रही थी । पजांब के क्षत्रिय खत्री, अग्रश्रेणी, अग्रवाल, अम्बष्ट कायस्थ और यौधेय जोहिया-अहवाल-रोहतगी

-रस्तोगी हो रहे थे। कुमारिल और शंकर के मुंह मैं बौद्धों को ललकार रहा था, संघ से सवर्णीयों को गार्हस्थ्य में बुला रहा था। वे लौटे तो सही, पर उन्हें रखता कहां? उनमें गुमराह ब्राह्मण भी थे, क्षत्रिय भी, वैश्य और शूद्र भी। मैंने उनसे कहा कि तुम भी इसी व्यवस्था, इसी काया के हो, 'कायस्थ' हो। एक साथ रहो, पर विवाह-संबंध अलग-अलग करो--माथुर माथुर में, अम्बष्ट अम्बष्ट में, सक्सेना सक्सेना में।

7

दक्षिण में सातवाहनों के समय ही मैंने अपनी परशुरामशक्ति प्रदर्शित की थी। गौतमीपुत्र ने एक ओर तो क्षत्रियों का 'मान-दर्प-दलन' किया था, दूसरी ओर नहपान आदि शकों से सफल मोर्चा लिया था। मैंने वाकाटक ब्राह्मणों की ही एक शाखा पल्लव नाम से दक्षिण में लगायी थी, पर वह ऐसी भ्रमी कि उसने अपने को सर्वथा क्षत्रिय मान लिया। यहां तक कि उसके राजकुल के व्यक्ति ब्राह्मणों का अपमान तक करने लगे। अन्त में मयूरशर्मा को ताल ठोंक कर उनसे अलग हो जाना और कदम्बों का एक नया राज्य स्थापित करना पड़ा।

8

दक्षिण में जब मेरी राजनीति कमजोर पड़ने लगी, जब मैंने वहां धर्म के क्षेत्र में फिर नेतृत्व शुरू किया। वैष्णव, शैवादि सांप्रदायिक घटाटोप खड़ा कर संघर्ष का केन्द्र राजनीति से हटा कर धर्म में रखा। परन्तु केवल उसी से क्या हो सकता था? उधर उत्तर की राजनीति एक नया रूप धारण कर रही थी। सुबुक्तिगिन के घराने ने काबुल पर कब्जा कर शाहियों को अफगानिस्तान से बाहर सिन्धु नदी के पार धकेल दिया था और उसके पुत्र महमूद ने भारत पर अनेक धावों का आरम्भ कर दिया था।

इन शाहियों का इतिहास भी अद्भुत है। पहले ये शककुषाण थे -- समुद्रगुप्त के शाहिशाहानुशाही, फिर अलबरूनी के तुर्कशाही, फिर ब्राह्मण। अन्तिम युग में मैंने तलवार हाथ में ली। जिन्हें अलबरूनी तुर्कशाही कहता है, वे कब के क्षत्रिय हो चुके थे, और उन्होंने भारत के सिंहद्वार की सदियों तक रक्षा की थी। फिर जब उनमें विदेशी आक्रमणों की चोट सीने पर झेलने की शक्ति न रह गयी, तो लगतूरमान को हटा कर मैंने अपना मन्त्रित्व छोड़ कल्लर के नाम से राजदण्ड अपने हाथ में लिया और अपने ब्राह्मणशाही राजकुल की नींव डाली। जयपाल-आनन्दपाल-त्रिलोचनपाल ने अपने रक्त से भारतीय भूमि का तर्पण किया। ब्राह्मण-रक्त से, जब क्षत्रिय भोज सरस्वती-प्रसादन कर रहा था, तुर्कों से लड़ने गये भीम की राजधानी लूट रहा था।

जिस राजनीति के नेतृत्व का मेरा दावा था, उसकी अगली खतरनाक पंक्ति में मैं खड़ा होता था। शाही रूप में अपने वंशांकुरों को मैंने इस्लाम के भारी डगों के नीचे

न्योछावर कर दिया। मेर वंशांकुर समरकंद, और बुखारा, खुरासान और तातार, बगदाद और दमिश्क, काहिरा और सिकन्दरिया, अलहमरा और जब्र-अल्तरीक के रिसालों के नीचे कुचल गय; पर मैंने उफ न किया। क्षेत्र बदल दिया।

जब महमूद की चोटें पेशावर, लाहौर, सरहिन्द और कनौज पर पड़ने लगीं, तब कश्मीर की ऊंचाइयों से मैं उतरा और सीधा गजनी जा पहुंचा। तब मेरा नाम तिलक था। मैं कश्मीर के अद्भुत पंडितों के चरणों में बैठ 'झूठ और फरेब, वंचकता और चालबाजी का सबक' ले चुका था । फारसी और अरबी, खुरासानी और सीरियक भाषाएं इस फसाहत से बोलता कि गजनी दरबार के लेखक और दार्शनिक—अलबरूनी, अलउतबी, फिरदौसी — मेरा मुंह ताकते रह जाते। उनके देखते-देखते मैं महमूद के वजीराजम का निजी सेक्रेटरी हो गया। जब महमूद के बेटे मसऊद के पंजाबी गवर्नर नियाल्तिगिन ने सुल्तान की अनुमति के बगैर काशी पर हमला किया और सुल्तान की सेना को उससे हार-पर-हार खानी पड़ी, तब मैंने उसका मस्तक लाने का बीड़ा उठाया और तीसरे हफ्ते उसका सिर सुल्तान के कदमों में ला रखा। यह कुछ सुल्तान की खातिर नहीं, उस चोट से बिलबिला कर, जो काशी पर हमला कर नियल्तिगित ने मुझ पर की थी।

अब भारत में एक नयी शक्ति ने अपने पैर जमाये। मुसलमानों ने मेरी राजनीति, वर्ण-व्यवस्था, धर्म और मूर्त्तियों पर सर्वत्र प्रहार किया। मैं क्षत-विक्षत हो गया और अधिकतर दक्षिण की ओर झुका। मैंने तलवार रख दी, शास्त्र फिर अपनाया और मंत्रित्व किया। जब-तब मैं उठता गिरता रहा, पर निश्चय ही खुली राजनीति में मेरा पल्ला अब ऊपर उठ चला था।

शेरशाह ने धोखे से जब रोहतास पर हमला किया, तब मैंने, किलेदार का मंत्री होते हुए भी, हमलावर का साथ दिया। जब शेरशाह ने राजपूतानों की वीरभूमि को रौंदा, तब मैंने उसकी सेना की हरावल भी बनायी थी। हेमू के रूप में मैंने बैरमखां से भी लोहा लिय था। यदि कहीं मैं घायल न हो गया होता तो सारा उत्तर भारत — मुगलों के काबुल से अफगानों के बंगाल तक -- मेरा होता। अस्तु।

अब मैं 'सान्त' रस की ओर झुका । कभी मैंने दरबारी ढंग अख्तियार किया था — वाल्मीकि और व्यास, कालिदास और भवभूति, वाण और मयूर, दण्डी और श्रीहर्ष भी बना था। उसकी परंपरा मुझे याद थी और अश्वघोष, नागार्जुन, दिड्नाग और धर्मकीर्त्ति की भी। पालों के समय शूद्र सिद्धों ने जब उड़ीसा में रति-वैभव और कामरूप में कुमारी पूजा की थी तब मैंने अपनी आंखें मींच लीं। परन्तु उन्होंने मेरा ही सुझाया पौरोहित्य हथिया कर मेरे मर्म पर आघात करते हुए ऐलान किया—पुरी के मन्दिर के भीतर वर्ण-धर्म वर्जित हैं!

जब मुहम्मद-इब्न-बख्त्यार ने अपने मुटी-भर सवारों के साथ मेरे बंगाल पर आक्रमण किया था और जब मैं अपने राजप्रासाद के पिछले द्वार से निकल भागा था, तभी मेरी राजनीति वंध्या हो चुकी थी। अब मैं किस काबिल था? मैंने फिर रामानुज और वल्लभ, रामानन्द और चैतन्य, तुलसी और सूर, देव और बिहारी, पंडितराज और मतिराम का बाना

लिया। परन्तु भूषण में फिर भी मैंने कुछ बल भरा और शिवाजी के संकल्प में तुकाराम और रामदास की शक्ति डाली।

एक बार फिर बिजली चमकी और उस घने अंधकार में भी मुझे अपना मार्ग सूझ गय। मेरे हाथ पेशवा की तलवार थी। मैंने पंजाब तक धावे किये, दिल्ली के तख्त पर मनमाने बादशाह बैठाये, लोहैर तक की सूबेदारी की। परन्तु पानीपत के मैदान में पासा पलट गया। विश्वनाथ राव और भाऊ दोनों को मैंने भारतीय स्वतंत्रता और अपनी पेशवाई के लिए बलिदान कर दिया। काश, राजपूत राजे मेरी मदद करते! मेरे हाथ से तलवार फिर छिन गयी।

कम्पनी के राज में मेरी बहुत न चली। मैंने एक बार दिल खोल कर शक्ति को ललकारा, वारेन हेस्टिंग्स की पोल खोली। मेरी फांसी हुई? मैं सर विलियम जोन्स के युग से शोध-साहित्य की ओर झुका। सत्तावन के विप्लव् में मैं भी किसी से पीछे न रहा। बिठूर और झांसी से निकल कर मैंने शक्ति पर गहरे वार किये और चोटें अपने सीने पर लीं। कांग्रेस-आन्दोलन की नींव डालने वालों में मैं भी था। मैंने उसे काफी शक्ति दी। जेल गया, फांसी चढ़ा, राजनीति फिर अपने हाथ में ली। आंरभ में ही दयानन्द ने मेरे तरीकों पर कुठाराघात किया। मैं इसे न संभाल सका। यह ब्राह्मण की ब्राह्मण पर चोट थी, कहां तक संभालता ? परन्तु जैसी आशा थी, दयानन्द के कार्य् को ब्राह्मणेतरों ने बढ़ाया।

मैंने अपनी प्राचीन व्यवस्था छोड़ दी और गांवों में चुपचाप पौरोहित्य करने लगा जिसके कर्मकाण्ड को मैं नहीं समझता, अपनी देववाणी को नहीं समझता। परन्तु मैं मरा नहीं, केवल दूसरों के हाथों में चला गया — ब्राह्मणेतरों के, जो मुझको गाली तो देते हैं, पर जनेऊ पहनने के लिए मर-मिटते है, जो 'जन्मना' न हो सकने के कारण 'कर्मणा' रट लगाये हुए हैं। भारतीय जनता को अब इनसे — पटवारियों से — 'सावधान' होने की आवश्कता है — इन नव-ब्राह्मणों से, जिनका आज वह पुराना 'मैं' आश्रित और 'निमित्त' हूं और जिनके आश्रय में खड़े हो 'सातों ताड़ भेद' मैं जन-कल्याण-निरत 'महात्मा' तक की हत्या कर सकता हूं!

क्षत्रिय

1

मैं आज अपनी कहानी कहने जा रहा हूं। यह उत्कर्ष और विस्तार की कहानी है, क्रमिक ह्रास और पतन की। परन्तु मैं अपना रोना रोने नहीं, कहानी कहने जा रहा हूं। रोना मैंने कभी सीखा ही नहीं। बेबसी ने मुझे आंसू नहीं आग दी, और मैं लपटों के साथ लाल चमकने लगा। मैंने अपने उदय के साथ ह्रास भी देखा है, हिस्से में जीत के साथ हार भी पायी है। पीठ जमीन से कितनी ही बार लगी, पर धूल झाड़ फिर दुश्मन से लिपट गया और उसे चित्त कर दिया। मैं मिस्त्र का फराऊन था रामसेज, क्रीट का मीनोस, बाबुल का हम्मुराबी। भारत में मैं सूर्य के वीर्य से उत्पन्न कहलाया, चन्द्र के पराक्रम के जन्मा। मैं मनु था, इक्ष्वाकु, पुरुरवा, ययाति था। मैंने अपने सम्बन्ध से भारत को धन्य किया। भरत और रघु, राम और युधिष्ठिर, विक्रम और भोज, सांगा और प्रताप की कीर्ति-कथा से मैंने ही इस देश का मस्तक ऊंचा किया।

मैं क्षत्रिय हूं। 'क्षतात्किल त्रायत इति' मेरी व्युत्पत्ति हर्गिज नहीं है। वह मेरी परिभाषा पांचवीं सदी की है — ब्राह्मण की दी हुई, जो तब मेरा प्रशस्ति-लेखक था। मैं क्षत्रिय हूं, 'क्षत्र' का स्वामी, क्षत्र — राष्ट्र, शक्ति, महता, विक्रम — का प्रभु। मेरा नाम 'क्षत्रिय' इसलिए पड़ा कि राष्ट्र को मैंने अपनी हथेली में रखा। मेरी नीति 'यान' और 'प्रसर' (हमला और विस्तार) की रही है। दिग्विजय और अश्वमेध, वाजपेय और सर्वजित मेरे विस्तार के पहलू रहे है। चक्रवर्ती और सार्वभौम मेरी विराट संज्ञाएं रही है। साम्राज्य-निर्माण मेरा लक्ष्य रहा है। अपनी प्रसर-नीति में समय-समय से शत्रु की मनोवृत्ति के अनुसार मैं 'धर्म-विजयी' और 'असुर-विजयी' होता रहा हूं। उनके आत्म-समर्पण से प्रसन्न होकर राज्य लौटा अपना धर्म-विजयी विशेषण मैंने सार्थक किया है, अपनी स्वतंत्रता की रक्षा के लिए उसकी दृढ़ प्रतिज्ञा को कुचल उसे उन्मूलित कर 'असुर-विजयी' का उदात्त विरुद धारण किया है। 'अनधिगत' के 'अधिगमन' के लिए मैंने निरन्तर प्रयास किया है और क्षत्र का 'अधिगमन' कर अपना क्षत्रिय नाम सार्थक किया है।

मैं क्षत्रिय हूं। जब मैं रेतीले मैदानों और पहाड़ों को लांघ हिन्दूकुश की ऊंचाइयों पर खड़ा हुआ तब कुभा (काबुल नदी), क्रुमु (कुर्रम) और गोमती (गोमल) के परवर्ती सप्तसिन्धु का हरा-भरा देश मेरी आंखों पर छा गया। कन्धे से लटका धनुष और मुट्ठी में कसा भाला दोनों एकाएक हिल उठे और मैंने अपने घोड़ों को एड़ लगा दी। इस देश को जीतना आवश्यक था, यद्यपि जीवन के लिए लड़ने वालों से उनकी जिन्दगी के साधन

छीनना आसान नहीं था, यह मैं भलीभांति समझता था। नीपर और वोल्गा, नीमेन और वेबर, दजला और फरात की घाटियों की अनेक टक्करें मुझे आज भी याद हैं, और वे मुझे उन चोटों की याद दिलाती हैं जो मैंने सीने और पीठ पर ली थीं। पहले मैंने समझा कि बित्ते-बित्ते-भर के, नगरों में रहने वाले, शहर-पनाह के पीछे से लड़ने वाले जीवों में दम कहां तक होगा; परन्तु इसका सबूत मिलते देर न लगी कि घमासान चप्पा-चप्पा जमीन के लिए होगा। फिर भी रण को 'स्वधर्म' और जूझने को स्वर्गरोहण समझने वाले मुझ विशालकाय 'आर्य' को कम-से-कम सिन्धु और झेलम के दोआब में पराजय की तो कोई संभावना न थी। मैं विजयी हुआ और मैंने उस सप्तसिन्धु-देश पर अपने प्रताप के झण्डे गाड़े।

एक जमाना हो गया था जब साधारण 'विशों' से मैं उसी प्रकार अलग हो गया था जैस पुरोहित-ब्राह्मण। तब मुझे 'राजन्य' कहते थे, 'राजा से अन्य' नहीं, 'राजा और अन्य', अर्थात् केन्द्रीय शक्ति का भोक्ता मैं राष्ट्र का स्वामी, क्षत्रिय अथवा राजा और मेरे अन्य सहायक जो मेरी शक्ति और भोग मे भाग पाते थे। मैं भी कभी 'विशों' में से ही था, उन्हीं के आदेश से उनकी रक्षा करने वाला और अपने कार्य-भार के लिए, जीवन-निर्वाह के अर्थ, वृत्ति-रूप में उनकी 'भेंट' लेने वाला, जिसे अनुत्तरदायी आचरण के प्रतिशोध में वे मार भगा सकते थे; अनेक बार मार भगाया भी था।

परन्तु जिस प्रकार अपना पौरोहित्य पाकर ब्राह्मण उसे दूसरों के साथ भोग न कर सके, औरों को अपनी लब्धि में हिस्सा न दे सके, उसी प्रकार शक्ति का स्वाद एक बार मिल जाने पर मैं भी उसे 'विशों' के साथ न भोग सका। इस प्रकार के स्वार्थसिद्ध प्रताप का स्वभाव ही एकाकीभुक्त होने का है। मैंने 'विशों' की शक्ति के प्रति उदासीनता का लाभ भी भरपूर उठाया। उनको चाहिए भी क्या था ? वह जमीन जिसने मेरे विजित देशी शत्रुओं को अपने औदार्य से काहिल और कायर बना दिया था, इनके पल्ले भी पड़ी, इनके पैरों की भी बेड़ी बन गयी। ये न उसे छोड़ कर कहीं हिल सकते थे और न कोई जोखिम ही उठा सकते थे। कभी घोड़े की पीठ इनका दौलत था, धनुष-बाण इनकी दौलत, पर अब जमीन इनका घर-द्वार था और उसकी उपज इनकी दौलत थी। तलवार को छोड़ अब इन्होंने मुट्टी में हंसिया पकड़ी थी और मैंने अब उस वर्ग के निर्माण का प्रयास किया जो पीछे क्षत्रिय कहलाया।

ब्राह्मण बन ही चुके थे, आयुध और शक्तिजीवी क्षत्रिय भी अब बन गये और विशों को शेष निष्क्रिय अप्रगतिशील समुदाय बच रहा जिस पर मुझे हुकूमत करनी थी। यही विशों का जन-विस्तार मेरी शक्ति और आय, ब्राह्मणों के प्रभाव और दक्षिणा का समान रूप से आधार था। जिस प्रकार मैंने कभी गाय दुही थी, जैसे विश धरित्री से अन्न दुहते थे, उसी प्रकार मैंने विशों से अपनी कामना और भोग के साधक धन को दुहा। इस कार्य में निश्चय ही ब्राह्मण की मेधा की सहायता मेरी भुजाओं की शक्ति से अधिक अपेक्षित थी; क्योंकि पृथ्वी और स्वर्ग के बीच 'एकायन' स्थापित करने वाले उन ब्राह्मणों का विशों को मुझसे अधिक भय था। पहले तो मैंने उनकी सहायता से इसका विधान किया कि

राजा विशों में से नहीं, बल्कि उनके विशिष्ट प्रतिष्ठित कुलों से ही चुना जाया। फिर यह नियत करते देर न लगी कि ऐसे कुलों की संख्या नितांत अल्प हो। उसके बाद वह सीमा धीरे-धीरे एक ही कुल में परिमित हो गयी । एक बार ऐसा हो जाने पर यह कुछ भी कठिन न था कि उस मेरे एकांत कुल में सत्ता प्रतिष्ठित होकर कुलागत हो जाय। सत्ता मेरे कुल मे कुलागत हो गयी और उसका प्रवाह पिता से पुत्र की ओर—पहले योग्य और गुणी पुत्र, पश्चात् ज्येष्ठ पुत्र की ओर -- अधोहः होने लगा। इस प्रकार मैंने पहले विशों से राजन्यों में, फिर राजन्यों से अभिजात कुलों में और अन्त में अपने कुल में राजसत्ता प्रतिष्ठित की।

पर मैं जानता था कि मैं अकेला युद्ध नहीं कर सकता। मुझे सेना की आवश्यकता होगी और ऐसी सेना की, जो स्वामिभक्त हो, जिसका काम केवल लड़ना और मरना हो और जिससे मेरा रक्त का संबंध हो। रक्त का संबंध वस्तुतः उससे हो या न हो, कम-से-कम उसे यह विश्वास हो कि राजा उसका ही प्रतिनिधि है, उसी के आदि-पुरुष का प्रतिनिधि। परन्तु इसका संबंध परम्परा और विश्वास से था, जिसका सर्जन केवल ब्राह्मण कर सकता था। आवश्यकता इस बात की थी कि मुझमें जहां क्षत्रियों का रक्त-संबंधी विश्वास बना रहे, वहां मेरे व्यक्तित्व के प्रति उनका भक्तवत् आदर भी साथ ही बना रहे, जिससे मैं पास होता हुआ भी पितृ की भांति दूर का पूर्वज और समीप का देवता माना जाऊं।

जैसा ऊपर कह चुका हूं, यह कार्य मेरे बस का नहीं था, ब्राह्मण का था, और इसे चरितार्थ करने के लिए मैंने उसकी सहायता ली। ब्राह्मण ने उस परम्परा और ख्याति को गढ़ा, जिसे 'मत्स्य न्याय' कहते है। 'मत्स्य न्याय' प्रायः वही था, जो बाद में होब्स ने प्रचारित किया। कहा गया कि अति प्राचीन काल में समाज की अवस्था पानी की मछली की-सी थी। जिस प्रकार बड़ी मछली छोटी को अनायास स्वाभाविक ही खा जाती है, उसी प्रकार अनियन्त्रित-अमर्यादित मानव-समाज में व्यक्तिगत बल की महिमा थी, 'जिसकी लाठी उसकी भैंस' थी, सबल निर्बल को नष्ट कर देता था, निर्बल की पुकार सुनने वाला कोई न था। यह युद्ध सबका सबके विरुद्ध था, और चूंकि वैयक्तिक बल की कोई नियत मात्रा नहीं हो सकती थी, सबका सबके प्रति, मात्रा की कमी-बेशी के कारण, युद्ध ठन सकता था, ठन जाता था। निश्चय ही यह स्थिति देर तक किसी को ग्राह्य नहीं हो सकती थी, और सबने ब्रह्मा के पास जाकर पुकारा तथा अपनी रक्षा के लिए किसी अतिमानव की प्रार्थना की। ब्रह्मा ने तत्काल उन पर शासन करने के लिए सूर्यवंशी क्षत्रिय मनु को दिया जो मनुष्य-समाज का पालन और उसकी रक्षा अंगीकार की। परिणामतः समाज कहलाया— 'प्रजा', सन्तति, पुत्र और मैं उसी मनु की सन्तान और प्रतिनिधि था, प्रजा का दूर का पितृवत् बन्धू। ब्राह्मण के सहकार से मैंने वह परम्परा सुरक्षित रखी और उसे निरन्तर विधान-पुस्तकों में दर्ज कराता गया। इस सहायता के बदले मैंने ब्राह्मण हो प्रभूत दान दिये, अनन्त दक्षिणा दी और सारे करों तथा दण्डों से उसे बरी किया।

अब शक्ति में हम दोनों— ब्राह्मण और क्षत्रिय— समान थे और परस्पर सन्निकट

भी। सन्निकटता से परस्पर घर्षण स्वाभाविक ही था । हम दोनों में जो संघर्ष छिड़ा वह साधारण न था। वे अपना फौलादी पंजा मेरे ऊपर बराबर कसे रहना चाहते थे! उन्होंने यहां तक घोषित किया कि 'जो राजा अपने पुरोहित की सलाह नहीं मानता, जो पुरोहित नहीं रखता, वह उस हाथी की भांति है, जिसका महावत नहीं, अंकुश नहीं।' इससे मुझमें और विशों में भी वैमनस्य हो गया, कुछ फूट पड़ गयी, क्योंकि उन्होंने भी, जैसा उन्हें सुझाया गया, समझा कि निश्चय ही राजा पुरोहित के अभाव में —अर्थात् धर्मशास्त्र के अभाव में— निरंकुश हाथी की भांति अनुचित आचरण करता है, मदमत्त और उच्छृंखल होकर दूसरों पर भी कीचड़ उछालता है, खुद धूल से नहा लेता है — समाज के भय का कारण भी बन जाता है। इससे मेरा तो दम ही घुट गया। मैं उसके खिलाफ अपनी आवाज भी नहीं उठा सकता था, क्योंकि उसके विरुद्ध आवाज उठाने का अर्थ होता ब्राह्मण के मोध्यम से प्रचारित मेरे अनेक हितू उपादेय विधानों के विरुद्ध आवाज उठाना।

फिर एक बात और मुझे खटकती थी। ब्राह्मणों ने कर्मकाण्ड वाला अपना रोजगार जाल की भांति काफी फैला रखा था और उनकी आय भी कुछ कम न थी। उनका प्रभाव और आंतक, जिनका उपयोग मेरे ऊपर करने से भी वे न चूकते थे, उसके ऊपर था। अब उन्होंने एक और नीति का अवलम्बन किया। अब वे ब्राह्मणेतर व्यक्तियों को अपने कर्मकाण्ड के क्षेत्र में घुसने न देते थे। अब तक यह बात न थी और राजा के भाई तथा राजा के ज्येष्ठेतर बेटे पुरोहित बन कर प्रायः वही शक्ति और वैभव भोगते थे जो राजा के थे। परन्तु अब जब ब्राह्मणों ने अपना रुख बदला तो मेरे स्वार्थ को भारी चोट लगी और संघर्ष अनिवार्य हो गया।

यह संघर्ष सदियों चलता रहा। उन्होंने अपने ब्राह्मण बनाये, मैंने अपने उपनिषद् बनाये। उन्होंने 'दर्शन' लिखे, मैंने अपने मंत्रिपरिषदों में उत्तरोत्तर उनका बल तोड़ दिया। उनकी 'समिति' और 'सभा' काफी प्रबल थीं। मैंने धीरे-धीरे अपनी शक्ति बढ़ायी और समिति तथा सभा का नियंत्रण अपने ऊपर से सर्वथा उतार फेंका। मंत्रिमण्डल भी धीरे-धीरे मैं ही नियुक्त करने लगा। जिस सलाहकार को सलाह लेने वाला खुद बहाल और बरखास्त कर सकता हो, उससे उसका नियन्त्रित होना कहां तक सम्भव था? मेरे मंत्री भी प्रभु-प्रसादन में ही लगे रहते। फिर तो मैंने अंकुश की भांति चुभने वाले धर्मशास्त्रों के राजधर्म को भी किनारे कर दिया और मेरी आज्ञा ही विधान बन गयी। मेरा आदेश 'शासन' कहलाया, जो 'अनुल्लंघनीय' हुआ और 'अव्याहताज्ञा' मेरा नवीन विरुद हुआ। जैस-जैसे सदियां बीतती गयीं, शक्ति मेरे हाथों में केन्द्रित होती गयी। मैं 'नरेश', 'परमेश्वर', 'इन्द्र' आदि नामों से प्रसिद्ध हुआ। सेना मेरी थी, मंत्री मेरे थे, आज्ञाएं मेरी थीं — फिर कौन उनमें हस्तक्षेप कर सकता था ? भरद्वाज, कौटिल्य, कामन्दक और शुक्र ने मेरी स्वेच्छाचारिता पर प्रतिबन्ध लगाने चाहे — विशेषतः शुक्र ने तो मुझे अनेक परिस्थितियों में 'चोर' तक कह डाला - पर उससे मेरा क्या बन-बिगड़ सकता था? मैं अर्थ-नीति-धर्मशास्त्रों के बावजूद अपनी आज्ञा का कायल था! शास्त्रकार लाख कहते रहे कि विधान मुझसे परे हैं, स्वतंत्र, परन्तु विधायक व्यवहार रूप में मैं स्वयं बन बैठा। मेरे विरुद्ध आचरण करने

की किसी की हिम्मत न हुई ।

2

धीरे-धीरे मैंने जनपद-राज्य कायम किये। सप्तसिन्धु और पंजाब की सीमा में मेरे बढ़ते हुए आकार और पैरुष अब न समा सकते थे। मेरी महत्त्वाकांक्षा इन प्रदेशों की सीमाएं लांघ पहले गंगा-यमुना के अन्तर्वेद में जा उतरी, फिर कोशी-गण्डक के दोआब में और अन्ततः शोण-गंगा के कोण में केन्द्रित हुई। केकय और पंचाल में तथा काशी और मिथिला में मैंने अपनी शक्ति के केन्द्र खड़े किये। विदेहों में तो मैं विशेष पूज्य हुआ। नट की भांति तब मैं राजनीति और अर्थ के सूक्ष्म सूत्रों पर अद्‌भुत क्षमता से दौड़ता था। तब मैंने जो अपने त्याग और अध्यात्म का आडम्बर खड़ा किया, वह फिर उस ऊंचाई तक न पहुंच सका।

अनेक स्थलों में प्राचीन परम्परा के अनुकूल ही गणतंत्र कायम थे । अधिकतर तो मैंने अपनी राजसत्ता के विस्तार में डकार लिये, जो बचे उनमें अभिजात-कुलीनता के शासन के बीज बो दिये। मैंने समय आने पर दूसरों पर हुकूमत के लिए जितने प्रकार के अच्छे-बुरे साधन हो सकते हैं, उनका उपयोग किया। कुछ काल तक तो मैंने पंजाब में अपना एक 'आयुधजीवी' संघ ही बना डाला, जिसका काम रुपये लेकर किसी के लिए लड़ाई लड़ना था। तब मैं 'आयुधजीवी' था अपने शस्त्र के प्रयोग से जीने वाला, उसकी मेहनत बेच कर खाने वाला। मेरे पास तब सिवा इसके कोई नैतिक सिद्धन्त न था, कि मेरी तलवार उसकी है, जो उसे किराये पर ले सके। मेरी उस तलवार का न कोई शत्रु था, न मित्र। आज जिसके झंडे के नीचे वह कौंधती थी, उसी के विरुद्ध कल वही दूसरे झंडे की छाया में कौंध सकती थी। जिस निष्ठा से मैंने धन स्वीकार कर ईरानी 'क्षयार्ष' (जरक्सीज) और कुरु की ओर से ग्रीस में तलवार चलायी, उसी निष्ठा से सिकन्दर और उसके सेवक पौरव (पोरस) की ओर से मैंने अपने देश की जनता पर भी तलवार उठायी। मैं तब आयुधजीवी था । ब्राह्मणों के साथ मेरी अनेक टक्करें हुई । उनके धार्मिक प्रभाव को कम करने के लिए मैंने अपने महावीर और बुद्ध खड़े किये, यद्यपि अनेक बार यह मेरा अस्त्र मेरी ही ओर धूम गया । मगध में शूद्र जो एक बार इतने प्रबल हो उठे और नन्द ने अनेक प्रकार से मुझे मजबूर कर अपना 'सर्वक्षत्रान्तक' विरुद सार्थक किया, वह इसी का एक उदाहरण था। फिर मुझे उस कुल का नाश ब्राह्मण से साझा कर करना पड़ा।

यह काल मेरे अत्यन्त उत्कर्ष का था जिसमें ब्राह्मण स्वयं काफी शक्तिमान हुआ। धीरे-धीरे मैंने यथावत् स्थिति कायम रखने के लिए धर्म और शान्ति के सन्देश कहने शुरू किये, जो मेरी असाधारण भूल सिद्ध हुई। वह मेरा परधर्म था, स्वधर्म नहीं और उसे निबाहना मेरे बस की बात न थी। यह कैसे सम्भव था कि इतने बड़े साम्राज्य का आंशिक प्रतिष्ठता होकर भी ब्राह्मण उसे स्वायत्त कर भोगने की कामना नहीं करता? उसने शीघ्र ही परशुराम, वसिष्ठ और तुरकावषेय की परम्परा के अनुसार प्रयत्न आरम्भ किये और सारे भारत पर अपना साम्राज्य कायम कर लिया। ईसा-पूर्व दूसरी सदी में निश्चय ही कुछ

काल के लिए मैं कर्त्तव्यविमूढ़ हो गया। ब्राह्मण की शक्ति से मैं हैरान था। फिर भी संघर्ष चलता रहा। उस संघर्ष की कहानी लम्बी है, कूटनीति और मक्कारी से भरी हुई। वह गुप्तों, राजपूतों और मुसलमान राजाओं के समय भी खत्म न हो सका और जो आज भी किसी-न-किसी रूप में चल रहा है, यद्यपि कर्मकाण्ड के लाभ मे हिस्सा पाने के लिए नहीं।

3

मेरी कहानी दर्प और शक्ति की कहानी है। अपनी तलवार से मैंने अपनी कीर्ति खोदी है और उसके आलेख को रक्त से भरा है। अपने यश से मैंने महोदधि के जल को सुवासित किया है। मेरा इतिहास 'आतंक' और 'प्रसर' का है, आक्रमण और विध्वंस का। जिस शक्ति से मैंने असुर-देश में मीडिया और दजला लांघ सिप्पर का विध्वंस किया था, जिस वायुवेग से मैंने मिकीनी और प्राचीन ग्रीक शक्ति का नाश कर वहां 'देरियन' आर्य-क्षत्रिय की सत्ता रोपी थी, वह मुझे कभी न भूली। भारत में भी मैंने अपने विध्वंस और उन्मूलन की परम्परा जीवित रखी। समुद्रगुप्त ने अपने पड़ोसी राजाओं को निर्मूल कर जो 'सर्वराजोच्छेता' विरुद सार्थक किया था, वह मेरी उसी एकान्त कामना का स्वरूप था। जिस निष्ठा से ऐहोल के शिलालेख में उत्तरी भारत की सेना को हरा उसके हाथियो से युद्धभूमि पाट जो मैंने लिखवाया— 'युधपतितगजेन्द्रानीकवीभत्सभूतो भयविगलितहर्षो येन चाकारि हर्षः' — वह मेरी एकान्त आनन्दानुभति थी।

आज नित्य राजनीतिक प्लैटफार्म से यह कहा जा रहा है कि मैंने कभी किसी के विरुद्ध तलवार नहीं उठायी, प्रसर (ऐग्रेशन) की नीति नहीं बरती, किसी पर हमला नहीं किया। जब मैं आज उन वक्ताओं को सुनता हूं या उनकी वक्तृता अखबारों में पढ़ता हूं, तब मुझे खुल कर हंसी आती है। मैं कहता हूं — क्या खूब, जैसे मेरी लड़ाई इन्हीं ने लड़ी हो ? अरे, उस अपने आक्रमण और प्रसर का राज या तो मैं जानता हूं, जिसने अपनी सेना को नितान्त मारक शस्त्रास्त्रों से सुसज्जित किया, या वह ब्राह्मण, जिसने अपने स्नेह के प्रतीक नारी-देवताओं तक को अनन्त अस्त्र दिये, जिसकी दुर्गा के दो नहीं, अट्ठारह और बीस हाथ थे, जिसकी महिषासुर-मर्दिनी रणचण्डी बन सिंह को वाहन बना आसुर की सेना में पिल पड़ी थी, जिसकी चामुण्डा नरमुण्डों की माला पहने खप्पर से रक्त पीती मानव-शव पर नृत्य करती थी। मेरी उस राजनीति का राज मेरा जब-तब का मित्र वह ब्राह्मण जानता है, जिसके हाथ यज्ञ में पशु-वध से उतने ही कठोर हो गये थे, जितने रण में नर-वध से मेरे-वह ब्राह्मंण, जिसकी सहायता से ('क्षात्रं द्विजत्वं च परस्परार्थम्'--भट्टी) मैंने अपने प्रसर-नीति के मूर्त-स्तम्भ दिग्विजय और अश्वमेध को धर्म का आधार दिया। मेरे आक्रमण का राज मलाया और इण्डोनेशिया के वे दलित मानव जानते हैं, जो आज भी अपनी स्वतंत्रता की लड़ाई लड़ रहे हैं, और बृहत्तर भारत की परिधि में बसने वाली जातियों के वे पूर्वज, जिनकी गर्दन पर मेरी तलवार की पैनी धार पड़ी थी। उनसे भी पहले उन निर्बल पड़ोसियों ने मेरे प्रसर का राज जाना, जिनको मैंने 'प्रकृत्यमित्र' घोषित कर

सबसे पहले उखाड़ फेंका। मैंने जिस बारह चक्कर वाले 'नृपमण्डल' के केन्द्र में स्थित हो अपनी 'मण्डल-नाभि' संज्ञा सार्थक की, वह शत्रु-मित्रों की मेरी अभिमत-अनुभूति का उन्नत शिखर था।

मौर्य चन्द्रगुप्त के रूप में मैंने गणतन्त्र छिन्न-भिन्न कर दिये थे। समुद्रगुप्त की दिग्विजय द्वारा मैंने उस शास्त्र-सम्मत नीति से पहले अपने पड़ोसी राजाओं को कुचल कर उखाड़ फेंकर 'आटविक राजाओं' (जंगली राजाओं) को अनुचर बनाया, दक्षिणापथ के राष्ट्रों को अपने अधीन किया और फिर गणराज्यों का अपने पैरों में झुका प्रत्त्यन्त (सीमा के) नृपतियों को संत्रस्त किया, जिसमें ब्राह्मण ने धर्म-विजयी और असुर-विजयी नृपति की नैतिक चेतना का राग अलापा। धर्म-विजयी नृप, जो 'श्रियं जहार न तु मेदिनीम्' — जो शत्रु राजा का प्रताप और स्वतन्त्रता तो हर लेता था, परन्तु उसका राज्य उसे लौटा देता था। यदि आधुनिक साम्राज्यवादी शक्ति अपनी अनुकम्पा से अपने विजित उपनिवेशों के निवासियों को राजनीतिक अनुशासन से सुखी और सभ्य बनाना चाहती है और यह संसार को गवारा है, तो मेरी दूसरों की 'श्री' लेकर 'मेदिनी' लौटा देने की अनुकम्पा क्यों न सराही जाय? और वह असुर-विजयी नृप? उसकी व्याख्या स्पष्ट है, असुर की भांति विजय की परम्परा कायम करने वाला नृपति। इस असुर-विजय की नीति क्या है? इसका उत्तर असुर-बनिपाल और नेबूखदनेज्जार आदि असुर नृपतियों द्वारा विजित फरात की घाटी के वे विध्वस्त बाबुल और निनेवे के खंडहर देंगे, जो 'मर्दुक' और 'इया' देवताओं की छाया में उठ कर भी उनके देवायतन जग्गुरत के निकट अपनी रक्षा न कर सके। असुर राजा जब किसी नगर पर विजयी होते, जब वे किसी प्रदेश को जीतते तब वहां की सारी जनता को उखाड़ कर अन्यत्र बसाते। मेरी असुर-विजय-परम्परा वही असुर नजीरपाल की परम्परा थी जिसके सामने अपनी स्वतन्त्रता की रक्षा में यदि कोई 'अनम्र' हुआ तब उसका 'समुद्धरण' आवश्यक था। उसको फिर मुझे बलपूर्वक उखाड़ (उत्खाय तरसा) उस विजय के स्मारक-स्वरूप अपने 'जय-स्तम्भ' खड़े ही करने होते। उस 'समुद्धरण' से अपनी रक्षा बेंत की तरह उसे मेरे सामने झुक जाना होता। यह मेरी विजय और प्रसार की नीति थी, जिसे ब्राह्मण शास्त्रकार ने धर्म-स्तम्भ की भांति खड़ा किया और कालिदास सरीखे संस्कृति के प्रतीकों ने मुक्तकण्ठ से सराह कर अमर किया।

4

मुझे अपने युगों के सघर्ष की कहानी जरूर कहनी है। मैं उसकी सारी कथा सविस्तार नहीं कह सकता — न आपको उसे सुनने का समय है, न मुझे कहने का। वह कहानी खुले इतिहास के पृष्ठों में रक्त से लिखी है। उसकी अमर कृतियों के स्मारक-स्वरूप आज भी मेरे अनेक जय-स्तम्भ खड़े हैं, जिन पर मेरे प्रशस्त्यांकन ने उसे अमर कर दिया। मैं अब कुछ उन पेचों की बात कहूंगा जो मेरे इस दीर्घ जीवन में आज इतिहासकारों के लिए पहेली बन गये हैं। सुनिए —

अपना वर्ण अलग कर जब मैं राष्ट्र पर आरूढ़ हुआ, जब उस 'क्षत्र' को धारण कर मैं क्षत्रिय बना, जब आयुधजीवी हो मैंने अपनी तलवार उस पृथ्वी की रक्षा के लिए धारण की, तब मेरे हृदय में एक सर्वथा अघटित भावना की उत्कट प्रेरणा थी। जनता के चतुर्थांश से भी कम संख्या मेरी और उस सेना की थी, जो न केवल पेशे से वरन् 'जन्मजा' क्षत्रिय हो चुकी थी और जो इस उर्वर वसुन्धरा को अपनी निगुनी संख्या से अधिक जनता को वंचित कर अकेली भोगना चाहती थी। मैं नहीं चाहता था कि मेरे इस मनुष्य-सेवा-धर्म में किसी और की सहकारिता हो। मैं चाहता था कि मुझसे अन्य जनता खेत जोते, गो-पालन करे, व्यवसाय करे। मैं चाहता था कि भूमि की रक्षा मैं करूं, उसे मैं भोगूं । इसी कारण क्षत्रिय का युद्धकर्म ब्राह्मण-वर्ण-व्यवस्था का विधान और जनता की प्रतिगति ने शासन और रण-कर्म के प्रति उत्तरोत्तर उदासीनता दिखायी, जो मेरे अनुकूल पड़ी। मैं अपनी इस युक्ति में पूर्णतः सफल हुआ। राजनीति पर मेरा एकाधिकार हो गया। जिसमें केवल ब्राह्मण मेरे सन्निकट और पूज्य होने के कारण जब-तब विघ्न डालता रहा, वरना मेरी युक्ति इतनी सफल हुई कि मैंने सादियों तक क्षत्रियेतर वर्णों को राजनीति में हाथ न लगाने दिया। मेगस्थनीज ने जो लिखा है कि आक्रामक सेनाएं पास से निकल जाती थीं और कृषक शांतिपूर्वक अपने खेत जोता करते थे, वह मेरी नीति का परिणाम था और वह 'शान्ति', शान्ति नहीं मेरे सम्मोहन की मूर्छा थी।

मेरा दूसरा कार्य राष्ट्रों का राजतंत्रीकरण था। सारे राष्ट्र एकतंत्रीय अथवा राजतंत्रीय नहीं थे । अनेक गणतंत्रीय भी थे और इन गणतंत्रों में स्वतंत्रता के भोग की कई मात्राएं थीं। कहीं तो उनके शासक प्रायः राजपदीय थे, कहीं नितान्त अभिजात-कुलीय और कहीं 'जनतांत्रिक' (यद्यपि यह जनतांत्रिक व्यवस्था सर्वथा सार्वजनिक न थी, न कभी हो सकी)। इन गणतंत्रों में कुछ तो प्रायः क्षत्रिय-जनीन थे, कुछ क्षत्रिय-बहुल; पर अनेक दूसरे वर्णों के भी थे। सिन्ध और पंजाब में अनेक गणतंत्र ब्राह्मणों के थे और अन्यत्र अनेक ऐसे क्षत्रियेतर वर्णों के थे जो चिरकालिक शासन-सम्पर्क के कारण क्षत्रिय कहलाने लगे थे। मुझे 'कर्मणा' क्षत्रिय बनने वालों से कोई स्नेह या अपनापा न था। रक्त का सम्बन्ध ही मेरे लिए वास्तविक सम्बन्ध था। इससे मैंने निश्चित किया कि गणतंत्रों का सर्वथा नाश ही कर दिया जाय जो गणतंत्र क्षत्रियों से भिन्न थे उनके लिए तो मेरे हृदय में किसी प्रकार का स्थान स्वाभाविक ही नहीं था और उनको नष्ट करने में मुझे किसी प्रकार की चेतना नहीं हो सकती थी परन्तु साथ ही क्षत्रिय गणतंत्रों को भी मैं अभीष्ट नहीं समझने लगा था । इसका कारण यह था कि बिखरी हुई सत्ता में मेरा विश्वास न था । मैं चाहता था, जन-प्रसार से उठ कर सत्ता एकीभूत क्षत्रियों के हाथ में जाय और अन्त में मुझमें केन्द्रित हो जाय। स्वार्थ की नीति की प्रतिगति बहुत्व से स्वाभाविक ही एकत्र की ओर होती है और एक बार दृष्टिकोण में अन्तर डालने के बाद फिर आचरण की झिझक नहीं रह जाती। मैंने क्षत्रिय और अक्षत्रिय दोनों प्रकार के गणतत्रों को समान रूप से दबाने का निश्चय लिया।

इस ओर पहला स्पष्ट प्रयत्न मैंने चौथी सदी ई. पू. में किया, नन्दवंश का विध्वंस कर चुकने के बाद । तब मेरा सहायक भाग्यवश असाधारण मेधावी, असामान्य साम्राज्यवादी एक ब्राह्मण भी था । उसने मुझे मगध का राज्य दिया था । मैंने उसे अपने साम्राज्य का प्रधानमंत्री बनाया । ऐसा क्यों हुआ, संघर्ष की धाराएं परस्पर विरोधी होते हुए भी कैसे संगत हो पडीं, यह एक दूसरा प्रश्न है, जिसका उत्तर मैं यहां न दूंगा। अस्तु। चाणक्य के सहयोग से मैंने पहले पंजाब के उन गणराज्यों का दमन किया जिन्होंने कभी सिकन्दर से लोहा लिया था और उसकी पीछे छोड़ी ग्रीक सेना को देश से बाहर निकालने में मेरी सहायता की थी। सिकन्दर की चोटों से वे झुक जरूर गये थे पर पराजय का स्वाद कभी चखा न था और वह उन्हें अभीष्ट भी न हुआ। शीघ्र ही, सिकन्दर के पीठ फेरते ही, उन्होंने अपनी मानसिक बेचैनी जाहिर की और ग्रीक शासकों की हत्या कर डाली। मैंने सोचा कि मगध की विजय के लिए मुझे इन दुर्दम्य जातियों का उपयोग अनिवार्य होगा। उनको झट मैंने जोरदार शक्ति के रूप में संगठित किया और उनकी सहायता से पंजाब से ग्रीक-विजय के सारे चिह मिटा दिये। पर मुझे अपने एकतंत्रवाद और साम्राज्यवाद में उनकी गण-गण सामूहिक स्वतन्त्रता अपने प्रसर में विघ्न सिद्ध हुई! अपने विस्तार के लिए उनको मिटा देना आवश्यक था। कुछ ही वर्षों के भीतर मैंने उन्हें नष्ट-भ्रष्ट कर डाला। जिन 'कठों' ने भारत और मुझको अपना **कठोपनिषद्** दिया था, जिन मालवों-क्षुद्रकों ने इंच-इंच जमीन के लिए सिकन्दर की राह रोकी थी, जिन योधेयों ने सतलज-कांठे को अपने बल और वीर्य से विख्यात किया था, उनकों मैंने अपने मूलस्थान से उखाड़ फेंका। मालव और क्षुद्रक सिकन्दर की चोट सह कर भी अपने-अपने प्राचीन स्थान में जमे रहे थे; पर मेरी चोट से उन्हें पंजाब छोड़ मरुभूमि की शरण लेनी पड़ी।

फिर भी गणराज्य मरे नहीं और ईसा की तीसरी-चौथी सादियों में भी मैंने उनको पूर्ववत् शक्तिमान पाया। फिर मैं उनके पीछे पड़ा। जिन लिच्छवियों को जीत कर भी ईसा पूर्व पांचवी सदी में मैं तोड़ नहीं सका था, उन्हीं से पहले मैंने विवाह सम्बन्ध किया, फिर धीरे-धीरे उनको रौंद डाला। उसके बाद स्वतंत्र शक्ति के रूप में इतिहास में वे नहीं सुने गये । लिच्छवियों के बाद मैंने उन स्वतंत्र जातियों की ओर नजर फेरी, जो अब भी अपनी स्वराज्य-प्रियता और संघ-शक्ति के लिए प्रसिद्ध थे— उन मालवों, आर्जुनायनों, यौधेयों, पद्रकों, आभीरों, प्रार्जुनों, सनकानीकों, काकों और खरपरिकों की ओर, जो मालवा, मत्स्य-प्रदेश, जोहियावार, स्यालकोट, बेतवा और पार्बती की घाटी, महाकांतार और विदिशा और मध्य-भारत के विविध जिलों में बसे हुए थे। उनमें से अनेक तो बिल्कुल कुचल गये, शेष आत्म-समर्पण कर दिया। फिर मैंने अगली पीढ़ी में उन्हें अपने 'विक्रम' से सर्वथा नष्ट कर दिया।

मेरी अनवरत चोटों का परिणाम यह हुआ कि गणतंत्रों की सत्ता धीरे-धीरे इस धरा से उठ गयी और उनकी शक्ति मेरे अधिकार में आ गयी, पुष्यमित्रों ने पांचवी सदी में फिर एक बार नर्मदा की घाटी से मुझ पर आक्रमण किया । पर मैंने उन्हें उल्टे पावं लौटा दिया। मैं जानता था कि उनका सम्बन्ध उस नीति से है जिसका प्रयोग उनके पूर्वज

पुष्यमित्र शुंग ने 600 वर्ष पूर्व मेरे विरुद्ध किया था । मैं जानता था, वह गणराज्य ब्राह्मण-बहुल और मेरी सत्ता का घोर विरोधी है। फिर उसका नाम इतिहास में किसी ने न सुना। धीरे-धीरे गणतंत्र उखड़ गये और उनके पेशेवर लड़ाके अन्य व्यवसायों में लगे। उनमें से अनेक ने मानव-समुदायों में शासन और शस्त्र को छोड़ व्यापार और लेखनी अपनायी। उनके सबसे बड़े उदाहरण वे क्षुद्रक और क्षत्रिय थे, जो 'खत्री' हो गये, वे यौधेय थे, जो जोहिया-ओसवाल-रोहतगी-रस्तोगी हो गये; वे अम्बष्ट थे, जो कायस्थ हो गये, वे यादव थे, जो अहीर हो गये।

पर अगली सदियां कुछ कष्टकर सिद्ध हुईं। बाहर से जो नयी जातियां आयीं, वे क्रूर थीं, वीरकर्मा थीं, विजयिनी थीं। उन्हें न ब्राह्मण अपने में मिलाने को तैयार थे, नस्वयं वे कर्मकाण्ड का जीवन बिताना चाहती थीं या बिता सकती थीं। इसलिए विजयी होने के नाते वे क्षत्रिय हो गयीं। पर वे मुझ में खप न सकीं और जाटों, गूजरों, अहीरों आदि के रूप में अलग ही रहीं। इन सदियों में इन जातियों ने जो भारत की विजय की तो उसका एक महत्त्वपूर्ण परिणाम यह हुआ कि प्रायः पांच सौ वर्षों तक निरन्तर भारत के प्रान्तीय राज्यों में परस्पर युद्ध होते रहे और उसका अंत तभी हुआ जब एक तीसरी आक्रामक शक्ति—इस्लाम—ने देश पर आक्रमण कर उसे जीत लिया। मैंने भरसक दिल्ली और सरहिन्द में, कन्नौज और कालिंजर में बढ़ती हुई मुसलमानी शक्ति का सामना किया, पर मुझे अंत में कन्धे डाल देने पड़े। और तभी से मेरे जीवन का एक नया अध्याय शुरू हुआ।

5

अब मैं राजा था, जाति के रूप में स्वतन्त्र न था, और जब-जब मैंने स्वतन्त्रता स्थापित करने अथवा अपने अविजित प्रदेशों की रक्षा के प्रयत्न किये तब-तब मुझे असफल होना पड़ा। इसमें सन्देह नहीं कि अपने इस प्रकार के प्रयत्नों में कभी-कभी तो मैं पराक्रम और नैतिकता में नितान्त ऊंचा उठ गया पर वह मेरा प्रयास निष्फल ही कहलायेगा।

मेरी अधोगति मेरे पिछले पापों का ही परिणाम थी। मैंने अन्य वर्णों को शासन से उदासीन कर अपनी सत्ता का प्रसार किया था, उसे केन्द्रित किया था और लोग जब शांति-काल में भी शासन के प्रति उदासीन हो गये थे तो वे अब विदेशी हमलों और मुसीबतों के मुंह में कैसे अग्रसर होते? उनकी उदासीनता का कारण मैं ही था, और अब अपनी मुसीबत में भी मुझे उनकी सहायता कैसे मिल सकती थी? यदि वे चाहते भी, तो सदियों की निष्क्रियता के कारण वे उस काल की राजनीति को समझ भी क्या सकते थे? मैं पहले कह आया हूं कि पराक्रम के क्षेत्र में मैंने अनेक बार स्तम्भ का आकार धारण किया था। अनेक बार मैंने अपने नये शत्रुओं के छक्के छुड़ा दिये थे, परन्तु उसका विशेष परिणाम न हुआ। दिल्ली, अजमेर, जैसलमेर, आमेर सभी एक-एक कर गिरे और गिरते चले गये। उनका गौरव चित्तौड़ भी खड़ा न रह सका। सांगा और प्रताप मेरी शक्ति के

कीर्ति-स्तम्भ थे, पर आत्म-बलिदान के अतिरिक्त उनके रूप में भी मैं विशेष सफल न हो सका। सांगा के रूप में मैंने अनेक प्रदेश जीते, गुजरात और मालवा को बेबस कर दिया और इब्राहिम को मैंने दो-दो बार हराया। और तब मेरे राज्य की प्राचीरें एक ओर गुजरात और दूसरी ओर दिल्ली-आगरे तक जा पहुंचीं। इब्राहिम मेरे नाम से कांपता था। यदि मैं चाहता तो दिल्ली की सल्तनत पर आसानी से कब्जा कर लेता, पर इतने बड़े राज्य के उत्तरदायित्व से मैं एकाएक घबरा उठा। आगरा लेकर भी मैं चित्तौड़ लौट पड़ा। काबुल में बैठे समरकंद के भगोड़े बाबर को मैंने आमन्त्रित किया। कहलाया कि दिल्ली की राह खुली है, सल्तन्त बुजदिल के हाथ में है, आओ और ले लो, फिर यमुना हमारे-तुम्हारे शासन-क्षेत्रों की सीमा होगी। समरकंद का भगोड़ा आया। दिल्ली की राह खुली थी, सल्तन्त पर उसने कब्जा कर लिया। पर मेरे और क्षेत्रों की सीमा यमुना न रह सकी। यद्यपि मैंने अपनी बहादुरी का सीकरी में गहरा सबूत दिया, पर अगली पीढ़ियों में मेरा चित्तौड़ भी बाबर की बुनियादी सीमाओं की फैलती परिधि में समा गया।

6

बारह सौ से अठारह सौ ईसवी तक की 6 सदियों का दौर मेरे लिए अत्यन्त कष्टकर सिद्ध हुआ। मेरी केन्द्रीय सत्ता बिखर गयी। जो कुछ छोटे-छोटे राज्य बने रहे, वे केवल प्रायः राजपूताना, मालवा और मध्य भारत में थे। इनके अतिरिक्त छोटी-मोटी जागीरें तो निश्चय ही बहुत थी जिनका उपयोग मैंने स्वान्तः सुखाय भरपूर किया। जिस परिस्थिति में मैं बढ़ा और फैला था उसमें स्वकीयता का विशेष विकास होना स्वाभाविक था, और अब जब शक्ति की रीढ़ टूट गयी तब प्रजावत्सलता को ढोंग भी समाप्त हो गया। अब मैं खुले में नंगा अपनी मनोवृत्तियों और दानवलिप्सा के साथ अपनी रिआया के सामने खड़ा हुआ।

इस सम्बन्ध में एक और परिस्थिति नें मेरी बड़ी मदद की। वह थी उस नयी जाति की विजय जो योरप से आयी थी और जिसे फिरंगी कहते थे। देश तो फिरंगियों ने धीरे-धीरे नीति और तलवार से जीत लिया, पर वे जानते थे कि उन्हें मेरी आवश्यकता पड़ेगी। इस कारण उन्होंने मेरी रियासतें और जागीरें तो कायम रखीं ही, एक नयी चीज भी — जिसे हम जमींदारी कहते हैं और जो इस देश में पहले न तो किसी ने देखी थी न सुनी — उन्होंने भारतीय राजनीति को प्रदान की। यह वास्तव में उनकी स्वरक्षा की नीति थी जिसका सम्बन्ध मेरी रक्षा से बिल्कुल न था। एक ताकतवर, कभी के शासक, जनता को अपनी सेना और सहायक के रूप में साथ रखना उनके लिए लाभ की बात थी, और उसका लाभ उन्हें हुआ भी।

सन् 1857 में जब उत्तरी हिन्दुस्तान के अनेक भागों ने अंगरेजों के विरुद्ध बगावत की और जब ईस्ट-इण्डिया-कम्पनी की शासन की जड़ें हिल गयीं, तब केवल मैंने उसका साथ दिया । यह सही है कि कुंअरसिंह के से एक-आध गुमराह जमींदार उस गदर में भटक

गये । जहां तक हो सका, मैंने उस आग को बुझाया ही, जलने न दिया । अन्त में यद्यपि तांत्या टोपे के आतंक से मुझे दक्षिणी राजस्थान और मध्य-भारत में अनेक बार उसके प्रति आत्म-समर्पण करना पड़ा, पर मैंने भरसक उसे कामयाब न होने दिया। मैंने सन् 57 के गद्दारों की मदद करने की बात तो दूर रही, उन्हें अपनी रियासत या जागीरों में कहीं पनाह तक न लेने दी । नाना साहब और बहादुर शाह, तांत्या और लक्ष्मीबाई सब एक-एक कर नष्ट हो गये, पर मैं बना रहा । गदर की मार से देश तो लहू-लुहान हो गया, पर मुझे अपनी स्वामिभक्ति का खासा फायदा हुआ । सर्वत्र--विशेषकर अवध में -- मुझे फिर बड़ी-बड़ी जमींदारियां मिलीं, जिनमें से अनेक की मालगुजारी भी मुझे माफ कर दी गयी।

मै पहले कह चुका हूं कि अपनी प्रजा के साथ मैंने किसी प्रकार की रियायत नहीं की। मैंने उस पर जुल्म किया, उसकी दुर्दशा की और उसके पसीने की कमाई से अपने खजाने भरे। जमींदारी की प्रथा निश्चय ही नयी थी, कार्नवालिस की चलायी हुई, मगर इसकी जड़ें निस्सन्देह मुगल और पठान जमानों की जागीरों में थीं। मुझको निश्चय ही तब एक बंधी रकम दिल्ली-दरबार को भेजनी होती थी, पर उसे देकर जब मैं उधर से फुरसत पाता तब रिआया से उससे कई गुना ऊपर लगान वसूल करता। रिआया के तन पर कपड़ा हो या न हो, उसका पेट भरे या न भरे, इससे मुझे कोई वास्ता न था। जब-तब फरियाद दिल्ली जरूर पहुंच जाती, पर सल्तनत नियत रकम मुझसे पाकर अपने कान बन्द कर लेती।

ईस्ट-इण्डिया-कम्पनी को रकम चाहिए थी, उसके डाइरेक्टरों को मुनाफा चाहिए था, उसके गवर्नरों को गहरी भेंट और धन तथा उसके नौकरों को मोटी रिश्वत चाहिए थी। मैं अपनी प्रजा को दुह कर यह सब दे सकता था, पर एक बात जरूर थी कि उनकी मांग का काई अन्दाज न था, उसकी कोई सीमा न थी। जमींदारी की प्रथा स्थापित हो जाने और इस्तमरारी बन्दोबस्त के कायम हो जाने पर मेरी अदायगी की तो सीमा बन गयी, पर आय की नहीं। जनता को अपने शोषण का मैंने आदी बना रखा था। उसने भी जुल्म और लूट को स्वाभाविक अभाग्य का सनातन रूप मान लिया था। वह पूर्ववत् ही चुपचाप लगान और अनेक प्रकार के अन्य कर देती रही। जिस तरीके से वह अपने कर देती, उसे 'चुपचाप' कहना शायद सही न होगा। वसूली के लिए मुझे साधारण कष्ट नहीं उठाना पड़ता था। दिन और रात एक कर, आंखों की नींद हराम कर, दल-बल के साथ आज इस गांव तो कल उस गांव पड़ाव डालना पड़ता और गाली, मार-पीट, बुरी फजीहत उठानी पड़ती। पर किसी-न-किसी तरह मैं 'कम्पनी बहादुर' को अपनी नियत रकम भेंट कर उस रकम और आय के बीच अधिक अंतर डाल ही लेता। वह रकम मेरे राजसी ठाट-बाट, मेरे राज-भोग, मेरे गोल्फ-पोलो कि लिए पर्याप्त होती। मैं जानता हूं, कुछ लोग इसे बुरा कहेंगे, पर जिस जरिये मुझे अपना शौक पूरा करना होता, वह जरिया काम में लाना भी कुछ आसान न था।

सन् 1858 में कम्पनी ने हिन्दुस्तान की हुकूमत को जो मल्का विक्टोरिया के हवाले कर दिया उससे नुकसान नहीं कुछ फायदा ही हुआ। अपनी रियासतों, जागीरों और

जमीदारियों में मैं प्रायः स्वतंत्र हो गया। वहां मेरी हुकूमत में न कोई दस्तन्दाज था और न मेरी बेबस रिआया का कोई पुसांहाल ही। अपनी अमलदारी की परिमित सीमा में मैंने जिस मात्रा में धन पैदा किया और फेंका, शराब के दौर चलाये और जुल्म ढाया, उसके लिए मैं किसी के प्रति जवाबदेह न था। मेरी रिआया के पेशवा दस्तबस्ता मेरे सामने खड़े रहते और मैं उनकी 'जुहार' दृष्टि-मात्र से स्वीकार करता।

अपने विलास की ओर इशारा करते आज मैं खुद शरमा जाता हूं, यद्यपि शरम की सारी बेड़ियां मैं कब की तोड़ चुका हूं। मेरे विवाहों का तो कोई अन्त था नहीं। मैंने अपनी रियासतों में अर्द्ध-विवाहों की एक परम्परा चलायी, जिसके परिणाम-स्वरूप 'लाल साहबों' की सर्वत्र एक खासी सेना तैयार हो गयी। रिआया को अपने खेतों से बेदखल कर मैंने जमीन इन 'लाल साहबों' को दी जो अपने को आज बड़े गर्व से 'कुंवर' कहते है और जो अपनी पायी जागीरों में एक छोटे पैमाने पर मेरे सारे रियासती पहलुओं की प्रतिष्ठा करते है। इतनी बड़ी राजपूताने की 'दारोगा' जात मेरे ही संयम का परिणाम है। यदि कोई मेरे दानों की रकम और उसे पाने वाले पात्रों की छानबीन करे तो उसे उनमें तवायफों और 'रखैलों' की संख्या ही अधिक मिलेगी।

योरप के सम्बन्ध ने मेरे विलास का एक नया रास्ता खोल दिया। पेरिस की रातें मेरे अभाव में अनाथ हो जातीं और वहां के रात्रि-क्लबों की आकर्षक नारियों के मुख अप्रतिभ हो जाते। मैं जब कभी योरप जाता, उसके कुत्तों और घोड़ों के बाजार चमक उठते, बिक्री की दर एकाएक आसमान छू लेती। अनेक बार वहां की ललनाओं को मैंने स्वकीया बनाया, अनेक बार उनको रत्नहार भेंटे, अनेक बार उनके कारण अपनी रियासत मैंने खतरे में डाली और अनेक बार मैं 'मिस्टर मिस्टीरियस ए' के नाम से विख्यात हुआ। यद्यपि रियासत की सुन्दरियां मेरे चंगुल के बाहर न थी, पर उनकी अभिप्राप्ति के लिए डर और तुष्टि के साधनों को प्रस्तुत रखना, उनके लिए कई प्रकार के आदमियों और औरतों की एक खासी सेना तैयार रखना मेरे लिए हमेशा आसान न था। और जब कभी मैं किसी को राह या घर से जबर्दस्ती उठवा लेता तब तो रियासत के अखबारों के मुंह बन्द करते मुसीबत हो जाती, यद्यपि प्रेस की स्वतन्त्रता मैंने कब की कुचल दी थी।

पत्नियों के साथ जायज तरीके से ही भगवान की कृपा से अनेक उपपत्नियां आतीं और मेरी रोमांचक प्रवृति से जो आकृतियों की एक खासी लश्कर मेरे हरम में उठ खड़ी होती, उसकी संभाल मेरे बस की न थी। मुझे उसके लिए अपने कृपापात्रों की मदद लेनी पड़ती। मेरी आमदनी का एक बड़ा भाग विदेशों में खर्च होता, जहां मैं हिन्दुस्तान की मेहनत से बच कभी दम लेने, कभी सेहत बनाने जाता। मेरे बच्चों की वहीं शिक्षा-दीक्षा होती। वहीं वे हुकूमत करना सीखते। वहां से लौट कर मैं अपनी रियासत का इन्तजाम नये सिरे से करता, उसके लिंए नये हाकिम लाता, नये तरीके अख्तियार करता, नयी योजनाएं रखता। एक बार एक विदेशी अखबार ने छापा कि जिस नाई को मैं पेरिस से तीन सौ रुपये रोज पर अपने साथ लाया था उसे आज तीन महीने हो गये, मैंने एक बार भी बाल नहीं कटवाये। इसका मतलब मेरी मनोवृति पर टीका करना था पर इससे मेरा हो क्या

सकता था? जब तक अंगरेज बहादुर के साम्राज्य की छाया मेरे ऊपर थी, जब तक उसका अभय हस्त मेरी रक्षा कर रहा था, मुझे किसको कैफियत देनी थी? मैंने 'हालीवुड' से अनेक रिश्ते कायम किये, करोड़ों का उस पर वारा-न्यारा किया शोर बहुत मचा, पर अंगरेज बराबर मेरी रक्षा करते रहे।

देश ने आन्दोलन किया । मेरी रियासतों में भी आवाजें उठीं। मैंने अनेक बार कुचल दिया । पर जब अंगरेज मुझे दूसरों को सौंप चले गये, तब मैंने अपना माथा ठोंक लिया। पर एक जमाने से मुझे अब किसी के साये में रहने की आदत हो गयी थी और हिन्दुस्तान की आजादी से यद्यपि पहले मुझे घबराहट हुई पर मैंने झट अपना कर्त्तव्य निश्चित कर लिया। मेरे सामने प्रश्न था कि मैं या तो हिन्दुस्तान के दुश्मनों की कतार में खड़ा हो जाऊं, या उसके साथ हो रहूं। मैं जानता था कि हिन्दुस्तान के अन्दर रह कर मैं हिन्दुस्तान से ही दुश्मनी नहीं कर सकता और तलवार पकड़ने का तरीका तो मुझे कब का भूल गया था। मैं झट हिन्दुस्तान की हुकूमत मैं एक रियासत का राजा था, अब अनेक रियासतों का राज-प्रमुख हूं, पहले गवर्नरों से मिलते मेरी सांस फूलती थी, अब मैं तीन-तीन रियासतों की लम्बाई-चौड़ाई के प्रान्तों का गवर्नर हूं। मैं जानता हूं, अपनी ही रक्षा के लिए सरकार को मुझे कुछ दिनों और दूध पिलाना होगा।

गद्दी खतरे में पड़ी देख मैं हिन्दुस्तान की ओर देखता हूं, और वहां निश्चय ही मेरी पूछ होती है। गवर्नरी तो अनेक बार मुझे मिलेगी, पर फकत उसका ही आसरा न कर मैंने अब एक नया कदम उठाया है। अब सेक्रेटेरिट में भी प्रवेश कर चुका हूं और निस्सन्देह कुछ काल तक वहां मेरी पूछ रहेगी । मैं बहुत दूर की नहीं सोचता, पर इतना तो मेरा सनातन धर्म है कि यदि गिरा तो स्वर्ग जाऊंगा, यदि जीता तो राज-सुख भोगूंगा। गद्दी से गिर कर सेक्रेटेरियट का सुख मूझे अभीष्ट है ! और आज की अगर मैं संभाल कर सका, तो कल की मुझे चिन्ता नहीं— अभी तो चैन से गुजरती है, आकबत की खुदा खैर करे!

7

अपनी जमीदारी में मैंने कुछ कम मजे नहीं किये। वहां मुझे सारी नेमतें मुहय्या हुईं। वहां मैंने अनन्त सुख लूटे । मेरे जिलेदारों, बरकन्दाजों और पटवारियों ने गांव-के-गांव तबाह कर दिये, इलाके-के-इलाके उजाड़ डाले, पर कोई मुझ पर उंगली नहीं उठा सका। मैंने अपनी छोटी जमींदारी में बड़ी रियासत की हुकूमत बरती। वहां उसी का 'लघुरूप' खड़ा किया। किसान और मजदूर मेरे जिलेदारों के कोड़ों की याद न भूल सकेंगे।

नयी सरकार ने जमींदारी तोड़ने का ऐलान किया । मैंने मुआवजा मांगा। मुआवजा मंजूर हो गया। मैं सन्तुष्ट था। सदियों से जिसे भोगा है, उसे काफी भोगा है। क्या परवाह जो वह हाथ से निकल भी जाय। पर उसी विचार ने एक बार फिर मुझे सचेते कर दिया —सदियों से जिसे भोगा है, वह बाप-दादों की जमीदारी हाथ से कैसे निकल जाने दूं? लड़ाई के लिए मैंने फिर कमर कसी। साम, दाम, दण्ड और भेद — मेरी नीति के चार

पाये थे । इनमें से 'दण्ड' हाथ से छूट पड़ा था, पर बाकी तीन अब भी मेरे परिचित थे और मैंने उनका उचित प्रयोग किया। प्रान्तों में जब तक अभी हीला-हवाला होता ही रहा, तब तक केन्द्र से जो खबर आयी — प्रान्तों को केन्द्रीय सरकार मुआवजे के लिए कुछ न दे सकेगी, प्रान्तीय सरकारें जमीदारी अपने बूते पर तोड़े—उसने प्रान्तीय आशाओं या ऐलानों की बुनियादी रीढ़ —मुआवजा— ही तोड़ दी। फिर घबराहट-भरे ऐलान हुए, होते जा रहे हैं, पर मैं जानता हूं, जोरदार कौन है — घबराहट या ऐलान ? जानता हूं, ज्यादा दिन जीना नहीं, पर यह भी जानता हूं कि मरना भी कुछ आसान नहीं। अपनी कमर टूट चुकी है, अपने दम का अब भरोसा नहीं, पर दुश्मनों की कमजोरी का आसरा अब भी है।

वैश्य

1

यह मेरी कहानी है — वैश्य की, भारतीय वैश्य की। मेरी कहानी संसार के धन-धान्य के यातायात की कहानी है । मैंने संसार की आवश्यकताओं की पूर्ति के अर्थ सतत प्रयत्न किया है, साम्राज्यों के उत्थान और पतन में यहायक हुआ हूं; अपनी ऊंचाइयां प्राप्त कर लेने के बाद मैंने प्रलयंकर अट्हास किया है और अब मैं अपने जीवन-मरण के संघर्ष में लगा हूं।

मेरा इतिहास उतना पुराना है जितना बचे आहार का संचय, पशुपालन की व्यवस्था, कृषि का उदय, वस्तुओं का विनिमय। भारतीय इतिहास के आरम्भ में मैं मोहनजो-दड़ो और सिन्धु-सभ्यता के अन्य नगरों का सम्बन्ध एक ओर सुमेर-बाबुल से करता, दूसरी ओर मिस्त्र-इथिओप से। फायूम और काहिरा के शवों के अवलेप के अनेक द्रव्य और उनके आवरण-वस्त्र मैंने ही वहां पहुंचाये थे। इस्रायल के वंशधरों की इब्रानी बाइबिल का शिन्तो (सिन्धु प्रदेश की मलमल) मैंने ही उस दूर देश को भेजा था। सुमेर के उन समाधि-भवनों में जो मल्का शुबाद और अन्य राजकीय व्यक्तियों के शव-परिधान, उनके रत्नाभूषण, स्वर्ण-रजत एकत्रित हैं, मैंने ही प्रस्तुत किये थे। परन्तु जिस आर्य जाति ने सैन्धव-सभ्यता को उखाड़ फेंका उसकी समाज-व्यवस्था में मेरा स्थान नया हुआ।

ऐसा नहीं कि तब या उससे पूर्व उस जाति में मेरा प्रभाव या बोलबाला न रहा हो, परन्तु उसने कालान्तर में मुझे एक स्पष्ट स्वतन्त्र वर्ण की व्यवस्था दी। आरम्भ में उसमें वर्ण न थे, केवल वर्ग थे। बाद में वर्गों के ही अभिमत व्यवसाय की घनता दृढ़ करने के लिए वर्णों का निर्माण हुआ। पहले वर्गों में पुरोहित और राजन्य विशिष्ट थे जो ब्राह्मण और क्षत्रिय अभी न बन पाये थे। जन-प्रसार एक ही था--विश, जिसमें ब्राण, क्षत्रिय और वैश्य का पार्थक्य अभी नहीं हुआ था।

धनी, अभिजातकुलीयों में से कुछ तो पौरोहित्य करते थे, कुछ राजवृत्ति। पुरोहितों की संज्ञा बाद में ब्राह्मण हुई और राजवृत्तिक राजन्यों की क्षत्रिय। राजन्यों में 'राजा' और उससे 'अन्य' उसके भाई-बन्धु थे । सभी 'विश' थे और विश ही राजा को चुनते भी थे, परन्तु जब जनता के अफसर पुरोहितों और राजन्यों ने कालान्तर में अपने वंशजों को जन-प्रसार से अलग कर उन्हें ब्राह्मण-क्षत्रियों की पृथक् संज्ञा दी तब बची हुई विशों की

संख्या वैश्य कहलायी जिनके पास भूमि थी, पशु थे, जिनका पेशा खेती, पशु-पालन और व्यवसाय था।

विश से दो हुए —'वैश्य' और 'वेश्या'। पुरोहित-राजन्यों अथवा, अधिक यथार्थतः, ब्राह्मण-क्षत्रियों से इतर विशों के वंशधर वैश्य हुए और विशों की समान रूप से भुक्ता नारी वेश्या हुई। वेश्या — जो कालान्तर में पण्य-स्त्री (पैसे से वस्तु रूप में खरीदी जाने वाली), रूपजीवा, बारांगना आदि कहलाई — मेरे सम्पर्क से बनी। उसका इतिहास मेरे जन्म से संयुक्त है।

ब्राह्मण-क्षत्रियों को, बहुपत्नीक होने के कारण, वेश्या की इतनी आवश्यकता न होती थी जितनी मुझे। इसका अर्थ यह कदापि नहीं कि मैं बहुपत्नीक न था। बहुविवाह करने में मैं स्वयं कब चूकता था । धनवान होने के कारण मुझे पत्नियों की क्या कमी हो सकती थी? पश्चात्काल मे उस ब्राह्मण-कवि कालिदास ने जो मेरे सार्थवाह धनमित्र रूप को **'बहुधनत्वाद् बहुपत्नीकेन तत्र भवता भवितव्यम्'** कहा तो निःसन्देह उसने मेरे सारभूत तत्त्व को खोल कर रख दिया। बहुपत्नीकता 'बहुधनत्वात्' ही थी और 'बहुधन' का मेरे पास बाहुल्य था । यदि मेरे पास धन न होता तो 'पैसे से खरीदी जाने वाली' वारांगना का नाम 'पण्य-स्त्री' और रूपजीवा' कैसे पड़ता। रूपजीविका का माप पण्य (वस्तु, पैसा) था, रूपजीवा पण्य-स्त्री का निवास पश्चात्कालीन नगर-सभ्यता के केन्द्र पण्यवीथी (बाजार) में हुआ जहां मैं अपनी दूकानें रखता, अपने क्रय-विक्रय के प्रसार में क्रीता नारी का वेश्या नाम सार्थक करता।

पुरोहितों और राजन्यों के बढ़ते हुए स्वत्वों का टकरा जाना स्वाभाविक ही था। उनकी कार्यपरिधियां इतनी सन्निकट थीं कि उनमें परस्पर घर्षण हो जाना प्राकृतिक था। शीघ्र दोनों में संघर्ष शुरू हुआ जो दीर्घ काल तक चलता रहा। इस संघर्ष का इतिहास ही अधिकतर प्राचीन भारत का इतिहास है।

समाज की व्यवस्था और रक्षा तो ब्राह्मणों और क्षत्रियों के स्वाधिकार की बात थी। मैं उस समाज का विस्तृत प्रसार अवश्य था परन्तु था उपेक्षित, राजनीतिक दृष्टि से नगण्य। ऋग्वैदिक काल के अन्तिम छोर पर ऋषि ने समाज का दिग्दर्शन किया — उसे पुरुष माना, ब्रह्मा, जिसका मुख ब्राह्मण बना, बाहु क्षत्रिय, उरु मैं और पद शूद्र। मैं स्वतन्त्र आर्यों में सबसे निचला स्तर था। यदि मुझसे भी नीचे कोई था तो शूद्र -- अनार्य, विजित सेवक, दास। उसी शूद्र-समुदाय पर मैं अपनी हीठी की कसर निकालता।

पूरे रामायण-महाभारत काल में मैं उपेक्षित रहा। ब्राह्मणों और क्षत्रियों के साथ ही मेरी संज्ञा भी 'द्विज' थी, परन्तु केवल सिद्धांततः मैं प्राचीन विश था और पूरे विश का संस्कार हुआ करता था । तभी 'द्विज' संज्ञा भी सार्थक थी, परन्तु अब संस्कारतः मैं द्विज न था । शूद्रों को पृथक् करने और आर्य समाज का बोध कराने के लिए जब-तब मेरी गणना भी 'द्विजों' में हो जाती, परन्तु वस्तुतः यह संज्ञा धीरे-धीरे ब्राह्मण-क्षत्रियों की ही होती जा रही थी और शीघ्र केवल ब्राह्मणों की ही होकर रही।

मेरा उल्लेख धर्मसूत्रों में होता अवश्य था, परन्तु सर्वथा निम्न श्रेणीय की भांति।

भूमि के स्वामी तो क्षत्रिय थे, मैं केवल वणिक् माना गया । सारे ब्राह्मण-आरण्यक-उपनिषत् साहित्य में बहुत ढूंढ़ने पर ही शायद मेरा नाम कहीं धोखे से मिल जाय मैं समाज के सुख का साधक था, जैसे शूद्र उसकी सेवा का। मुझे भी सिद्धान्ततः गुरुकुलों में जाने का अधिकार था, परन्तु वहां मुझे ब्राह्मण-क्षत्रियों के वंशधर दुत्कार देते, मुझे अलग बैठना पड़ता, उनकी तीखी-तिरछी सुननी-सहनी पड़ती और क्षण-क्षण लांछित होना पड़ता।

अनेक बार मेरे वणिक् न होते भी मुझे वणिक् कहा जाता और वह भी वाणिज्य के कर्णधार के रूप में नहीं, तुला के दण्डधारण के रूप में। वणिक् शब्द प्रतारणा का पर्याय बन चला। गुरुदेव भी मुझसे काबा काटते, मुझे दूर-दूर रखते। मैंने समझ लिया, मेरा स्थान अन्यत्र है, उनमें नहीं।

पर मैं कहां रहूंगा, यह मुझे स्थिर करना था । मेरा धर्म तथा राज्य में तो कहीं अंशतः भी प्रभुत्व न हो सकता था, इससे उनसे भिन्न किसी स्थिति की मुझे कल्पना करनी थी जिसमें धर्म और राज्य में अधिकार न पाकर भी मैं उनका सहाय्य और घटयिता तथा आश्रय बन जाऊं। मेरी सूझ मुझे वहीं ले गयी जिसके सम्पर्क से मेरा नाम ब्राह्मण-क्षत्रियों में प्रतारणा का पर्याय बन गया था— उसी वणिज्य की ओर।

मैंने निश्चित किया कि मैं वंचक वणिक् बनूंगा। ब्राह्मण-क्षत्रियों को अपने धर्म और विलास के लिए अनेक साधनों की आवश्यकता थी। उन्हें प्रदान करने का उत्तरदायित्व मैंने अपने सिर लिया। ब्राह्मण को अपनी पूजा के लिए धूप-नैवेद्य और अन्य सुगन्ध-द्रव्यों की आवश्यकता थी, पंशु-मारण के लिए तीखे अस्त्रों और धातुओं की मांग थी, क्षत्रियों को सुवासित वारुणी और दास-दासियों की आवश्यकता थी और राजाओं को अन्तः पुरों को सुघड़-आकर्षक यवनियों तथा अन्य अनन्त भोग्य-वस्तुओं की। मैंने उन्हें प्रदान करने का बीड़ा उठाया।

इसी प्रकार बाबुली-अस्सीरी राजाओं को भारतीय लाल और नीलम की, पन्नों और स्फटिक की, महीन बस्त्र और कुत्तों की आवश्यकता थी। दिगन्त विजयी रोमनों को भी विलास की वस्तुओं की आवश्यकता थी— ताम्रपर्णी के उज्ज्वल मोतियों की, सिन्धु-देश और बंगाल की मलमल की, कश्मीर के केसर की, हिमालय की कस्तूरी की, मलयस्थली के गरम मसालों और चन्दन की । मैंने सबको उनकी अपनी आवश्यकताएं पहुंचाने का उत्तरदायित्व लिया — भारत को भी, निनेवे और रोम को भी।

ताम्रलिप्ति और कलिंगपत्तन से, कावेरिपत्तन और कल्याण से, शुर्पारक और भृगुकच्छ से अपने विशाल पोतों के तले माल से भर-भर कर मैं विदेश ले जाता और वहां से बदले में माल अथवा स्वर्ण लाता। मेरे घर धारासार सोना बरसने लगा। मेरे जहाज-के-जहाज तोलेमी की विवाहिता, सीज़र और अन्तनी की प्रेयसी, ओगुस्तस और अग्रिप्पा की आश्चर्य-प्रतिमा और लावण्य की मूर्ति क्लियोपेत्रा सिकन्दरिया के बन्दरगाह में ख़रीद लेती।

रोम के संभ्रान्त रसिकों के विलास और वैभव का एकमात्र मैं ही सहाय था। अपने मोतियों और मलमल के बदले मैंने अपने घर रोमन दीनारों के अम्बार खड़े कर दिये।

प्लिनी अपने इतिहास के पृष्ठों में मेरे विरुद्ध चीखता रहा, सिसेरो अपनी सीनेट में मुझ पर आग उगलता रहा। परन्तु मैंने जिन पर कब्जा किया था वे केवल प्लिनी के इतिहास पढ़ने वाले ही न थे, सिसेरो के श्रोता सिनेटर ही न था— वे थे रोमन श्रीमानों के अन्तरंग, वस्तुतः उनके घरों की आराध्य देवियां, गृहपत्नियां!

मैंने उनके घरों पर भी छापा मारा था। प्लिनी को दारिद्र्य ले मरा, सिरेरो का मस्तक कट कर 'फोरस' में जा टंगा, पर मेरा व्यवसाय चलता रहा। उसका तांता न टूटा। उसके विस्तार के लिए कौटिल्य का **अर्थशास्त्र** और **जातक** देखो, हेरोदोतस और बेरोसस देखो, मेगेंस्थनीज और दायोनिसिस देखो, लिवी और प्लिनी देखो, तेरितस और तोलेमी देखो, पेरिप्लस और तेसितस देखो, दियादोरस और एसियन देखो, स्त्राबो और जुस्तिन देखो, प्लूतार्क और अलबरूनी देखो, इब्नबतूता और मार्को पोलो देखो, हाकिन्स और टामस रो देखो, तावर्नियें और बर्नियें देखो।

मैंने संसार की संपत्ति अपने हाथ मे करने का संकल्प किया और संसार के वैश्यों का एक सामूहिक जाल बनाया, भारत और काबुल का, ग्रीस और रोम का, मिस्त्र और अरब का, चीन और मलयद्वीप समूहों का। स्वयं भारत में मैंने कल्याण और उज्जैन में, पाटलिपुत्र और मथुरा में, साकेत और श्रवस्ती में, काशी और साकल में, तक्षशिला और पुरुषपुर में मंडियां और आढ़तें खड़ी कीं और उन्हें प्रशस्त वाणिक्पथों से जोड़ दिया।

2

मेरा वैभव अब राजाओं की शक्ति से होड़ करने लगा। राजा मेरे ऋणी हो गये। उनकी सड़कों जो पहले राजमार्ग और राजपथ कहलाती थीं, अब वणिक्पथ कहलाने लगी। उन पर मेरे कारवां स्वच्छन्द फिरने लगे। नगण्य पुरोहित की नग्नता पर मैंने अट्टहास किया और जल-थल पर चलने वाले हमारे सार्थवाहों (कारवां) ने उसकी प्रतिध्वनि की। समुद्र पर, स्थल-मार्गों पर सर्वत्र मेरा सुयश फैला, अधिकार हुआ।

इतने से ही मेरा जी न भरा। जितने रत्न मेरे भंडार में बटुरते, जितना ही स्वर्ण और रजत मेरे कोष में संचित होता, मेरी तृष्णा उतनी ही प्रबल होती जाती। मोती और लाल में, हीरा और स्फटिक में, नीलम पन्ने में, स्वर्ण और रजत में, सुगन्ध-द्रव्य और हाथीदांत में, अजिन रत्न और मलमल में, एला और लवंग में, मैं काफी व्यापार कर चुका था। मन अब उस व्यवसाय से ऊब चला था। अब मुझे किसी और अद्भुत वस्तु में वाणिज्य की तृष्णा जगी और मैंने शीघ्र अपना स्वप्न सत्य कर लिया।

अब मैंने मनुष्य का क्रय-विक्रय करना निश्चित किया। जिस पापाचार और अमानुषिक अपराध के अमरीका के दक्षिणी राज्य आज अपराधी हैं, उसका आरम्भ मैंने ही किया। संसार में स्थान-स्थान पर मैंने दासों की मंडियां खोल दीं— चीन और निनेवे में, समरकन्द और बुखारा में, काहिरा और दमिश्क में, रोम और स्पार्ता में।

स्पार्ता और एथेन्स में तो मैंने इतने गुलाम बेचे कि वहां स्पार्तन और एथेनियन

नागरिकों से गुलामों की संख्या तिगुनी हो गयी और स्पार्ता में तो इसी कारण राष्ट्र का रूप ही सर्वथा फौजी करना पड़ा। जहाजों में भर-भर कर मैं ग्रीस और रोम की ओर से वारुणी के साथ-साथ यवनियां लाता जिनकी भारतीय राजाओं के अन्तःपुरों और श्रीमानों के शुद्धान्तों में बड़ी मांग होने लगी।

राजाओं की तो एकमात्र शस्त्रवाहिका यवनियां ही हुईं। आखेट जाते समय, आमोद के समय, यज्ञानुष्ठान के लिए निकलते समय, वे सर्वदा राजा को घेरे रहतीं, उसकी रक्षक सेना का कार्य करतीं। उनका दर्शन शुभ माना जाने लगा। कौटिल्य ने तो यहां तक लिख डाला कि राजा को प्रातः उठते ही पहले यवनियों का मुंह देखना चाहिए।

इनमें से अनेक राजा के प्रणय का भी केन्द्र बनतीं। इन्हीं के अधिकार में उसका सम्पूर्ण राजप्रासाद और अवरोध था। यह मेरी ही वैश्यवृत्ति का अध्यवसाय था कि मेरे द्वारा खरीद कर लायी यवनी वेश्याएं भारत के प्राचीन बाजारों (पण्यवीथियों) में नागरिकों की विशेष इष्ट हुईं। इन दासियों की संख्या इतनी बढ़ी कि इनके दाम मध्य प्रशिया अथवा भारत में अलाउद्दीन के शासन में दस-दस आने तक हो गये!

इन्हीं के साथ मैंने सुन्दर अल्पायु बालकों का भी व्यवसाय शुरू किया जिनकी खपत योरपीय देशों में, विशेषकर रोम और एथेन्स में, होने लगी। प्राचीन ग्रीस के उत्कर्ष-काल में इन अल्पायु तरुणों से गृहपत्नियों को बड़ी शिकायत रही, जब एथेन्स का बड़ा से बड़ा दार्शनिक इनके साथ अपने चिन्ताकुल जीवन के कुछ क्षण व्यतीत करने लगा।

मैंने पांच-पांच आने तक के श्मश्रुहीन बालक दुनिया में बेचे हैं। इनका विशेष बोलबाला तो तुर्की के सुल्तानों में हुआ। पहले ये उनकी तृष्णा शान्त करते, फिर उनके हरमों का प्रबन्ध और शरीर का रक्षण। अनेक बार उनके कुचक्रों से तुर्की साम्राज्य की कायापलट हो गयी!

इन गुलामों का मेरा कारबार एक बार तो इतना बढ़ा कि ये सर्वथा प्रबल हो गये और भूमध्य सागर से बंगाल की खाड़ी तक और खुरासान से मिस्त्र तब इनका साका चला। भारत और मिस्त्र में इनके राजकुल खड़े हो गये।

मैंने क्लीवों (जनखों) का रोजगा भी शुरू किया । पुरुष को नामर्द करने के मैंने अनेक साधन अपनाये और उनके उत्पादन के मैंने दमिश्क आदि में अनेक केन्द्र स्थापित कर लिये। हरमों में जो पत्नियों की अगणित संख्या बढ़ी, तो उनको सुरक्षित रखने के लिए क्या यह आवश्यक न था कि पुरुषत्वहीन पुरुषों की रक्षा में वे रखी जायें?

मुगलों के हरम इस क्षेत्र में काफी उर्वर सिद्ध हुए। परन्तु जनखों की शक्ति गुलामों की भांति विशेषकर चीन में जगी जहां नागरिक पदाधिकारियों और क्लीवों में राजकीय अधिकारों के लिए सदियों तक संघर्ष चलता रहा।

पिछले काल का अंग्रेज मांझी रैले और स्पेन के गुलाम सौदागर मेरे ही भाई थे जिन्होंने अमरीका में दासों का सबसे बड़ा बाजार खोला। फांसीसी राज्य-क्रान्ति ने योरप में मेरे इस दास-व्यापार पर पानी फेर दिया और उन्नीसवीं सदी के आरंभ के पहले ही अंग्रेजी उदारवादियों ने मेरे इस भरे-पूरे व्यवसाय पर मरणान्तक चोट की।

अब मैंने राजनीति में भी घुसने की सोची। तब की राजनीति धर्म थी। राजनीति में घुसने के लिए धर्म में घुसना आवश्यक था। राजनीति में दो पक्ष कब से चले आ रहे थे— ब्राह्मण और क्षत्रिय के। मैं चाहता था कि मुझमें इतनी शक्ति आ जाय कि राजनीति त्रिवर्गीय हो जाय, परन्तु मुझे वहां घुसने कौन देता? प्रतिपक्ष का क्रोध या आघात इतना कठोर नहीं होता जितना चुटीला। यदि ब्राह्मण और क्षत्रिय, जो इस क्षेत्र में सदियों से यत्नशील और प्रतिद्वन्द्वी थे, मुझ पर गहरी चोट करते तो उससे मरणासन्न होकर भी मैं प्रसन्न होता।

परन्तु यहां तो उपेक्षा थी जो अत्यन्त कष्टकर थी। प्रतिद्वन्द्वी स्वीकार करना तो मुझे बराबरी का शत्रु समझना होता जो दोनों में से कोई करने को तैयार न था। दोनों मुझे तुलाधारी, दण्डधारी, आदि कह कर घृणा की दृष्टि से देखते । पंचतंत्र आदि की अनेक कहानियां मेरा उपहास करने को लिखी गयीं।

मेरी उपमा स्यार से दी गयी, कहा गया, 'सुदर्शन हो, पराक्रमी भी हो, परन्तु जिस कुल में तुम्हारा जन्म हुआ है—गजस्तत्र न हन्यते!' (उसमें हाथी नहीं मारा जाता)— वही बात जो बाद के किसी कवि ने कही । वणिक पुत्र जाने कहां गढ़ लेवे की बात !

सही, इसका ठेका तो ब्राह्मण-क्षत्रियों ही का था!

परन्तु दण्डधरों के रहते भी तुला का दण्ड जब मैं पलक मारते दबा सकता था तो दण्डनीति में पृष्ठ-द्वार से तो मैं प्रवेश कर ही सकता था। उपनिषदों, दर्शनों की चख-चख जब चल रही थी, मैं चुपचाप ब्राह्मण-क्षत्रियों के पैंतरे देख रहा था और चूंकि उनके बीच में पड़ने पर मेरी गति रुई की हो जाती, मैंने शेर और भैंसे की इस लड़ाई में दोनों को बारी-बारी में मामा कहना शुरू किया।

3

इस संघर्ष के युगान्त में क्षत्रिय प्रबल सिद्ध हुए और बुद्ध के नाद से दिगन्त गूंज उठा। पंचभद्र-वर्गीय ब्राह्मणों का सारनाथ में बुद्ध के सम्मुख आत्मसमर्पण कर देना क्षत्रियों की विजय की परम्परा में था। मैंने अपना अवसर आया देख कदम आगे बढ़ाया और काशी के गृहस्थ-उपासकों में मेरा नंबर पहला हो गया, मुझ वैश्य का। जिस धर्म का तथागत उपदेश कर रहे थे उसमें समाज के स्तर ऊपर से नीचे और नीचे से ऊपर उठ कर एक पंक्ति में आ रहे थे, एक तल पर। अब मैं ही क्यों पीछे रहता?

मुझे विजयी को पछाड़ना था— क्षत्रिय को। परन्तु काम जोखिम का था। बुद्ध स्वयं क्षत्रिय थे, महावीर क्षत्रिय अभी जीवित थे और बिंबसार, प्रसेनजित, उदयन आदि सभी क्षत्रिय राजा उनके कृपा-भाजन तथा मित्र थे। बड़ी चतुराई से कार्य करना था। सतर्क मैं बढ़ा।

श्रावस्ती में जेतवन को देख, भगवान का मन ललच गया। मैंने उसी दम उसे संघ को दान करने का संकल्प कर लिया। अपना संकल्प मैंने घोषित कर दिया और मेरा

संकल्प लोग जानते थे, जहां तब उसका सम्बन्ध है, धन से था। वह मेरी मुट्टी में था।

मैंने जेतबन तथागत और उनके संघ को दान कर दिया। मैं राजा जेत के पास पहुंचा। उससे वन का मूल्य पूछा।

उसने घृणा से मुंह फेर लिया — छिः देखो तो संकल्प इस वणिक् का!

उसने बेचने से इन्कार कर दिया । फिर कुछ गुन कर उसने कहा -- 'देख वणिक्, यदि स्वर्ण मुद्राओं से सारे वन का विस्तार कर तू ढ़क सके तो जेतवन तेरा।'

जेत मुस्कराया।

मैं भी मुस्कराया।

बावेरु (बाबुल) से व्यापार करता था मैं, चीन और मिस्त्र में मेरी आढ़ते थीं । अपनी समग्र जाति के लिए मैं आगे की लड़ाई लड़ रहा था और मेरी लड़ाई तलवार की नहीं थी। यदि मैं चूकता तो मेरा तो निधन होता ही, मेरे संपूर्ण वैश्य-परिवार को भी उसका भुगतान करना पड़ेगा— यह मैं समझने से न चूका। यदि इस बार मैं चूक जाता तो निश्चय मैं सदा के लिए पृष्ठभूमि में पड़ जाता।

मैंने ललकार कर कहा — यदि तथागत की इच्छा हो तो मैं सारी श्रावस्ती की भूमि को धन से ढंक कर उसे खरीद लूं। मुझे जेतवन का क्रय इस मूल्य पर अंगीकार है।

जेत सन्न रह गया। उसे मेरे हृदय की संकीर्णता मालूम थी, परन्तु वह मेरे दांव की शक्ति नहीं जानता था। वह नहीं जानता था कि अगले लाभ के लिए मैं अपना सारा धन लगा सकता था और इस अवसर पर तो मैं जानता ही था मैं अगली सदियों का भी प्रतिनिधि हूं।

मेरे तेवर देख जेत मुकर गया। परन्तु अब मैं उसे छोड़ने वाला न था। मैंने न्याय की याचना की — कौन-सा न्याय है जो धन से नहीं खरीदा जा सकता।

फिर न्याय के दण्ड-धर थे ब्राह्मण-क्षत्रियों के चिर शात्रु ।

फैसला मेरे पक्ष में हुआ। जेतवक मेरा था, यदि मैं स्वर्ण-मुद्राओं से उसकी भूमि ढंक दूं।

तत्काल मैंने भूमि ढंक दी और जेतवन तथागत और उसके संघ के सुपुर्द कर दिया। शाक्यों और कोलियों में, मल्लों और वज्जियों में, कोशल और मगध में, वत्स और अवन्ती में, सर्वत्र मेरा यश गाया जाने लगा।

यह मेरी प्रथम विजय थी, क्षत्रिय अभिजातकुलीय पर।

भरहुत की प्राकार-वेष्टनी पर कमल-फुल्लों में मेरे मस्तक की प्रतिकृति उत्कीर्ण होने लगी। अभी बुद्ध की मूर्ति न बन पायी थी, पर मेरी बनने लगी। मूर्ति-कला के क्षेत्र में, यह मेरा प्रथम अवतरण था। मेरा नाम अब कृतज्ञता के साथ लिया जाने लगा। पत्थर में खोदी जाने वाली यह मेरी कीर्ति-कथा जातक-कथाओं अथवा पंचतंत्र की प्रवेश-कथा से कितनी भिन्न थी, कितनी उत्कर्षिणी!

4

मेरे उठते हुए भाग्य पर कौटिल्य ने प्रतिबंध लगाने चाहे। उसका अर्थशास्त्र विक्रय-वस्तुओं पर लगाये करों से भरा पड़ा है। सैकड़ों प्रकार के कर मेरे ऊपर लगे, पर मैं पनपता रहा। मेरी समृद्धि में किसी प्रकार का अन्तर न पड़ा। मैंने साधारण जनता से उसकी कसर निकाली। जितना ही कर लगता, उसी अनुपात में मैं वस्तुओं का मूल्य बढ़ा देता जो जनता को देना पड़ता। सरकार को इसमें आपत्ति न थी। मेरा उसका साझा था।

यह साझा दिन-दिन गहरा होता गया। दोनों आपस के आदान-प्रदान से बढ़ने लगे, यद्यपि अनेक प्रतिबन्ध अत्यन्त घातक भी सिद्ध हुए।

चुंगी और कर से छुट्टी पाने के लिए मैंने अनेक तदवीरें कीं। चोरी, जालसाजी, रिश्वत, सभी का सहारा लिया, परन्तु इस सम्बन्ध में सरकार किसी प्रकार की रियायत न करती थी। इसी पर उसकी आर्थिक शक्ति टिकी थी, रियायत कैसे करती? परन्तु मैं भी उसकी आंखों में धूल झोंकने के प्रयत्न बराबर करता रहा।

हां, अपने इस कार्य में कभी मैं चूक जाता तो भारी अर्थ-हानि सहनी पड़ती और यदि कहीं पकड़ जाता तो प्राणों तक से हाथ धोने पड़ते, क्योंकि राजकर से बचने के प्रयत्न का दण्ड वध था। फिर भी अनेक बार मैंने सरकारी पदाधिकारियों को, कारग्राहापकों को, घूस दे-देकर अपने घर धारासार धन की वर्षा की।

चाणक्य अपनी असाधारण बुद्धि के बावजूद मेरा कुछ न बिगाड़ सका। उसने विधवाओं, वेश्याओं, साधुओं और अनेक अन्य प्रकार के चरों को मेरे पीछे लगाया, परन्तु ऐसा कौन था जो मेरे रजत की चमकती धार के सामने न झुक जाय?

अन्त में चाणक्य को भी हार कर कहना पड़ा – 'जल में चलने वाली मछली पानी पीती है या नहीं, पीती है तो कितना पीती है – यह मालूम करना असम्भव है।' इसी प्रकार राजपुरुष किस मात्रा में रिश्वत लेते हैं, यह निश्चित कर सकना भी असम्भव था। यह सब मेरी ही लीला थी। जिस महापुरुष ने शकटदास के से षड्यन्त्रकारी को 'शकटदास तु इति लध्वी मात्रा' कह कर उसे नगण्य समझा, वही मेरे हथकंडों से परास्त हो गया।

मैं अब अपने पैरों पर खड़ा था, किसी का आसरा नहीं करता था। नन्दों के समय निचले स्तरों में जो समाज के धरातल पर अपना स्थान बना लिया था, उसके विरुद्ध चाणक्य के किये भी कुछ न हो सका। मजे की बात तो यह कि शूद्र तो उसकी नजर में उठे और खटके, पर मैं चुपचाप उसका दृष्टिकोण बचाये दुबका रहा। मेरे सम्बन्ध में जो कुछ उसका व्यवहार-विधान हुआ, वह केवल आर्थिक था।

कुछ काल बाद ही मौर्यों के अपकर्ष के समय मुझे अपने लाभ को द्विगुणित करने का अवसर मिला। देमित्रियस और मिनान्दर ने दो ओर से एक साथ भारत पर आक्रमण किया। मैंने अकाल से कुछ पूर्व मंडी से अन्न गायब कर अकाल में अकाल डाला था और आक्रमणों के समय धरातल से कुछ महीनों के लिए अन्तर्धान हो गया था। जब वे लौटे तो देश तो लहू-लुहान था ही, अन्न भी धरा से उठ गया था। वह मेरी बखारों में था।

सारा देश विदेशी आक्रमण से तबाह था। क्रान्त बिखर गये थे, राजा नष्ट हो गये थे, वर्ण-धर्म विप्लवित हो गये थे। यही समय मेरी सक्रियता का था।

योगी जागतों में सोता है, सोतों में जागता है और इसी से कर्मों में कुशलता या सुचारिता को योग कहते है।

मैं अब जागा। चीजों का, अन्न का, वस्त्र का मूल्य कल्पनातीत बढ़ गया। देश में मेरी कृपा से न जीवितों को अन्न था, न मृतकों को कफन – मेरी बला से।

मैं अपने उस सुनहरे भविष्य को देख रहा था जिसका प्रभाव अभी अभी होने वाला था। देमित्रियस की विजय के परिणाम में उत्तर भारत में अनेक ग्रीक नगरों का निर्माण हो रहा था। मेरे क्रयास से अनन्त शिल्प-संघ वहां दिन-रात कार्य कर रहे थे। इन्हें मुझे समृद्ध करना था, इनकी पण्य-वीथियां (बाजार) सजानी थीं। मध्य देश की श्रीहत विपन्नता मेरे अब किस काम की थी?

पत्तलीनी और यूथिदेमिया, दत्तामित्री और शाकल खड़े हुए। तक्षशिला और पुष्कलावती, अभिसर और मथुरा, सभी यवनों से आक्रान्त हुए। सर्वत्र मैंने मंडियां खड़ी की। रेशम कटरे, रजतवीथी, स्वर्णवीथी, अन्न की आढ़ते बनायीं। मध्य देश की सारी सम्पत्ति उठकर ग्रीको के इन नये नगरों में बरस रही थी।

ग्रीकों के पास स्वर्ण की कमी न थी। देश की लूट से उनके पास स्वर्ण और रजत का बाहुल्य था। वे उनका उपयोग न जानते थे। उन्हें चाहिए थे अन्न, वस्त्र और भोग्या नारियां।

मैंने उन्हें तीनों समर्पित किये। अन्न-वस्त्र के लिए उन्होंने मुंह मांगे दाम दिये और नारियों के लिए तो उनके स्वर्ण-भंडार खुले ही थे।

देश में नारियों की क्या कमी थी? देश ने नारी को सर्वथा परतंत्र कर दिया था। उसे बालपन में पिता की रक्षा में, यौवन में पति की रक्षा में और वृद्धावस्था में पुत्रों की रक्षा में रहना होता था। उसे किसी की होकर तो रहना ही था। परन्तु अगर पिता, पति, या पुत्र न हुए तो?

तो देशाचार के वशीभूत होने के कारण उन्हें किसी के सहारे रहना था। विशेषकर जब बीस-बीस पचीस-पचीस की टोली एक पुरुष की होकर रहने को उद्यत हुई, तब उनके ग्रीकों के साथ रहने में क्या इन्कार हो सकता था?

मैंने रथों, 'कर्णीरथों' आदि में भर-भर कर उन्हें अनेक रीतियों से उत्तर-पश्चिम की ओर पहुंचाना शुरू किया। उत्तराखण्ड के उजाड़ नगर आबाद हो गये और मैं अपने ऋद्धभवनों के तहखाने स्वर्ण तथा रजतखण्डों से भरने लगा।

यह मैं मानता हूं कि व्यवसाय में किसी प्रकार की नैतिकता नहीं होती। धनार्जन उसकी सारी विधियों और साधनों को पावन कर देता है। मेरा कार्य नैतिक था या नहीं, उससे देश और समाज का हित था या अहित, यह मेरे सोचने की बात न थी।

मेरे मन में कभी यह बात आयी ही नहीं, उठी ही नहीं। मेरा एकमात्र उद्देश्य था धनोपार्जन। वरना क्या यह संभव था कि जिन ग्रीकों ने भारत को उजाड़ दिया था, उसके

साथ अनैतिक बलात्कार किया था, उनको मैं इस ङ्कार समृद्ध और उसके नगरों को इतना संपत्तिवान करता?

फिर जिन्होंने मुझे इनता माना-जाना था, रत्नराशियों से मेरे भंडार भर दिये थे, ब्राह्मण पुष्यमित्र के प्रबल होने पर मैंने उनका भी साथ छोड़ दिया, उसका पकड़ा और उसकी उस रक्तिम घोषणा को सही करने के लिए अपने स्वर्ण-भण्डार खोल दिये जिसने एक-एक श्रमण-मस्तक के लिए सौ-सौ दीनारें दान कीं। निश्चय अब मैं पुष्यमित्र के साथ था।

उसके लिए मैं उपेक्षणीय था, नगण्य। मेरे जिम्मे उसने कला के भंडार सौंपे। मैंने उसके पैतृक नगर विदिशा को समृद्ध कर दिया। वहां के शिल्पियों को मैंने साधा-सिखाया। गजदन्त की कारीगरी के लिए वह देश समृद्ध था। मैंने उनका श्रेणी-संगठन किया, परन्तु उनके लाभ के अर्थ नहीं, अपने लाभ के लिए। मैं उनका उपयोग मात्र करता और उन्हें मंजूरी देता। उनको कार्य मेरी अनुमति से करना होता।

पुष्यमित्र अपने शत्रुओं से निश्चिंत होकर सहिष्णु हो चला था। महर्षि पंतजलि ने उसे एक नयी दृष्टि दी थी, उदार शासन की। अब उसे कुछ काल तक न तो क्षत्रियों से भय था, न बौद्धों से। सांची के स्तूपों की जो वेष्टनी बनी, उसके जो तोरण-द्वार बने, उनका उसने किसी प्रकार विरोध न किया, उल्टे विदिशा से अपने कारीगरों के उस कार्य के लिए जाने में कोई आपत्ति न की।

मैं भी इस धर्मोत्तर कार्य में धन और बुद्धि का योग दे यशस्वी हुआ। मैं इस समय ग्रीकों से अत्यन्त दूर था और ब्राह्मण की छाया में बौद्ध धर्म की सेवा में संलग्न था।

इस काल मनुस्मृति का जो पाठ बना, उसमें सिद्धान्ततः फिर एक बार मेरी गणना द्विजों में हुई।

मन्दिर-निर्माण की परम्परा चल पड़ी। चाणक्य ने स्वयं उसकी अनेक योजनाएं की। मैंने उनमे सक्रिय योग दिया। राजाओं और समर्थ क्षत्रियों ने मन्दिर बनाने शुरू कर दिये, पत्थर के, ईट के, दरी-गृहों में। उनके पास अनेक बार जब कभी धन का टोटा पड़ता, वे मेरी ही शरण लेते।

मैं स्वयं इस प्रकार के धर्माचरण का पक्षपाती बना।

ब्राह्मण-क्षत्रियों के लिए तो यह उपादेय तथा आवश्यक था ही, मेरे लिए भी यह कुछ कम साधक न सिद्ध हुआ। मन्दिर और देवता उस वृत्ति के पोषक थे जिसमें मनुष्य अपने को परिस्थितियों का दास समझता है – समझता है कि उसके सुख-दुख उसके प्राक्तन कर्मों के विपाक हैं, वह अपने कृत्यों का पश्चाताप और परिणति है।

स्वाभाविक है कि ऐसी स्थिति में मनुष्य अपने जीवन को दैवोदित मान कर उसमें किसी प्रकार का परिवर्तन करने का प्रयत्न नहीं करता। भगवान की इच्छा बगैर जब एक पत्ता भी नहीं डोलता, तब उसकी क्या बिसात जो वह इतने बड़े संसार को बदलने का प्रयास करे।

जो इतने विस्तृत विश्व को अपने नैमित्तिक मार्ग पर चलाता है, सूर्य-चन्द्र जिसके संकेत पर नाचते हैं, उनचासों पवन जिसकी आज्ञा से चलते हैं, तारे जिसकी भृकुटि-भंग

से परस्पर टकरा कर चकनाचूर हो जाते हैं, और मूर्ख मानव जब उसके इस विधान के प्रति संदिग्ध होता है तब पहले ही उसकी मति मारी जाती है, अहंकार से अभिभूत वह रावण और कंस का सा आचरण करता है और दैव द्वारा मारा जाता है।

नीतिकार ने घोषणा की :

शशिदिवाकरयोर्ग्रहपीडनं

गजभुजगंगमयोरपि बन्धनम्।
मतिमतां च विलोक्य दरिद्रतां
विधिरहो लबवानिति में मतिः।।

सुख-दुख तो 'चक्रनेमिक्रमेग' चलता है। उस पर वश क्या, उसके लिए रोना क्या – और अपने ही लिए हाय-हाय क्या करना –

पंछी करे न चाकरी अजगर करे न काम।
दास मलूका कह गये सबके दाता राम।।

मैंने मन्दिरों के निर्माण में बड़ा योग दिया। धन पानी की भांति बहा कर अनेक मन्दिर बनवाये।

5

गुप्त-काल में मैंने अधिकतर व्यापार का ही कार्य किया। मालवा और सौराष्ट्र गुप्त-शासन में आ गये थे। समुद्र तट पर भी गुप्तों का शासन स्थापित हो गया था। देश की भीतरी दशा चोर-डाकुओं से सुरक्षित थी, सड़कों पर किसी प्रकार का भय न था और न नदियों को पार करने अथवा उनसे माल ले जाने में ही कोई दिक्कत थी।

जगह-जगह मुझे चुंगी और विक्रय-कर देना होता। अब एक ही राज्य के प्रान्त हो जाने के कारण समुद्र तट से भीतर की मंडियों में माल ले जाने में किसी प्रकार का कर न देना पड़ता था। सार्थवाहों और सामुद्रिक सौदागरों की पांचों उगलियां घी में थीं, वैसे तो प्राचीन काल से ही भारत का व्यापार मेरे कब्जे में था और मैंने अनेक प्रकार से उसकी अपनी व्यवस्था की थी।

'श्रेणियों' और 'पूर्गो' का सर्वत्र बोलबाला था और अत्यन्त प्राचीन काल से नगर (आधुनिक चेट्टी का पूर्वज) स्थानीय राजनीति में अत्यन्त प्रबल माना जाता था। अत्यन्त प्राचीन काल से, सिक्कों के प्रचलन के समय से ही, 'नैगम' अपने चिह्न उन पर अंकित कर देते थे। अनेक सिक्के तो मेरी अनुमति से ही चलते थे। मैंने जब से निगम-सभा का रूप धारण किया, तभी से सिक्के के धातु और उसकी टकसाली कीमत में विशेष अन्तर पड़ने लगा।

धातु का लाभ मुझे मिलता था, टकसाली अन्तर का लाभ राजा को।

परन्तु गुप्तों के समय सार्थवाहों, सामुद्रिक व्यापारियों और नैगमों को विशेष प्रश्रय मिला। श्रणियों और पूगों ने अनजानी ख्याति और समृद्धि प्राप्त की। नये सिरे से उनकी

पूछ होने लगी। मुझे अब एक नये रूप से हिन्दू धर्म और समाज को संवारना था। एक ऐसे आकर्षक आकार का सर्जन करना था जो स्थायी हो और जिसके पंगु व्यावहारिकों को सिवा उसे अंगीकार करने के और कोई चारा न रहे।

मन्दिरों का निर्माण तथा जीर्णोद्धार तो मैंने प्रायः सर्वथा अपने हाथ में ले ही लिया। मन्दसौर का वह सूर्य-मन्दिर जिसे मेरे एक समुदाय ने दशाब्दियों पहले निर्मित किया था, कुमारगुप्त द्वितीय के शासन-काल में उसी ने उसका जीर्णोद्धार भी कराया।

मैंने अब एक नया रूप धारण किया – बैंक का । बैंक का काम है रुपया लेकर रखना, उस पर सूद देना और ऋण देना। मैं इस काल ये तीनों करने लगा था। सब प्रकार का लेन-देन मेरे मन्दिरों की मारफत ही अधिकतर होता था।

श्रद्धालु उपासक भेड़-बकरियां दान करते, इसलिए कि उनके घी से अनन्त काल तक मन्दिर में देवता को दीप-दान हुआ करे। इस अनन्त काल का अर्थ था काल का केवल वह परिमाण जिसमें मेरी श्रेणी जीवित रहे।

निःसन्देह, इसमें मेरा लाभ अत्यधिक था। भेड़बकरियां तो कभी मरती नहीं, और अगर मरतीं भी तो एक मरती तो दस उत्पन्न होती। औसत-भर कार्य के लिए रख मैं शेष पशुओं में व्यापार करता रहता।

अब जरा अनुमान किजिए, अनेक श्रद्धालुओं के विविध दानों और मेरे पशुओं की बढ़ती हुई संख्या का। कालान्तर में यह व्यवसाय भी अत्यन्त लाभकर सिद्ध हुआ। इसके अतिरिक्त शिल्पि-संघों द्वारा मेरा मन्दिरों आदि का निर्माण भी अत्यन्त अर्थकर प्रमाणित हुआ।

ब्राह्मण ने विधान किया कि मूर्तियों का अधिकाधिक प्रचार हो चला, परन्तु ब्राह्मण से कहीं अधिक लाभ मुझे हुआ।

बात यह थी कि उसे उसमें एक प्रकार का स्थायी अर्थ-लाभ स्थिर करना था। उसका लाभ कालगत चढ़ावे से था, पर मैं तात्कालिक वृत्ति का तपस्वी था। मेरा यह दावा था और है कि मैं प्रत्येक नये युग में नवीन लाभ-प्रणाली का आविष्कार कर लूंगा।

इसलिए मूर्तियों के निर्माण, मन्दिर के निर्माण और दरी-गृहों के खनन का कार्य मैंने अपने ऊपर लिया। इनसे कितना लाभ हुआ, यह कह सकना कठिन है। बस इससे इसका अनुमान हो सकता है कि अपने धन को मैं अब संख्या से नहीं गिन सकता था, स्वर्ण का स्वयं अनुमान मैं तुलामान से करता था।

और कितना समय, कितना व्यय, उन दरी-गृहों को खुदवाने में लगता था इसकी कल्पना नहीं की जा सकती। इसी प्रकार मन्दिरों और मूर्तियों की भी गणनातीत अभिसृष्टि हुई। बोरोबदुर और प्रम्बनम् की मूतियों की संख्या तो इतनी थी कि यदि वे पंक्तिबद्ध खड़ी की जाती तो मीलों जा पहुंचती।

इन सारे कृत्यों के श्रम का जिस प्रकार अन्दाज नहीं लगाया जा सकता, उसी प्रकार उनसे मेरे लाभ का भी अनुमान नहीं किया जा सकता। उन दासों और मजूरों को तो मैं अत्यंत कम मजूरी देता और बीच का लाभ आप करता।

मैं स्वयं भी मन्दिर और मूर्तियां बनवाता। वे मेरे धर्मखाते की थीं। धर्मशाले आदि भी अपनी इस दानवृत्ति को जाग्रत रखने के लिए बनवाते रहना आवश्यक था, और मैं इस कार्य में कभी नहीं चूका।

अछूत, दास, शूद्र, मजदूर पत्थर काटते और सारे दिन की मजूरी बस खाने भर को मिलती। दास तो खैर मजदूरी के लिए बना ही था। मन्दिर के भीतरी भाग में केवल शूद्र मजूर काम करते।

मेरी आमदनी का एक विशेष साधन इन मन्दिरों का ही निर्माण था। अब तक मैं शोषण के लिए पूजा में कुबेर के स्थान की कल्पना कर चुका था। उसकी जो मूर्ति बनी वह मेरी थी – एक हाथ में तोड़ा (नकुली), दूसरे में शराब का प्याला लिये, बनिये-सी तुन्दिल, बैठी, कुबेर – बदसूरत कन्धों वाली – भोंड़ी । ब्राह्मण तो पूजा मात्र करता रहा, मैं देवता मन पुज भी चला।

मेरे उत्कर्ष और आय का इस काल एक और साधन निकल आया। वह था वृहत्तर भारत का निर्माण। यों तो हिन्द-चीन, खुत्तन आदि में सदियों पहले से ही उपनिवेश खड़े हो चुके थे, परन्तु यव, बालि, सुवर्ण द्वीपादिकों में भारतीय उपनिवेश विशेष कर इसी गुप्त-काल में बने और भारतीय नाविकों तथा सेनाओं से भी पहले मेरा प्रवेश भी इन द्वीपों में हुआ।

इन उपनिवेशों का सांस्कृतिक अध्यापन ब्राह्मण ने आरम्भ किया, शासन का भार क्षत्रिय ने और उनका वाणिज्य मैंने अपने हाथ में लिया। आखिर इन द्वीपों की उपज के लिए मंडी ढूंढना भी क्या कुछ आसान काम था? शैलेन्द्रों का श्रीविजय द्वीपों का केन्द्र हुआ और मैंने उसके सामुद्रिक व्यापार का नेतृत्व अपने हाथ में कर लिया।

राजकुमार विजय के समय से ही सिंहल भी भारतीय सम्पर्क में आ गया था। पहले तो उस पर भारतीय झण्डा फहराया, फिर मैंने उसे अपने हाथों संवारा। बौद्ध इस द्वीप को ताम्रपर्णी कहते थे। ताम्रपर्णी के मोतियों का बाजार संसार में अद्वितीय था। मैं उसका एकमात्र स्वामी था। मेरे पोतों के तलों में एक से एक मोती भरे थे।

6

अरब के साथ मेरा व्यापार कुछ काल के लिए ठण्डा पड़ा, परन्तु सातवीं सदी में उसने फिर जोर पकड़ा। भारतीय पूजा के सुगन्धित द्रव्य और नैवेद्यादि अधिकतर वहीं से आते थे।

धीरे-धीरे अरब के व्यापारियों और मुझ में अनबन हो गयी। मैंने अरबों के जहाज लुटवा लिये। हज्जाज के शासक ने उसकी क्षतिपूर्ति मांगी और मैंने सिन्ध के राजा दाहिर को उभाड़ कर उसे देने से इन्कार कर दिया।

इसका परिणाम यह हुआ कि मुहम्मद इब्न कासिम – सत्रह साल का छोकरा – अपनी सेना लिये मकराना की राह सिन्ध आ पहुंचा। पहले मुल्तान, फिर बहमनाबाद सर

हुए। दाहिर मारा गया। मैंने चुपचाप आश्रय की राह ली। सिन्ध की विजय, विदेशियों ने, मेरे कारण, मेरी सहायता से की। भारत में विदेशियों का पहली बार आधार बना।

उड़ीसा में बौद्ध वज्रयानियों ने कुछ मन्दिर बनवाने चाहे। मैंने उनका निर्माण अपने हाथ में लिया। उनका शृंगारिक बाह्य मुझे भर लजाने लगा। आज के पुरी, कोनार्क और खजुराहों उसी के नमूने है। दिलवारा के मन्दिरों का निर्माण भी मैंने ही कराया। उसके देवत्व की इतनी मर्यादा नहीं, जितनी वस्तुपाल के वास्तुव्यय से मेरी हुई।

गुलाम बादशाहों, अलाउद्दीन और फिरोजशाह तुगलक के समय तो मैंने गुलामों के व्यवसाय में अन्धाधुन्ध पैसा पैदा किया। फिरोज के वजीर मकबूल का हरम तो मेरी सहायता से संसार की चुनी हुई नारियों का आवास बन गया। मुगलों में भी बड़े हरमों की कमजोरी थी। और मेरा रोजगार गरम रहा, विशेषकर इसलिए कि डच और पुर्तगाली डाकुओं – भगवान उनका भला करे! – की सक्रियता अरब सागर में जारी रही।

शाहजहां के समय उन्होंने हुगली से गंगासागर तक अपने डाके का विस्तार किया। उनका काम गांवों और नदियों से बलपूर्वक बालक-बालिकाएं और तरुणियां पकड़ ले जाना था।

उनके इस व्यापार में मेरा अच्छा साझा था। काम के व्यक्तियों से भरी नावें जब उधर को जातीं तो मेरे चर मुझको खबर करते और मैं डचों को झट सूचित कर दिया करता। डच छापा मार कर उन्हें पकड़ लेते और जबर्दस्ती उन्हें ईसाई बना गुलामों की भांति युरो में बेच देते।

यह काम बिना मेरी बदद के नहीं हो सकता था और मुझे अपने काम के लिए अच्छा इनाम मिलता । डचों की कोठियां तो शाहजहां ने जला दीं और उन्हें भरपूर दण्ड दिया, पर मैं बाल-बाल बच गया। मेरा वश जो नहीं चला तो अंग्रेजों के सामने। हाकिन्स और सर टामस रो ने मुगल दरबार में अच्छा सम्मान पैदा कर लिया था।

फिर भी मैं और रास्तों से अपनी तिजारत के पाये संभालने लगा। मैंने पुर्तगालियों और डचों से मिल कर जहांगीर के दरबार से उनकी जड़ काट दी। जेसुइटों के से धार्मिक लुटेरों का सामना चाणक्य और मेकियावेली की सम्मिलित कूटनीति भी न कर सकती थी।

खैर, बाकी योरपीय बनिये तो निकल भागे, पर अंग्रेज और फ्रांसीसी रह गये। मैं दोनों को कच्चा माल बेचता और दोनों अपने कारखानों से मुझे तैयार माल लौटा देते, पर दोनों की लागत और खरीदारी में जमीन आसमान का अन्तर था।

मुझे इसकी कुछ परवाह न थी। उसमें मेरी क्षति भी कुछ न थी क्योंकि मुझे दोनों ओर से लाभ होता। देश का कच्चा माल अंग्रेजों को बेच मुट्ठियां गरम करता, उधर तैयार लकदक माल देश के शौकीनों-रजवाड़ों आदि को बेच कर उन्हें अनुग्रहीत करता।

इसमें देश की क्षति अवश्य थी, परन्तु उसकी मुझे क्या परवाह थी! देश तो भूमि के एक अचेतन खंड को कहते हैं। उसे दुख-सुख क्या हो सकते थे? हां, मनुष्यों को निश्चय दुख व्याप सकता था। पर जिनसे माल खरीदता वे किसान, और जिन्हें तैयार माल बेचता वे रजवाड़े और नवाबजादे, दोनों खुश दिखायी देते। फिर मुझे सोचने की गुंजायश क्या

थी! शरीरमाद्यं खलु धर्मसाधनम् — मैं शरीर-धर्म का निर्वाह कर रहा था।

7

अब जमाना बदल रहा था। अंग्रेजो और फ्रांसीसियों में मरणांतक चोटें हो रही थीं, विदेशों में भी, भारत में भी। यह निश्चय था कि योरप और अमरीका की लड़ाई चाहे जो जीते, भारत की लड़ाई में हार फ्रांसीसियों की ही होगी।

मैं कुछ काल तक तो पैंतरे बदल-बदल कर कभी एक, कभी दूसरे की ओर होता रहा, परन्तु शीघ्र मुझे अन्दाज लगा कर अपना पक्ष निश्चित कर लेना पड़ा। अंग्रेजों के विजयी होने में कोई सन्देह न था। मैंने उनका ही पल्ला पकड़ा।

परन्तु लड़ाई जरा बेतुकी हुई। अब फ्रांसीसियों के मैदान से हट जाने से धुएं की दीवार हट गयी और अंग्रेज तथा भारतीय रजवाड़े आमने-सामने खड़े हो गये। असल प्रतिद्वन्द्वी अब अखाड़े में उतरे।

मैं पहले कह चुका हूं कि मैं देश का मतलब नहीं समझता था, न आज समझता हूं। मैं अपने व्यवसाय का अन्दाज कर रहा था। इसी बीच ईस्ट इंडिया कम्पनी और बंगाल के नवाब के बीच ठन गयी।

क्लाइव और सिराजुद्दौला भिड़ गये और उधर अंग्रेजों से मिल कर मैंने जो गुल खिलाया, वह इतिहास की एक निर्णायक घटना है।

मैं तब अमीचन्द था, मुर्शिदाबाद का अमीचन्द, काशी के 'चन्द' वैश्य-कुल का वंशधर। मैं जब क्लाइव से जा मिला, सिराजुद्दौला ने मुझे अपना बन्दी कह कर उससे मांगा।

क्लाइव एक काइयां, उसने मुझे वापस देना तो दूर, ऐसी चालें चलीं कि प्लासी की लड़ाई छिड़ गयी और सिराजुद्दौला को जान से हाथ धोने पड़े।

कंपनी से टीपू सुल्तान मैसूर में जूझ रहा था, कंपनी को उसे सर करने को रुपया चाहिए था, मैंने उसे कर्ज देकर निहाल कर दिया। वह कर्ज विजय के बाद मैसूर पर चढ़ा।

लोगों ने मुझे देशद्रोही कहा। मैं उनका दृष्टिकोण समझ न सका — भिन्न रुचिर्हि लोकः!

इस बीच मैं विशेष पूंजी का भी अर्थ समझने लगा था। मैंने भी काशी और मिरजापुर से चांदी का बड़े पैमाने पर रोजगार शुरू किया, परन्तु उससे कहीं बढ़ कर लाभ मुझे लाख (लाह) के व्यवसाय में हुआ।

तब सारे योरप की सुन्दरियों के लिए लिपस्टिक इसी लाख से बनती थी और इसी से जर्मनी आदि में अनेक रंग भी बनते थे। मैंने इस व्यापार में इतनी उन्नति की कि सारे एशिया और योरप में मेरी आढ़तें खुल गयी।

सत्तावन के विद्रोह के बाद ईस्ट-इण्डिया कम्पनी के हाथ से शासन जब मलका के हाथ में चला गया, तब तो एकमात्र मैं भारीय व्यापार का अधिपति बना। अन्त में मैं टाटा

के नाम से प्रसिद्ध हुआ और मेरे फौलाद के कारखाने संसार में विख्यात हुए।

मेरे खजाने में धन बरसने लगा। कुछ समझ न पड़ता कि इस धन का उपयोग कैसे करूं। अन्त में यही समझ में आया कि धन का उपयोग धन है, और धन का फिर धन। पूंजी – पूंजी – पूंजी; पूंजी श्रम – अतिरिक्त मूल्य – लाभ – पूंजी।

एक साधन और निकला। भारतीय पुरातत्व के जौहर के लिए भारतीय नवीन राष्ट्रीयता जोर मार रही थी। मैंने लाखों खर्च कर पटने में अशोक और चन्द्रगुप्त का राजप्रासाद खोद निकाला और अपने व्यय से भारीय पुरातत्त्व का गौरवमय अध्याय आरम्भ किया।

मैं जानता था कि मेरा प्रयत्न निष्फल न जायेगा और कभी न कभी उसका लाभ मुझे होगा। लाभ मुझे हुआ भी। मुझे स्वयं भी, और मुझसे अधिक मेरे परिवार को।

भारतीय व्यवसाय की बागडोर अब पश्चिम में भाटियों और गुजरातियों में और उत्तर में अग्रवालों के हाथ से मारवाड़ियों के हाथ में चली जा रही थी।

अग्रवालों के रूप में मैंने काफी हथकण्डे दिखाये थे। खत्रियों को रोजगार से बरतरफ कर मैंने विद्यानुराग का भी बीड़ा लिया। अमीचन्द का कुल अभी सर्वथा लुप्त न हुआ था। बनारसी साड़ियों और चांदी का रोजगार अभी हाथ में था, परन्तु जमींदारियां हो जाने के बाद भी, बगैर साहित्य के शिष्टों में मेरी पैठ नहीं हो सकती थी।

बात यह है कि दृष्टिकोण स्पष्ट हो जाने पर मुझे मैदान सर करते देर नहीं लगती। काशी में साहित्य का नेतृत्व मैंने अपने हाथ में लिया। लिखता तो मैं साधारण था, परन्तु न जाने मुझे कैसे एक युग-विशेष का प्रवर्तक मान लिया गया।

यह आज तक मेरी समझ में नहीं आया। शायद इसलिए कि मेरे पास पैसा था। मैंने कविता कुछ जरूर अच्छी की, पर मेरे नाटक – आज यदि कहीं मुझे उन पर अपनी राय प्रकट करनी होती तो!

खैर, जैसा ऊपर कह आया हूं, अब मैं साहित्य में घुस चुका था। परन्तु जब मैंने देखा कि उसमें भी मुझे खड़ी ऊंचाईयां नहीं हासिल हो सकतीं तो पैसे की सहायता से चौड़ाई में फैलने लगा। संख्या से अपनी शक्ति अब मैं बढ़ाने लगा। गुटबंदी करने लगा।

मैं कलकत्ता, बम्बई, अहमदाबाद, कानपुर, दिल्ली, कराची आदि नगरों में चमक चला। यद्यपि मारवाड़ से मैं फकत लोटा लेकर आया था, परन्तु सट्टे की सूझ ने मुझे मालामाल कर दिया। जुआ खेलने में जिस तत्परता और त्याग की आवश्यकता होती है, मुझमें काफी है। सर्वस्व दांव पर लगा मैं पासा फेंकता हूं। सर्वस्व खो भी देता हूं, जीत भी लेता हूं। अनेक बार मेरा टाट उलट चुका है, पर टाट उलट जाना तो मेरा सुहाग है।

अब मेरी अनेक मिलें हैं, सर्वत्र। मैं भी विदेशी पूंजीपतियों की तरह फाइलें रखता हूं, सेक्रेटरी रखता हूं, अपनी बीमारियों की बुलेटिनें निकालता हूं। अभी पिछली लड़ाई में मेरी आमदनी बेशुमार बढ़ गयी थी। मजदूरों का शोषण मेरी विशेष विधि है और अब तो मैंने विदेशी पूंजीपतियों से गठपंधन भी शुरू कर दिया है।

बंगाल में जब अकाल पड़ा, मैंने गजब का लाभ किया। जनता लाखों की संख्या में मेरे पैरों में लोटती रही, मर गयी, पर मैं शवों पर अट्टहास करता रहा, सारा अन्न मैंने अपने गोदामों में छिपा दिया।

नेता ने कहा – 'अगर मेरी जले तो मैं इनको फांसी दे दूं।'

मैं और हंसा। कहा – 'जब तुम्हारी चलेगी, तुम मेरे होगे – और तुम्हारे सहयोग से मेरी शक्ति बढेगी।'

हिन्दू-मुस्लिम दंगों के समय मैंने कलकते के गाड़ीवानों को रुपये दे देकर अपने प्रतिद्वन्द्वियों को मारने के लिए तैयार किया और सड़कों पर खून के सोते फूट पड़े।

मैंने अनेक धर्मोत्तर कार्य किये है – मन्दिर बनवाये हैं, धर्मशालाएं बनवायी हैं, अनाथालय खोले हैं, स्कूल-कालेज खोले हैं। पर मैं जैसे अपनी मिलों में मजदूरों को कम से कम मजूरी देता हूं, वैसे ही स्कूल-कालेजों में भी अपने मास्टरों-प्रोफेसरों को कम से कम तनखाह देता हूं और लड़कों से अधिक से अधिक फीस वसूल करता हूं।

मैं चाहता हूं कि मास्टर सेवा की भावना से प्रेरित होकर मेरे यहां काम करें। पैसे अधिक मांगना तो तृष्णा है। गीता में भी तो यही लिखा है। लोग कहते हैं ...

लोग कहा करें। मरभुखे तो शिकायतें करते ही रहते हैं, किया करें। लड़के परेशानियों से ऊब कर बीस तरह के आन्दोलन करते हैं, हड़तालें करते हैं, अनशन करते हैं, मेरे घर आये नेताओं से शिकायत करते हैं। पर मेरे अतिथि-नेता मेरे होंगे या उनके?

लड़के पत्रों में मेरे विरुद्ध कुछ लिखाना चाहते हैं, पर छापेगा कौन, अनेक पत्र तो मेरे ही हैं।

रूस की कैथरीन द्वितीय ने, अपने मास्को के गवर्नर से उसके स्कूलों से उदासीन जनता की शिकायत सुन कर कहा था – ''मूर्ख, मुझे विद्या-प्रचार से क्या करना? मुझे तो केवल 'उदारवादी निरंकुशता' (एनलाइटैन्ड डेस्पाटिज्म) का आडम्बर बनाये रखना है!''

यही दुष्टिकोण मेरा भी है।

मेरे सधे लेखक हैं, पत्रकार हैं, प्रचारक हैं। मेरे लिए वे लेख लिखते हैं, वक्तृताएं तैयार करते हैं, प्लान बनाते हैं। कुछ लोगों ने सन्देह प्रकट किया कि भला जिसने भारतीयों का शोषण किया, वह जनता के उद्धार के लिए कहां तक ईमानदारी का प्लान बनायेगा।

पर मेरा प्लान चल गया। बड़े-बड़े भारतीय नेताओं ने उसका समर्थन किया, देश-विदेश के अर्थशास्त्रियों प्रशंसा की।

मेरी मिलें हैं, हवाई जहाज की लाईने हैं, और अब मैं फ्लीट स्ट्रीट के पूंजीपतियों की भांति भारतीय जन-चेतना को कुचलने और जनमत बनाने के लिए अखबार खरीदने लगा हूं। अनेक समाचार पत्र मैंने खरीद लिये हैं, जिनके स्टाफ में सारे मुख्य जर्नलिस्ट हैं।

कैबिनेट के मिनिस्टरों के साथ मेरी दांत-काटी रोटी है। बड़े-बड़े कांग्रेसी नेता सेहत हासिल करने शिमला और मसूरी छोड़, पुरी और वाल्टेयर छोड़ मेरी मरुभूमि में आते है। मेरे भवनों में उनकी बैठकें होती हैं, मेरे भवनों में गिरफ्तार होकर ही वे देशभक्त बनते

हैं, मेरे ही भवन में राष्ट्रपिता मारा जाता है और...

आज में प्रसन्न हूं, सन्तुष्ट हूं। किसी का सामर्थ्य नहीं जो मेरे ऊपर अंगली उठा सके। पुलिस मेरी है, जेलें मेरी हैं, सेना मेरी है। आज मैं राष्ट्रीय योजनाओं की रीढ़ हो रहा हूं। जो मुझसे खिंचा-खिंचा फिरता था और समाजवादी नाम से प्रसिद्ध था, उसे. भी धीरे-धीरे मैं हड़प चुका हूं। उसका सर्वांग अब मेरे पेट में है, पर डूबते के हाथ से उसके हाथ मात्र मेरे मुंह से बाहर हैं, सो उनके डूबते कितनी देर लगती है! हां, सामजवाद की प्रेरणा से प्रेरित शासन मुझे निगल जाने के हौसले कर रहा है, पर मैं भी हाथ पर हाथ धरे नहीं बैठा हूं, अपनी रक्षा में तत्पर-प्रयत्नशील हूं।

* * *

मैंने जमाना देखा, शताब्दियां और सहस्राब्दियां देखीं और सबसे ऊपर रह कर मैं खेल करता रहा। मेरे भी खतरे हैं, मैं जानता हूं, पर डरता नहीं। डरने से अगाध संपत्ति का संचालन नहीं होता।

जानता हूं, मैं ज्वालामुखी के मुंह पर खड़ा हूं, पर जब तक जिऊंगा सामर्थ्य, शक्ति और वैभव के साथ । जानता हूं, इसमें अनाथपिंडद, भामा और जाने किसका रक्त हैं। मैंने सदियों दुख झेले हैं। क्षत्रिय मुझे अपने सामने आज भी चारपाई तक पर गांवों में नहीं बैठने देते, पर मेरी बाहें आज आसमान में फैल कर चांद को छू रही हैं।

मैं सशक्त हूं। अणु-बम मेरी रक्षा के लिए मौजूद है। मैं मरूंगा, पर आसानी से नहीं। मरता हुआ भी

मैं अपनी समूची शक्तियों को बटोरने में लगा हूं।

शूद्र

1

मैं शूद्र हूं, सेवक, लांछित, प्रताड़ित। मेरी कराह की गूंज युग-युग के आकाश में भरी पड़ी है, मेरे चीत्कार से दिशाएं प्रतिध्वनित हैं, मेरे आंसू से गंगा-जल का कण-कण रवां है।

मैं स्वयंसिद्ध नहीं हूं, सामाजसिद्ध हूं, स्वयं शूद्र नहीं, आर्य शूद्र हूं। मेरा प्रारम्भ ऋग्वेद के पुरुषसूक्त से है, उस पुरुष ब्रह्म के पदों से जिसके उरु से वैश्य, बाहुओं से क्षत्रिय और मुख से ब्राह्मण की उत्पत्ति हुई। यह तो मेरा सैद्धांतिक प्रारम्भ है, परन्तु मेरा ऐतिहासिक आरम्भ और पुराना है, जब 'विशों' की वर्ग-विशिष्ट पंक्तियों में किंकरों की किंकर्तव्यता उनकी निम्नगामिता का कारण बनी, जब विशों का एकांग न तो पौरोहित्य का आदर पा सका, न राजन्य का सौजन्य और न वह वैश्य का कृषिकर्म संभाल सका, अर्थात् जब उसके चपल कर न तो पशु-हनन कर सके, न शत्रु-हनन और न ही पशु-चारण या भूमिकर्षण। और तब जब आर्य ने अपने इन्द्र के निरन्तर वज्र-प्रहार से हमारे लौह-दुर्गो को तोड़ दिया।

तब पशुओं की भांति मैं भी उस 'श्रेष्ठ' प्राणी के संघर्ष में आया जिसने संसार को 'आर्य' करने का संकल्प किया था, जिसके मुख से नित्य उद्‌घोष फूटता था – कृण्वतो विश्वमार्यम्।

उससे पहले यद्यपि मैं नहीं कह सकता कि मैं सर्वथा संपन्न ही था, परन्तु मेरे सामाजिक प्रतिबन्ध निश्चय तब इतने न थे जितने अब हुए। तब मैं कृष्ण-कायों में समान था, मेरा घर अपना था, उसके द्वार पर कुछ गाय-बैल, कुछ भेड़-बकरियां थीं। मेरा भी कुछ गौरव था।

परन्तु इस नयी यातना में तो मैं सर्वथा नया था। ऐसा भी नहीं कि मेरे इस नये वर्ग में गौरवर्णीय न थे, और उनकी व्यवस्था भी भिन्न थी, परन्तु 'दाय' में हम दोनों समान थे यद्यपि अन्य सामाजिक व्यवस्थाओं में मैं अकेला था, सर्वथा अकेला, अपने गोरे शूद्र बन्धु से भी दूर, विलग। मेरा कोई धन, कोई अधिकार न था और गृह के आगंन में भी मेरी विशेषतः तभी पूछ होती जब मेरे साथ मेरी कोई लावण्यवती भगिनी अथवा कन्या

होती। जब 'आर्य' की दृष्टि उस पर पड़ती और वह उसकी आदृता बनती तब कहीं मेरी पूछ होती और मैं उस समुदाय का माना जाने लगता जो उनसे परे था, जिन्हें चौपाये कहते हैं।

मुझे कृष्ण, दास आदि कह कर सम्बोधित करते, मृध्रवाक् और शिश्नदेवाः कह कर गाली देते, अदेवयु, अयज्वन् कह कर धिक्कारते, लांछित करते। यद्यपि मुझे ये शब्द स्वाभाविक से लगते और यदि उनका क्र्योग सर्वथा घृणा तथा तिरस्कार के पर्याय में न होता तो मैं स्वयं अनका अपने लिए उपयोग करता। परन्तु आह! उनका अर्थ अनके लिए अलग था और वही रसस्य मेरे दुख का भेद था।

कृष्ण वर्ण मेरा जन्म – जाति – सिद्ध था, दास उसकी व्याख्या थी जिससे मैं शीघ्र ऊपर उठ गया, उस शृंखला में मेरे अन्य बन्धुओं को जकड़ कर पिसना पड़ा। मृध्रवाक् कहलाने से मुझे व्यथा न हुई क्योंकि दूसरों की भाषा सबको परुष लगती है। मुझे भी औरों की लगती थी और अनके बार दबी जबान में परोक्ष और एकान्त में बोलने वालों के कान बचा मैं भी उनको अपनी भाषा में मृध्रवाक् कह कर संतोष कर लिया करता था। 'शिश्नदेवाः' निश्चय उनके लिए घृणा की बात थी। परन्तु हम अपने देवता के प्रति कैसे उपेक्षा के वचन बोल सकते थे? निश्चय हमने जननेन्द्रियों को कभी केवल पाशविक सुख का कारण न समझा। मेरे लिए वे उस सुतन की जनक थीं जिसे धारणकर मनुष्य देवता और दैत्य दोनों बन सकता था, बन जाता था। उसे मैंने कल्याण-सर्जक देव माना, जिसे कालान्तर में, जब आर्य को सुबुद्धि हुई तब आर्य ने भी 'शिव', 'शंकर', 'ऊर्ध्वरेतस्' आदि विशेषणों और संज्ञाओं से विभूषित किया। इसी प्रकार मुझे उनका अदेवयु और अयज्वन् कहना भी मंजूर था। मुझे अनके पशुभक्षक देव पसन्द न थे। मैं ऐसे देवता की निश्चय कल्पना भी नहीं कर सकता था जिसके असीम उदर में खड़े-खड़े पशु, गााय, वृषभ, भैंसे – सभी चले जायें, जो सोम के नाम पर पीपे के पीपे आसव चढ़ा जाय, जो "शिश्नदेव" न होकर भी सहस्राक्ष (?) हो। मेरा देव पशुपति था जो सारे चराचर का दयार्द्र देव था, जिसकी रक्षा में सिंह और मृग दोनों सांस लेते थे, जो उनको कण्ठगत नहीं, उनकी रक्षा करता था, वही पशुपति जिसे उसकी आर्य की सन्तान ने कालान्तर में नीललोहित कह पूजा और जिसके लिए दार्शनिक सिद्धान्तों का ऊहापोह किया। अयज्वन् भी निश्चय, हां, क्योंकि मुझ निरामिष को उदरपूर्ति के लिए गाय-बैल नहीं चाहिए थे। मुझे निःसन्देह बेजबान जानवरों के प्रति दया और सहानुभूति थी, प्रेम और भाईचारा था। मैं उन निहत्थों पर हाथ नहीं उठा सकता था, पैनी छुरी उठाना तो असंभव था।

पहले मैंने समझा कि ये विशेषण, ये घृणित संज्ञाएं, ये तिरस्कार-वचन मेरी शत्रुता के कारण थे। परन्तु शत्रुता तो धीरे-धीरे समाप्त हो गयी थी जब मैं सप्तसिन्धु में, पंचनद में, सरस्वती-दृषद्वती के तटवर्ती प्रांगणों में आर्याचरण की शपथ खाने लगा, उसकी दुहाई देने लगा। न, यह केवल असंस्कृत का कोप-प्रदर्शन न था, व्यवस्था का मुझ पर क्रमिक आरोप था।

यह तो क्षत्र की रक्षा में, छत्र की छाया में पुरोधा मेरे चारों ओर प्रतिबन्धों का तन्तु

बुन रहा था। विजित घृणित के अधिकार कैसे? उसने मुझे 'दाय' से, आचार से, शक्ति से, वैभव और आनन्द से तो अलग कर ही दिया। अब उसने मुझे समाज की दुष्टि से भी विलग करने की सोची और उसमें वह सर्वथा सफल भी हुआ। शतपथ में उसने घोषणा की – असतो वा एष सम्भूतः यच्छूद्रः – असत से उत्पन्न हुआ है यह शूद्र। फिर सत् से सम्भूत, राजस् वृत्ति वालों को इस तामस शूद्र की दृष्टि क्यों न खल जाती? शीघ्र उसने दूसरी व्यवस्था की –

अनृतं स्त्री शूद्रः श्वा कृष्णः शकुनिः तानि न प्रेक्षेत।

यह शतपथ है, आर्य-धर्म का अनन्य प्रवर्तक। मुझे तो उसने कुत्तों-बहेलियों की पंक्ति में जा बिठाया और साथ ही अपनी श्वेतांगिनी भार्या को भी। नारी की विडम्बना भी इसी काल – संभवतः इससे भी पूर्व ही – शुरू हो गयी।

मुझे यज्ञ से जो बरी कर दिया तो मुझे न खला। पर मेरा दृष्टिगोचर हो जाना भी उन्हें खला और उन्होंने विधान किया कि मैं यज्ञ के समय उनके दृष्टिपथ में भी कहीं न पड़ जाऊं। खैर, इस विधान सम्बन्धी तिरस्कार के अतिरिक्त मुझे यह आचरण अरुचिकर न हुआ, क्योंकि पशु-हनन से मुझे आन्तरिक पीड़ा होती, जान पड़ता जैसे कोई अपना बन्धु मरा, बिछुड़ा जा रहा है।

शतपथ तो प्रारंभ मात्र था। उसने तो केवल मार्ग दिखाया। वह स्वयं शतपथ था, उसका एक मार्ग यह शूद्र की दिशा में था। परन्तु अब भावना, घृणा और प्रतारणा का जो मार्ग **शतपथ** ने मुझे पकड़ा दिया, उससे मैं कभी विलग न हो सका। **शतपथ** श्रुतिमार्ग की ही एक कड़ी था। **ऋग्वेद** स्वयं ने पुरुषसूक्त में मेरी व्यवस्था कर भी दी और शतपथ ने उस व्यवस्था का परिमार्जन, स्पष्टीकरण किया था। और शतपथ भी श्रुति था।

श्रुति का मार्ग प्रशस्त था, इतना प्रशस्त कि पिछले जनसंपात के साथ-साथ स्मृति-विधानों का सारा परिवार असंकुचित नित्य-परिवर्धित रूप से उस पर चल सके। स्मृतियां वह थीं जो श्रुति रूप में स्मरण की जा सकीं और जिनका स्मरण श्रुति की परम्परा में, श्रवण-पथ में, न था। उनका महत्त्व ही भला क्या हो सकता था?

मनु का वचन है – 'वेद ही श्रुति है और स्मृति धर्मशास्त्र – धर्म का शासन, उसकी शिक्षा। उन्हीं धर्मशास्त्रों से धर्म का उदय हुआ है। और धर्म उन्हीं से प्रकट होने के कारण वे सब प्रकार से, सब विषयों में अतर्क्य हैं, अनालोच्य हैं।' (प्रथम अध्याय)। इस प्रकार धर्मशास्त्र जो वेदों अर्थात् श्रुतियों के प्रमाणानुसारी होकर अनालोच्य हो गये, तब तो मेरे पुनरुद्धार की कल्पना ही निःशेष हो गयी।

व्यवस्था के ठेकेदार इस काल के देश-काल से ऊपर उठ सर्वदा के लिए मेरे ऊपर प्रतिबंधों के घटाटोप बांध रहे थे। मैंने अपने ऊपर लटकती तलवार देखी और कांप गया। जरा भी हिल न सकता था, क्योंकि उसकी पकड़ केवल सूत की थी, और उसकी नोक ठीक मेरे ब्रह्मरन्ध्र, अथवा जिसे मेरे स्वामी ब्रह्मरन्ध्र कहते हैं, के ऊपर । मैं चुपचाप उस पशु की भांति अपने नियत मार्ग की ओर चल पड़ा जो देव-प्रतिमा की ओर देवकार्य के निमित्त चल पड़ता है। बलिदान का विरोध कैसा? यह तो देवोत्तर कार्य है!

मैं भी देवोत्तर की बलि हो रहा था – द्विजों के सेवा-कार्य की। चरण का कार्य क्या है? मस्तक, बाहुओं, उरुओं का वहन। उनके बिना भला शरीर का कोई कार्य हो सकता है? कोई देवोत्तर अथवा पार्थिव कार्य हो सकता है? फिर भी उनका स्थान कहां है? सब के नीचे। शूद्र आवश्यक है परन्तु अपने लिए नहीं, समाज के लिए, नितान्त आवश्यक। परन्तु सेवक-रूप में, अपने से दूर, अपने प्रभुओं में विलीन, उनका हितसधाक, बलि-कार्य!

2

कालान्तर में, कालक्रम में, स्मृतियों ने धर्मप्राण हो श्रुतियों का निगदन, उनका नवीकरण, उनका प्रसार और उद्बर्हण मेरे शरीर की शिलाभित्ति पर शुरू किया। दिन-दिन मेरे बन्धुओं का समाज बढ़ता गया, दिन-दिन मेरे प्रभुओं का पशु-धन के साथ-साथ शूद्र-धन बढ़ता गया। और दिन-दिन धर्म के स्वरूप धर्मशास्त्रों का यशः शरीर विस्तार लाभ करने लगा। मनु, याज्ञवल्क्य, वसिष्ठ, विष्णु, शंख-लिखित, नारद और बृहस्पति सभी ने अपनी मन्त्रपूत वाणी से मेरी सुकाट्य गरदन मापी।

इस बहती गंगा में सभी ने अपने हाथ धोये, सभी ने मेरे सम्बन्ध में कोई न कोई कथा गढ़ी। उनकी योग्यता इसी में थी कि कोई न कोई प्रतिबन्ध मेरी आय, स्वतंत्रता, सुख पर लगा दें। और इसमें कोई न चूका, न तप-पुंज ब्राह्मण, न शक्तिसेवी राजन्य। दया और औदार्य की मूर्ति ब्राह्मण जिस प्रकार यज्ञ में ही केवल पशु को मारता था, उसी प्रकार धर्म-शास्त्रों मात्र में वह मेरी उचितानुचित व्यवस्था करता था। वैसे था वह सर्वथा निर्लिप्त – पद्मपत्र इवाम्भसा!

और जिस प्रकार यज्ञ में अपना बलिदान कर पशु संदेह स्वर्ग पहुंच जाता था, ठीक उसी प्रकार मैं भी द्विजों की परिचर्या कर सदेह मुक्ति का भागी होता था और जैसे नारी का पतिव्रत इसमें था कि वह अच्छे-बुरे सब प्रकार के पति को प्रसन्नता से इहलोक में अंगीकार करे और परलोक में उसकी कामना करे, उसी प्रकार मुझे भी इस लोक के बचे पुण्य और परलोक के पुण्योदय से ही अगले जन्म में त्रिवर्ग की सेवा कर अनिर्वचनीय पुण्य-सुख लाभ हो सकता था। और मैं आखिर अपने सुखानुराग से विमुख अथवा उदासीन न था जो इस महामन्त्र को न समझता।

भारतीय संस्कृति की एक परम्परा रही है – त्याग, अतिशय त्याग, सनिष्ठ बलिदान, मूक आत्मसमर्पण। यही भारतीय नारी करती है, यही यज्ञ का पशु करता है, यही पिता का पुत्र करता है, यही त्रिवर्ण को शूद्र करे। और वह इससे परितोषलाभ करे कि आखिर वह निम्नातिनिम्न नहीं है, उससे भी निम्नस्तर के लोग हैं। वह तो दासों और चाण्डालों से उच्च है। वह तो उस उत्तरोत्तर अधोधः व्यवस्था की एक कड़ी मात्र है जिसकी शृंखला का एक सिरा वरुण के (पाश) हाथ में है, दूसरा यम के हाथ में! आखिर सभी भोगते हैं, कोई रेणुका या दशरथ के रूप में, कोई अहल्या-चन्द्रमा के रूप में।

हां, तो व्यवस्थापक की नीति तो सबके लिए है – स्वयं राजा के लिए उसने

''स्थितेरमेत्ता'' कहा है। वह स्वयं तो इतना आर्द्र है कि क्रौंच के वध से आक्रान्त हो महाकाव्य लिख जाता है और जो 'द्विजेतरतस्विसुत' के वध की बात है वह तो कर्त्तव्य के पालनार्थ उसके मर्यादापुरुषोत्तम को करना ही पड़ता है!

श्रुति की परम्परा में नारी, मैं दास और पशु – चारों एक सूत्र में न थे। पशु तो अविचारशील विवेकहीन था, पर शेष तीन एक-दूसरे को देख आश्वासन लेते। तीनों की दशा एक से एक हीन थी। मुझे उस सुधी नारी को देख दया आती जो नर की अभितृप्ति का साधन बन गयी थी। मुझसे दयनीय बस एक प्राणी और था, दास, जिसकी परम्परा प्राचीन थी, मुझसे भी प्राचीन, देश की भी, विदेश की भी। उसे देख मुझे अपनी स्थिति पर गर्व होता, परन्तु उसकी दयनीयता इतनी करुण थी की अपना गर्व मैं प्रायः भूल जाता और समय-समय पर मैं उससे उसकी मनःस्थिति पूछ लिया करता।

श्रुति की पशु-वध की परम्परा को शीघ्र चुनौती मिली। ऊपरी दोनों द्विज-वर्गों में संघर्ष चल पड़ा था। राजन्य ने पुरोहित के कर्मकाण्ड को धिक्कार दिया था। और पुरोहित ने राजन्य के पार्थिव ऐश्वर्य-वैभव को निःसार कह कर धिक्कारा था। श्रुति-काल के उत्तर-युग में श्रुति की ही अवमानना हो चली और तब इस द्विजों के संघर्ष में मुझे कुछ कर गुजरने की चेतना मिली। मैं इतना समझने लगा था कि न तो श्रुतियों में कुछ सार है, न उपनिषदों में। विशेषकर मेरे लिए तो निश्चय कुछ नहीं। श्रुतियों के बन्द स्पष्ट थे, उपनिषदों के फन्द अदृश्य। परन्तु मेरे लिए न एक में अधिकारों की व्यवस्था थी, न दूसरे में।

परन्तु इस संघर्ष से एक लाभ अवश्य हुआ – वह यह कि यह प्रमाणित हो गया कि श्रुति भी सर्वथा अनिर्वचनीय नहीं है और उस पर भी अंगली उठायी जा सकती है। हां, अंगली कौन उठा सकता है, यही निश्चय एक हल्की समस्या थी, परन्तु वहां भी यह स्पष्ट था कि कम से कम मैं वह अंगली नहीं उठा सकता था। न वैश्य ही। वह ब्राह्मण और क्षत्रियों के तबके की बात थी। और क्षत्रिय ने ही उस विरोध का बीड़ा उठाया, उपनिषदों में भी, बाहर भी।

उपनिषदों की परम्परा में तीन क्षत्रियों – पार्श्व, वर्धमान, बुद्ध – ने आवाज उठायी। यह आवाज उपनिषदों की परम्परा में होकर भी उनकी न थी। मेरा हित उसमें बस अभी इतना था कि वह आवाज श्रुतियों के विरोध में थी। और बुद्ध की आवाज में तो स्पष्ट समानता का उद्घोष था। उन्होंने जिस मानव धर्म का प्रचार किया उसमें ब्राह्मण-क्षत्रिय का अलगाव न था। उसका संगठन आशीर्ष न होकर निकाय-परिमाण था। उसमें पुरुष के मुख-भुज-उरु-पद की बजाय जल-प्रवाह के कण-कण बनने की व्यवस्था थी और उस महापुरुष ने अपने संघ के कपाट सब के लिए समान रूप से उन्मुक्त कर दिये।

मुझे उन तथागत की वाणी स्पष्ट सुनाई पड़ी। उसे सुनना मुझे वर्जित न था। वाणी भी समझ में आने वाली थी, पहले की-सी, ब्राह्मण की नहीं हम सब की थी जिसे चौपायों को छोड सभी समझ सकते थे। मैंने भी उसे सुना-समझा और संघ द्वार में प्रवेश किया।

मानता हूं, वहां भी एक प्रकार की ब्राह्मण-वर्गीयता जिसमें मद्रवर्गीय ब्राह्मण-क्षत्रिय दोनों थे और जिसमें स्थान पाने की वैश्य भी अपने दानों से निरन्तर कोशिश कर रहा था, जग चली थी। परन्तु बुद्ध के जीवन-काल तक मेरे और स्थविराचार्य के बीच किसी प्रकार का वर्गीय अन्तर न जान पड़ा।

परन्तु यद्यपि बौद्ध सम्प्रदाय ने बहुत कुछ किया और यद्यपि वह सर्वथा मेरा उद्धार तो न कर सका, उसने कम से कम ब्राह्मण की एकाकी उत्तमत्ता को तो निःसन्देह प्रश्नात्मक बता ही दिया, तथापि मेरे मोक्ष के साधन अन्यत्र से प्रस्तुत हुए। प्रायः तथागत के ही काल से, कम से कम पाणिनि से पर्याप्त पूर्व से ही वैष्णव संप्रदाय की बेलें लग चली थीं और 'वासुदेवार्जुनायनों' की संगीतियों में एक नवीन जन-धर्म का पोषण हो चला था। वहां मैं भी अपनी प्रार्थना अन्तरिक्ष को अर्पित कर सकता था, मेरी भी भारती वहां मुखरित हो उठती।

उसने मुझे विशेष साहस दिया। समानता का सैद्धान्तिक निरूपण तो उसमें भी पीछे हुआ, पर हरिकीर्तन का अधिकाधिक अधिकार मुझे वहां मिला और जब विदेशी यवनों (ग्रीकों) का उधर्म के साथ संपर्क हुआ तब तो मुझे भी पर्याप्त अधिकार मिलने की सुविध ाा हो ही गयी यद्यपि मैं इस बात का अन्तर भली-भांति समझता था कि मैं इस देश का दलित हूं और वे विदेश के विजयी और दोनों में अन्तर हुआ करता है और उस अन्तर को मैं आन्तरिक टीस से साथ समझता और स्वीकार करता था।

चौथी सदी ई0 पू0 के मध्य सहसा पासा पलटा और मगध में मेरा शासन प्रतिष्ठित हुआ। राज-प्रासादों और अन्तःपुरों में तो सर्वत्र मेरी आवश्यकता थी ही, आवश्यकताओं के लिए मेरी बहुसंख्यक स्थिति वहां अनिवार्य हो गयी थी। अनेक बार, प्रायः सदा प्रहार करने का मुझे अवसर मिलता था, परन्तु प्रहार की बात सोचते मुझे भय से रोमांच हो आता। प्रहार वास्तव में सदा सुविधा अथवा अवसर की ही बात नहीं है, अन्य नहीं। मैं इतने दिनों प्रासाद में रहा, प्रत्येक क्षण मेरे अवसर-लाभ और प्रहार के लिए पर्याप्त था, परन्तु प्रहार करने का मेरा साहस कभी न हुआ।

अब बौद्ध तथा वैष्णव संप्रदायों ने कुछ नैतिकता जगा दी थी और मुझ में कुछ समानता के भाव और साहस जगे थे। मैं अब अपना कर्त्तव्य निश्चित कर करणीय के लिए तत्पर हुआ। मगध में पहले महाभारत के क्षत्रियकुलों का प्रताप था, फिर शैशुनागों-हर्यककुलीयों का, और सबसे अन्त में क्षत्रिय नन्दों का। महानन्दिनू-नन्दीवर्धन आदि आये। और अन्त में नापित ने अपना छुरा संभाला। प्रातिद्वन्द्वियों ने कहा, वह हत्यारे का छुरा था। मैंने कहा, वह मेरी आजादी और उत्कर्ष का था। नन्दराज का वध हुआ और मैंने राज्यारोहण किया।

अब मेरा ब्राह्मणों के साथ संघर्ष केवल सिद्धान्ततः था, वास्तविक लड़ाई मेरी क्षत्रियों के साथ थी। नन्दराज के वध से क्षत्रिय राजकुल और क्षत्रिय जनता दोनों क्रुद्ध और लांछित हो उठी थी। ब्राह्मण इस काल नितान्त दयनीय हो रहा था। उसने झट अपना अवसर आया जान कमर कसी और मैदान में आ उतरा। उसने कभी युद्ध में नीति की उदारता

को अधिक श्रेय न दिया था। महाभारत के शान्तिपर्व में उसने अपने इस सिद्धान्त की नीति को स्पष्टतया रखा था। और अब उसका समुचित आचरण करने को कटिबद्ध हो वह राजक्षेत्र में उतरा।

मुझे उसकी आवश्यकता थी क्योंकि राजदण्ड मेरा कभी का संभाला न था और राजनीति उसकी चेरी थी। उसके दांवपेंच वह खूब समझता था और उसकी बारीकियों का वह उस्ताद था। उसका चिर शत्रु इस काल उसके दायें पड़ गया था और वह निरन्तर की चोट में अखाड़े से उदासीन हो चला था परन्तु अब परिस्थिति बदलते देख मुझे आगे कर मैदान में वह कूदा। उसने मुझे अपना निमित्त बनाया, मैंने अपना उसे और एक नये सिरे से अब संघर्ष छिड़ा जिसमें मैं और ब्राह्मण एक ओर थे और क्षत्रिय अकेला दूसरी ओर।

वह मेरा मंत्री बना, एक नहीं दो-दो – वररुचि और राक्षस। वररुचि का दूसरा नाम कात्यायन था। कात्यायन अपनी धुन का पक्का था। वह क्षत्रिय-शत्रु तो था ही, साथ ही उस ब्राह्मण को भी क्षमा न कर सकता था जो क्षत्रिय का साथ दे। इसी क्रोध के कारण वह पाणिनि पर भी पिल पड़ा था। पाणिनि ने क्षत्रिय नंदराज की संरक्षा ली थी। दूर सीमाप्रांत के (यूसूफुजई के) शालातुर गांव से पाटलिपुत्र आकर उसने अपनी **अष्टाध्यायी** रचनी शुरू की थी। कात्यायन उसके अनाचार पर हंसा और व्याकरण से पृथक् उसका विषय राजनीति होने पर भी उसने उसकी **अष्टाध्यायी** के सूत्रों को काटा, व्याकरण के क्षेत्र में उतर कर उसने उस प्रख्यात वैयाकरण पर छींटे उलीचे।

मैंने उसके इस आचरण को पसंद किया और उसके इसी गुण को देख उसे अपना मंत्री चुना। राक्षस स्वामिभक्त सेवक था। उसमें ब्राह्मण की शत्रूत्कटता तो, इतनी न थी परन्तु अपनी योजना दृष्टिगत हो जाने पर उसे कार्य रूप में परिणत करने की अद्‌भुत क्षमता थी। मैं जानता था, मुझे उसकी भी उसी प्रकार आवश्यकता होगी जिस प्रकार कात्यायन की। और वह राज्य के शासन में भी अद्‌भुत शूल को ले मैं क्षत्रिय वर्ग पर पिल पड़ा।

मुझे दो प्रकार के क्षत्रियों से लड़ना था, एक तो राजन्य अथवा अभिजात वर्ग से, दूसरे समतल क्षत्रिय-परिवार से, जिसका विस्तार बड़ा था। पहले मैं क्षत्रिय राजकुलों पर टूटा। एक-एक राजकुल को कात्यायन की सहायता से चुन-चुन कर मैंने उखाड़ फेंका। मगध के नंदवंशीय क्षत्रियों में एक नामलेवा भी न बचा। तब मैं जनपदों में घुसा और उन्हें भी प्रायः निःक्षत्रिय कर दिया। अपने राज्य को शुद्र और क्षत्रियरहित कर मैं अन्य क्षत्रिय-राज्यों पर चढ़ चला और अत्यन्त अध्यवसाय तथा शौर्य से क्षत्रियों के मान और दर्प को मैंने कुचल डाला।

अब भारत ने देखा कि अकेला क्षत्रिय ही लड़ना नहीं जानता, तत्पर शूद्र भी जानता है। और अवसर पाने पर वह भी न चूकेगा। क्षत्रिय-राजकुलों को आर्यावर्त से उखाड़ मैंने मगध का वह अपूर्व शूद्र-साम्राज्य स्थापित किया जिसकी सीमा बंगाल से सतलज तक और हिमालय से विन्ध्याचल तक जा पहुची। मैंने गर्व के साथ अपना 'सर्वक्षत्रान्तक' विरुद्ध

धारण किया।

मैं जानता था कि ब्राह्मण मेरे कार्य की सराहना तो करता है परन्तु उसमें उसका हृदय नहीं है। जहां तक क्षत्रिय के अन्त का प्रश्न था, निश्चय वह मेरे साथ था, मेरा सहायक, परन्तु मेरा उत्कर्ष उसे निःसन्देह, अप्रिय लगता था। उसमें धीरे-धीरे एक प्रकार के त्रास का अभिजनन हो रहा था, धीरे ही धीरे उसमें भय बैठ रहा था। एक लड़ाई सामने की साफ और खुली थी, ब्राह्मण-शूद्र और क्षत्रिय की, दूसरी छिपी-छिपी ब्राह्मण और शूद्र की। परन्तु राजा और मन्त्री दोनों प्रकाश रूप में एक-दूसरे की अभ्यर्थना करते, समान शत्रु के पराभव और नाश के उपाय सोचते।

हां, एक बात और थी जिसकी ओर कात्यायन ने यद्यपि मेरा ध्यान आकर्षित किया था, परन्तु जिसे मैंने विशेष महत्त्व न दिया, यद्यपि वहीं अन्त में मेरे नाश का कारण बनी। वह था कपिलवस्तु के शाक्यों का गणतन्त्र। गणतन्त्रों में स्वाधीनता की लहर लहराती थी और साम्राज्यों के विरुद्ध साजिश की जाती थी। वे निश्चय राजतन्त्र के शत्रु और साम्राज्य-निर्माण की राह में भारी रोड़े थे, यह मैं भली-भांति जानता था और इसी कारण मैं अनेक गणतन्त्रों को अपने चक्र की धुरी में पीस चुका था, परन्तु निःसन्देह तब मैंने इस शाक्य-संघ का महत्त्व न समझा। उसका एक विशेष कारण था।

मेरे पहले अजातशत्रु ने बज्जियों का प्राचीन और सशक्त संघ तोड़ दिया। फिर उनके देश को लांघ वह हिमालय तक भी पहुंचा था। उधर कोशल ने मल्लों और कोलियों का ध्वंस कर दिया था। प्रसेनजित के पुत्र विडूडभ ने तथागत के रहते जब कपिलवस्तु को जला कर खाक कर डाला तब मैंने उधर से कोई अंदेशा न समझा, विशेषकर इसलिए कि दीर्घ काल तक शाक्यों की वंश-कोपलें न फूटीं।

पर खतरा वास्तव में आया उसी ओर से। जैसा पहले कह चुका हूं, इन गणतन्त्रों में स्वाधीनता की विशेष प्रतिष्ठा थी। शाक्य-संघ में एक विशिष्ट कुल मोरियों का था। वहां से एक बार चन्द्रगुप्त नामक एक युवक आया और उसने मुझसे आश्रय मांगा। कात्यायन ने उसे अविश्वासपूर्वक देखा, परन्तु मुझे उस तरुण ने अपनी ओर आकृष्ट कर लिया। कात्यायन कहा करता था कि राज्य की व्यवस्था संगरहित होती है, उसमें अपने आकर्षण और मोह को वर्जित करना पड़ता है। वह सही था, मैं गलत। मोह के कारण मैंने उस तरुण को सेना में अच्छे पद पर स्थान दिया।

परन्तु तरुण की महत्त्वाकांक्षा बड़ी थी और उसी के अनुरूप उसका अध्यवसाय और प्रतिभा भी थी। शीघ्र वह सेनापति हो गया, और तब अनेक बार मुझसे वह गर्व से आंखे मिला लेता। कात्यायन ने एक दिन बिना कुछ कहे-सुने मुझसे पूछा – अब? मैं संकेत समझ गया, उसमें मेरी बुद्धि के प्रति पर्याप्त तिरस्कार था। मैं चुप हो रहा। परन्तु कात्यायन ने काम संभाल दिया। कंटक को निकाल फेंका।

इसी काल ईरानी दारयवौष के साम्राज्य के सिकन्दर से टकराने और टूटने की बात सुनी। वायुवेग से वह ग्रीक विजेता पंजाब पर टूटा और एक के बाद एक राज्यों तथा गणतन्त्रों को जीतने लगा। कात्यायन ने एक विशाल सेना पश्चिमोत्तर सीमा पर भेज शतद्रु

(सतलज) के तट पर खड़ी कर दी और लगा अपने चरों से सिकन्दर की सेना में त्रास भरने । उसकी नीति चल गयी। ग्रीक सेना विद्रोह कर बैठी और व्यास से आगे न बढ़ी। सिकन्दर लौटा।

मुझे उससे विशेष डर तो न था, परन्तु क्षत्रिय प्रजा में विद्रोह था, इससे जब तब डर हो आता। सिकन्दर तो न आया परन्तु चन्द्रगुप्त आया। मोरिय शाक्य कुल का मौर्य जो कभी मेरा सेनापति रह चुका था। और वह अकेला न था। उसके साथ वह भीषण चाणक्य ब्राह्मण भी था जो अपनी कूटनीति के लिए प्रसिद्ध था और जिसका मैं कभी अपमान कर चुका था। उनके साथ परम लडाकू पंजाबी सेना थी। चन्द्रगुप्त को गद्दी पर बैठने की आकांक्षा थी, चाणक्य को बदला लेने की।

कात्यायन के हाथ-पैर फूल गये। कात्यायन कायर न था परन्तु चाणक्य का नाम सुन कर वह कांप गया। वह अद्भुत कूटनीतिज्ञ था जो प्रतिद्वन्द्वी का कण मात्र भी बिना नष्ट किये छोड़ने वाला शत्रु न था, ऐसी उसकी ख्याति थी। उसकी नन्दवंश को समूल नष्ट करने वाली भीषण प्रतिज्ञा आज भी मेरे राजप्रासाद में गूंज रही थी। और अब वह क्षत्रिय के सम्पर्क के साथ आया था। ब्राह्मण-क्षत्रियों में साझा तो कभी हो नहीं सकता था और चाणक्य अद्भुत मनस्वी होने के कारण किसी से तब तक साझा कर भी न सकता था जब तब उसका साझेदार सर्वथा उसकी मुट्ठी में न आ जाय, पर मूर्च्छित क्षत्रियत्व निश्चित उसकी मुट्ठी में था और चन्द्रगुप्त उसके इशारे पर नाचता था। उनकी बुद्धि और सेना के सामने मेरी एक न चली। मेरी सेना नष्ट हो गयी। प्रजा ने तत्काल विद्रोह कर आक्रमणकारियों का साथ दिया और मैं समूल नष्ट हो गया।

कात्यायन का भय सार्थक था। चाणक्य का कोई कार्य अधूरा न रह पाता था। उसने मेरे राजकुल का सर्वथा नाश तो कर ही डाला, मेरे नैतिक पतन की राह भी प्रस्तुत कर दी। उसने जो अर्थशास्त्र लिखा उसमें मेरे लिए सबसे कठोर दण्ड थे, मेरा जीवन अत्यन्त कठिन कर दिया गया। दण्डनीति में भी जो विधान मेरे सम्बन्ध में बने, जो यातनाएं मेरे अपराध स्वीकार कराने के लिए नियत हुई वे सभ्य समाज की दण्डनीति से भी कहीं कठोर थीं और ये तो अभी अपराध सिद्ध होने के पूर्व की थीं। उसके प्रमाणित होने के बाद मुझे किस-किस घाट का पानी पीना होता था, यह अर्थशास्त्र के अध्ययन से ही जाना जा सकता है।

मैंने फिर अब अपना वही पूर्ववत् स्थान पकड़ा, निचला। परन्तु अब मुझे शेर की भांति रक्त का स्वाद लग चुका था। मैं चुप था, डर से, परन्तु कायर मैं कदापि न था। परन्तु भाग्य और मनुष्य – मैं दोनों का मारा था। मेरी पूछ वास्तव में विदेशी आक्रमणों के अवसर पर थोड़ी-बहुत हो जाती थी। मैंने यह अपने इतिहास के अगले अध्याओं में देखा कि मेरा परम शत्रु भारतीय व्यवस्था थी, क्योंकि उसमें समाज-शास्त्र का नपा-तुला समझा हाथ लगता था, जो मेरी पूरी-कतर ब्योंत कर देता था।

मेरी रक्षा राजनीतिक उथल-पुथल में होती थी जब ब्राह्मण द्वारा प्रजनित और क्षत्रिय द्वारा रक्षित व्यवस्था छिन्न-भिन्न हो जाती थी। अशोक के निधन के कुछ ही काल बाद

जब ग्रीकों ने भारत पर प्रबल आक्रमण कर पाटलिपुत्र तक जीत लिया था तब द्विजातियों के विनष्ट हो जाने से मुझे सांस लेने का अवसर मिला। और मैंने पर्याप्त आनन्द मनाया। मैं जानता हूं इसकी मुझे लाज भी है कि मेरी प्रवृत्ति सर्वदा भारतीय अथवा देशप्रेम की न होकर अनेक बार देशद्रोह की हो जाती थी, परन्तु मैं करूं क्या? मेरा स्वतन्त्र स्वदेश तो मेरा घातक था और मुझे अपनी नैतिक दुर्दशा और भारतीय स्वाधीनता के बीच एक को चुनना था।

मैं निश्चय अपनी स्थिति से संतुष्ट न था। मेरी स्थिति में किसी को भी उससे संतोष न हो सकता था। देश के लिए अत्यन्त दारुण अवस्था तो तब आयी जब शक लोहिताक्ष अम्लाट आया जिसने अधिकतर पुरुषों को तलवार के घाट उतार दिया और देश में कुहराम मचा दिया। परन्तु मुझे यह स्वीकार करते तनिक भी संकोच नहीं होता कि वह कुहराम त्रिवर्गो में मचा जिन्हें कुछ खोना था। किसी की व्यवस्था और प्रभाव जाता था, किसी का राज्य जाता था, किसी का धन जाता था। मेरे पास सिवा मेरे बन्धनों, प्रतिबन्धों, असमानताओं के और क्या था जो जाता? मैं प्रसन्न था। समाज की ऊबड़-खाबड़ जमीन बराबर हो रही थी। समलत।

युगपुराणकार ने लिखा कि द्विजातियों के आचरण शूद्रों के होने लगे, शूद्रों के द्विजातियों के। न कोई वर्ण रहा, न उसके नियम रहे, न उसके पालन करने वाले। निश्चय यह स्थिति मेरी ग्लानि की न थी। जैसे मैं मुक्त हो गया था, वैसे मेरे काराध्यक्ष अब स्वयं बन्धन में थे। मैं आह्लाद से एक बार थिरक उठा, इसलिए विशेष कि मैं जानता था कि यह समता परिस्थितिवश ही है, स्वाभाविक नहीं। जैसे ही देश-दशा स्वाभाविक हुई वैसे ही मेरा प्रभु अपनी चाबुक संभलेगा, क्योंकि मैं इसे भली प्रकार जानता था कि बाहर से अपने वाली शक आदि जातियां हाथ में केवल तलवार लेकर आयी थीं। उनके पास किसी प्रकार की सामाजिक अथवा नैतिक व्यवस्था न थी और अपनी घुमक्कड़ स्थिती छोड़ देश में शान्तिपूर्वक बसने की इच्छा करते ही उन्हें ब्राह्मणों का मुंह देखना पड़ेगा।

और जहां लोहे की छाया गयी, शास्त्र की आयी, वहां शास्त्र-निरूपण में दक्ष ब्राह्मण प्रबल हो उठेगा। वह समाज और जनता का स्वाभाविक नेता होगा और उसका विजेता, ग्रीक या शक, सर्वथा अनुचर। मेरा अनुमान, मेरा निष्कर्ष सही निकला। मेरा सुख चार दिनों की चांदनी निकला। शकों ने सिन्ध, तक्षशिला, मथुरा, महाराष्ट्र और उज्जैन में अपने पांच कुल स्थापित किये परन्तु विजेता होकर भी वे नैतिकता में ब्राह्मण के मारक प्रभाव से स्वतंत्र न रह सके। उसके पाश में वे सर्वथा बंध गये।

नहपान ने कुछ काल तक अपनी जातीयता विलग रखनी चाही परन्तु उसकी कन्या ने स्वयं अपना नाम ब्राह्मण प्रभाव में आकर दक्षमित्रा रखा और अपना विवाह ऋषभदत्त नामक एक शैव से किया। और रुद्रदामन् ने तो लुटिया ही डुबा दी। पराक्रमी देवकर्मा रुद्रदामन् ने ब्राह्मण सातवाहनों को नीचा तो दिखाया, उनके प्रान्त पर प्रान्त तो छीन लिये, परन्तु सामाजिक प्रक्रियाओं में उसने उनकी दासता स्वीकार कर ली। जिस शातकर्णि श्री पुलमावि से उसने गौतमपुत्र के प्रान्त छीने उसे ही अपनी कन्या प्रदान कर दी। शैव

नामधारी तो रुद्रदामन् हो ही गया था, उसने संस्कृत को राजभाषा का पद देकर अपनी नैतिक दासता की हद की दी।

इस बात को न भूलना चाहिए कि आन्ध्र-सातवाहन नृपति ब्राह्मण होकर भी उसे भाषा का राजपद न दे सके थे और प्राकृतों में ही अपने अभिलेख लिखवाये, परन्तु रुद्रदामन् ने जूनागढ़ में संस्कृत में अपना प्रशस्ति-गान खुदवा कर इस बात का गर्व किया कि उसने संस्कृत-गद्य का पहला रूप रखा। भाषा दासता की सबसे बड़ी शृंखला है। जब विजित विजेता की भाषा अंगीकार कर लेता है तब उसका सर्वथा पतन समझो। शकों ने सब प्रकार से ब्राह्मण की भाषा स्वीकार कर ली और उसका तौक सदा के लिए अपने गले में डाल लिया।

एक बात और। भाषा पौरोहित्य-शक्ति का गढ़ है। सारी दुनिया के इतिहास में ध र्म के जुए को अन्धों के कन्धों पर लादने के लिए पुरोहित वर्ग ने भाषा को ही अपना साधन बनाया है और मूर्ख जनता को विशेषतः उससे अलग रखा है। इससे धर्मपुस्तकों की जानकारी न रह सकने के कारण वह एक ओर तो उनसे सर्वथा अनभिज्ञ रही है, दूसरे उनका एकमात्र ज्ञाता होने के कारण पुरोहितों का जनता पर असाधारण ङ्कभाव रहना स्वाभाविक हो गया है। साथ ही अपनी 'भेड़ों' के अज्ञान के कारण 'गड़रिये' को मनमानी करने और यथेच्छ ले चलने का अवसर मिलता रहा है। सारी योरपीय जनता के लातीनी से अन्भिज्ञ रहने के कारण चौदहवीं-पन्द्रहवीं सदी तक पादरी उस पर हावी रहे, परन्तु प्रचलित भाषा में लातीनी धर्मपुस्तकों का अनुवाद होते ही पादरियों की शक्ति का गढ़ टूट गया।

यही दशा भारत की थी। साधारण जनता न संस्कृत जानती, न पढ़ती थी। न उसे पढने का अधिकार ही था। मैं तो नारी, दास, और अछूत की ही भांति पढ़ ही नहीं सकता था। परन्तु मुझे उसका क्लेश रंचमात्र न था। मैं उस शृंखला को जानता था। और अनेक शृंखलाओं से जकड़े होने पर एक और बन्धन स्वीकार करने की मेरी इच्छा न हुई।

मैं इस बात से प्रसन्न था कि नाटकों में सर्वत्र ब्राह्मण-क्षत्रिय नाटककार मुझे संस्कृत से अलग कर प्राकृत भाषा का व्यवहर्ता ही बना रहे थे। नारी, दास, दासी मैं और चाण्डाल सब प्रकृत में ही बोलते थे। मुझे कम से कम एक क्षेत्र में – इस भाषा क्षेत्र में – स्वतंत्रता का जो आभास होता था उससे हृदय में आह्लाद का संचार होता था और सारे शरीर में उल्लास की लहर दौड़ जाती थी।

दक्षिण-पश्चिम भारम की तो यह गति रही, उत्तर में भी एक नयी दुनिया आ बसी थी। चाणक्य की छाया में चन्द्रगुप्त ने जो क्षत्रिय शक्ति की बोली लगाई थी, वह अशोक के बाद ब्राह्मण के वैमनस्य के कारण सूख चली थी। शीघ्र यह वैमनस्य इतना बढ़ा। उसने वह उग्र रूप धारण किया कि उसकी परिसमाप्ति मौर्य-वंश के सर्वनाश में हुई। अन्तिम मौर्य-राज बृहद्रथ को उसके पुरोहित और सेनापति ने मार कर मगध की गद्दी छीन ली। उसके पुरोहित और सेनापति ने – यह न भूलो – उसके पुरोहित और सेनापति पुष्यमित्र ने, अष्टाध्यायी के महाभाष्यकार महर्षि पजंजलि के शिष्य ने, जिसने अपने आशीर्वचनों

के साथ प्रहर्ता के अश्वमेध का अनुष्ठान कराया। और तब फिर चाणक्य की कानूनबन्दी की परम्परा एक बार जाग्रत हो उठी। मनु के नाम पर एक धर्मशास्त्र का निरूपण हुआ। नाम नायक का मनु था परन्तु लिखा उसे एक ब्राह्मण ने, भृगुवंशीय ब्राह्मण ने, पंतजलि की सहकारिता में, भारद्वाज-गोत्रीय पुष्यमित्र की तलवार की छाया में।

फिर मेरे अधिकारों की कतर-ब्योंत शुरू हो गयी। वैसे ही मेरे अधिकार कितने थे? फिर भी ग्रीकों आदि के आगमन ने जो मुझमें और उनमें एक प्रकार की समता डाल सन्देह की बुनियाद पैदा कर दी थी, उसे स्पष्ट और मेरी स्थिती असन्दिग्ध करने के लिए फिर समाजशास्त्री ने 'व्यवहार' की मूठ हाथ में ली और मेरे कपाल पर ब्रह्मक्रिया कर दी। सदियों के लिए मेरे सेवाधर्म के विधान बन गये।

मुझे मर्यादा मिली। आखिर 'सेवाधर्मः परमगहनो' चाहे बाद का कलाम क्यों न हो, 'योगिनामप्यगम्यः' होने के नाते स्तुत्य तो था ही, हां, यह कर्म अपनी अनुकम्पा से ब्राह्मण ने मुझे ही दिया था। धन्य है वह 'अजिन रत्न' जिसे कृष्णसार मृग अपनी मृत्यु के बलिदान से प्रदान कर कृतकृत्य हो जाता है। यदि यशोधरा का अन्यारोपित आकस्मिक वैधव्य देवी के उत्सर्ग से चरितार्थ न होता तो तथागत की महाबोधी किस के सामर्थ्य की बात थी? यदि जीव अपने शरीर को बलि न दे तो उपनयन-चर्म कहां से आये? ब्राह्मण-क्षत्रिय के स्वर्गारोहण के लिए शूद्र को अपना बलिदान करना ही पड़ेगा और स्वयं उसका मोक्ष इस बलिदान के परिणामस्वरूप ही होगा, ठीक उसी प्रकार जिस प्रकार पशु यज्ञ में बलि होकर सदेह स्वर्गारोहण करता है। वैसे तो शुनःशेप के से अभागों की बात ही दूसरी है। उस महानुभाव का आभार मैं फिर क्यों न मानूं जिसकी सेवा मात्र से मेरा स्वार्गारोहण हो जाता है?

परन्तु उस स्वर्गारोहण की प्रवृत्ति मेरी सर्वथा मर गयी है। अब मैं अपने रक्षकों को पहचानता हूं और उनसे बचे रहने में ही अपना कल्याण मानता हूं। परन्तु उनसे बच पाऊं तब न? मैं तो सौभाग्य से उस देश में उन्पन्न हुआ हूं जहां के जनों ने सारे भूमण्डल के निवासियों को अपने-अपने चरित, अपने-अपने धर्म में उपदेश दिया! और जहां देवता देवत्व छोड़ पुरुष का तन धारण करते हैं – भवन्ति भूयः पुरुषाः सुरत्वात्!

मनुस्मृति ने तो राजा के विरुद्ध विद्रोह करना भी अङ्काकृतिक और पाप घोषित कर दियाः

बालोऽपि नावमन्तव्यों मनुष्य इति भूमिपः।
महनी देवता ह्येषा नररूपेण तिष्ठति।।

निश्चय बालक होता हुआ भी मनुष्य मान कर राजा की अवमानना नहीं होनी चाहिए क्योंकि वस्तुतः वह महादेवता है, नर का रूप मात्र उसने (जन कल्याण के लिए) धारण कर लिया है! इस काल राजा क्षत्रिय भी नहीं, ब्राह्मण था, उसके देवत्व में भला किसको अविश्वास हो सकता था?

3

कुषाणों के शासन काल में फिर मेरी हालत सुधरी, फिर बोलबाला हुआ। मेरा भी, बौद्धों का भी। कुषाण पहले तो भारत की सामाजिक व्यवस्था समझते न थे। उनकी समझ में यह न आता था कि समान रूप से भारतीय पददलित होकर भी समाज में ऊंच-नीच क्यों कर रहे हैं। कनिष्क ने तो समान रूप से मेरे और अन्य भारतीयों के साथ व्यवहार किया। उसके क्षत्रप, मथुरा में खरपल्लान और काशी में वनस्फर ने मुझे भी ब्राह्मण-क्षत्रियों के साथ समान रूप से सेना और शासन में पद दिये, समान व्यवहार किया।

परन्तु शीघ्र कुषाण भी ब्राह्मण-चक्र की धुरी में पिस गये, उनका नैतिक स्वातंत्र्य भी उनके अन्तराल में समा गया। वासुदेव ने तो नाम-धर्म सब कुछ ब्राह्मण-सलाह से स्वीकार कर कुषाणों की शक्ति और स्वाधीनता का नाश ही कर डाला। अनेक सामदेवी माथुर ब्राह्मणों ने उसी मथुरा में यूप से पशु बांधे जहां नागार्जुन ने महायान की घोषणा की थी, और स्वयं सम्राट् कनिष्क ने समग्र मानव-जगत् की समता प्रतिष्ठित की थी! मैं फिर नीचे की ओर लुढ़क चला जहां भारशिव नागों, वाकाटकों और गुप्तों का भयंकर घटाटोप धीरे-धीरे घना हो रहा था।

भारशिव नागों ने, क्षत्रियों और वाकाटकों ने, ब्राह्मणों के प्रताप का विस्तार किया। मैं यथवत् शूद्र-सेवक बना रहा। यदा-कदा जब मेरी अतीव उन्नति होती, मैं राजा का चामरवाहक अथवा शिविकावाहर (पालकी छोने वाला) बन जाता। बस यही प्रताप का अन्त था। बेगार पहले भी मुझे अधिकाधिक करनी पड़ती थी और अब तो निर्मूल्य श्रम बेचने की मेरी परम्परा ही चल पड़ी। भोजन और वस्त्र ही मानों मेरे लिए पर्याप्त सब कुछ था। और मैं सिवा अपनी स्थिती स्वीकार करने के और कर ही क्या सकता था?

गुप्तों की छाया में कुछ सांस लेने की फुरसत मिली क्योंकि तब दासों का अपेक्षाकृत आधिक्य हो गया था। बेगार भी कुछ अंश में कम हो गयी, परन्तु इससे मेरी यंत्रणा कम न हुई। बोझ इस कन्धे से उस कन्धे पर कर लेने की बात थी। याज्ञवल्क्य आदि के नाम पर जो इस काल अनेक स्मृतियां बनी, उनमें फिर मेरी स्थिती जैसी की तैसी रह गयी। मैं नगरों में श्रीमानों का सेवक था, गांवों में द्विज-कृषकों के खेतों का मजूर। उनसे मुझे केवल कुछ अन्न मिलता और जो अधिक सम्पन्न अथवा भूमि वाले होते वे कुछ भूमि मात्र जोतने-बोने के लिए मुझे दे देते।

गुप्तों के बाद फिर देश में उथल-पुथल हुई । हूणों ने गुप्तों के साम्राज्य को टूक-टूक कर दिया। उनके सारे प्रान्त, मय उनकी व्यवस्था के बिखर गये। ब्राह्मण की व्यवस्था फिर एक बार टूट गयी। हूण यहां की व्यवस्था क्या जानें, ब्राह्मण-क्षत्रियों और शूद्रों सब को वे एक चाबुक से हाकंते थे। उनके यहां ऊंच-नीच का विचार तो चल नहीं सकता था, उनके लिए तो सभी विजित थे, सभी गुलाम और मुझे तो कुछ परिवर्तन का भय ही न था। मैं पहले भी श्रम-पशु था, अब भी। अन्तर इतना अवश्य था कि मैं पहले जिनका श्रम-पशु था, वे स्वयं भी अब भी मेरे साथ ही हूणों के जुए में जुतते थे। यह मेरे लिए

कुछ कम सन्तोष का विषय न था। अब मेरे प्रभु ब्राह्मण-क्षत्रिय समान सेवा करते समय मुझसे आंख न मिला पाते थे।

शान्ति होने के बाद जब हूणों ने देश की सामाजिक वस्तुस्थिति समझी तब उन्होंने ब्राह्मणों का आदर किया। फिर इस देश के मनुष्य-समुद्र में जो उन्हें बूंद की भांति रहना पड़ा तो यहां क्षत्रिय बन कर निकले, पर मैं देशी होकर भी जैसा का तैसा बना रहा, शूद्र, सेवक। कारण वहीं प्रथम पाप था – विजित हो जाना। विदेशी शत्रु से हार कर व्यवस्था का दास बन जाना ही मेरा वह पहला पाप हुआ जिसके परिणामस्वरूप मुझे सदियों तक पीढ़ी दर पीढ़ी यंत्रणा और प्रतारणा सहनी पड़ी।

इस उथल-पुथल में एक बात अवश्य हुई। जिस प्रकार प्राचीन काल में मेरा नन्द-राज्य प्रतिष्ठित हुआ था, इस काल फिर मैंने साम्राज्य का निर्माण किया – सुदूर-पूर्व में, मगध और बंगाल की भूमि पर। पश्चिम में भी अवसर पाते ही मैंने छोटे-मोटे राज्य बनाये। हर्ष के समय सिन्धु नद की निचली घाटी में सिन्ध देश में मैंने अपनी शक्ति के पाये खड़े किये थे। सिहरस राय (श्रीहर्ष राय) ने हर्ष से काफी लोहा लिया था। हुएनृत्सांग ने उसका स्पष्ट उल्लेख किया है।

और हर्ष के लिए तो वह राज्य कांटे की भांति चुभने लगा था, विशेष कर जब ब्राह्मण बाणभट्ट उसे उकसा-उकसा कर मेरी इस नवीन सत्ता पर आक्रमण कराने का प्रयत्न करने लगा। आक्रमण हुआ, मैं कुछ तनशिर भी हुआ – उस द्विजबहुल राज्य-परम्परा में मेरा वह क्षुद्र शासन सर्वथा नगण्य था – यद्यपि शीघ्र मैंने अपने पराभव का निराकरण कर लिया, परन्तु ब्राह्मण ने बड़े दर्प से हर्षचरित में लिखा – अत्र पुरुषोत्तमेन सिन्धुराज प्रभथ्य लक्ष्मीः आत्मीकृता – भला इस घोर झूठ का कोई अन्त है? यदि ऐसा था तो मकरान के अरबी गवर्नर और ईरान के दुर्धर्ष शासक हज्जाज से लोहा कौन ले रहा था? बलूची सरहद पर मैंने दम रहते अरबों को पैर न धरने दिया।

परन्तु साहसी की नीति को क्या कहूं? यों तो सिकन्दर के आक्रमण के पूर्व से ही सिन्ध में ब्राह्मणों को बोलबाला था और वहां की राजनीति में उनका अधिकार निरन्तर बना रहा, परन्तु सिहरस और साहसी दोनों की ब्राह्मणपक्षीय नीति ने सिन्ध के मेरे मर्म पर ही चोट की। साहसी ने जहां वक्षाव से अलहमरा और खुरासान से काहिरा तक फैले इस्लामी साम्राज्य की भी परवाह न कर शत्रु की विकट कटक के सामने अपना अंगद-पद रोप दिया तभी उसके ब्राह्मण-मंत्री छछ ने अपनी आवश्यकता के अनुरूप आचरण किया।

साहसी की मृत्यु होते की छछ ने उसकी रानी से विवाह कर सिन्ध के शूद्र-राज्य का अन्त कर दिया और वहां ब्राह्मण-राज्य की नींव डाली। निश्चय वह शासन-समर्थ और अरबों के प्रति उस ब्राह्मण-राज्य ने भी शूद्र की पूर्ववत् नीति रखी और देश की रक्षा में वह मर भी मिटा, परन्तु इसमें भी सन्देह नहीं कि मेरा अन्त वहां छछ ने सर्वथा वंचकतापूर्वक किया।

एक बात यहां और यह याद रखने की है कि जिस प्रकार प्राचीन काल में नन्द वंश का उत्कर्ष बौद्ध-धर्म की भूमि पर हुआ था उसी प्रकार इस काल भी जब-जब मेरी उन्नति

हुई, सद्धर्म का हाथ मेरी पीठ पर था। इसका कारण यह था कि संघ की परम्परा में ब्राह्मण का विरोध और वर्णों के उच्चावच क्रम का अभाव था। इसी कारण सिन्ध के शूद्र राजा भी सद्धर्म के उपासक थे और बंगाल तथा मगध में जिस शूद्र पाल-वंश का साम्राज्य स्थापित हुआ वह भी बौद्ध धर्मावलम्बी ही था।

4

अब मेरा यह पाल-वंश। जब हर्ष की मृत्यु के बाद बंगाल भास्करवर्मन्, यशोवर्मन् और मुक्तापीड़ ललितादित्य की दिग्विजयों की क्रीड़ा-भूमि बन गया और चारों ओर से उस पर आक्रमण होने लगे तब जनता ने पारस्परिक राजाओं और द्विजों में विश्वास खो अपने हाथ में अपनी रक्षा की बागडोर ली। निर्वाचन-विधि से गोपाल बंगाल का राजा चूना गया और चूंकि जनता का प्रवाह उसके पीछे था, उसने शीघ्र दिखा दिया कि बंगाल अब पहले-सा आसान शिकार न रह गया।

गोपाल स्वयं जनसंभार से उठा था और उसे यह शीघ्र स्पष्ट हो गया कि यदि उसे शासन-रज्जु अपने हाथ में रखी है तो निश्चित रूप से उसे दो बातें करनी होंगी – एक तो यह कि शासन की पृष्ठभूमि नजसत्ताक होगी और उसे सर्वथा निर्वर्ण जनता से अपनी शक्ति संचित करनी होगी, दूसरी यह कि यथासंभव उसे जनता को निर्वर्ण ही रखना होगा, क्योंकि सवर्ण जनता में वर्णीय अधिकारों के लिए परस्पर कशमकश होने लगती है।

इस दूसरी बात की संभाल के लिए यह आवश्यक हो गया कि वह उस जनता का विशेष रूप से आदर करे और पल्ला पकड़े जिसमें सद्धर्म का प्रचार था और जो बौद्ध होने के कारण पहले से ही निर्वर्ण थी। गोपाल ने जो बौद्ध धर्म का आदर और प्रचार किया वह किसी धार्मिक मत स्थिति के कारण नहीं, वरन् रामनीतिक कारणों से वाध्य होकर। उसके शुद्रत्व के राजनीतिक पाये बौद्ध जनसंपात पर खड़े हुए।

गोपाल की इस नीति का उसके उत्तराधिकारियों ने सर्वथा समर्थन किया। वे बौद्ध बने रहे और उन्होंने प्राचीन बौद्ध विद्यापीठ का पुनः संगठन और नयों का निर्माण किया। उनका यह विश्वास था कि बौद्ध-दर्शन के न्याय और तर्कसम्मत दृष्टिकोण और ज्ञान से ही भारतीय जनता का कल्याण होगा। इसी कारण उन्होंने सब प्रकार से उन केन्द्रों का विकास और पोषण किया। उनके निरीक्षण और सक्रिय योग से नालन्दा विश्वविद्यालय ने इतना विस्तृत रूप धारण किया। उसके अतिरिक्त उन्होंने उद्दण्डपुरी और विक्रमशिला के विद्यापीठों की भी नींव डाली।

परन्तु जिस प्रकार ब्राह्मणों की सक्रियता से सिन्ध का शूद्र-राज्य नष्ट हो गया उसी प्रकार उनके सक्रिय वैमनस्य से मंगाल का यह शूद्र-बौद्ध-पाल साम्राज्य भी नष्ट हो गया। उसके स्थान पर भी सिन्ध के ब्राह्मण-राज्य की ही भांति ब्रह्म-क्षत्रिय सेनों का ब्राह्मण-राज्य स्थापित हुआ और कालान्तर में जैसे इस्लाम की सेनाओं ने छछ के ब्राह्मण-राजवंश का सिन्ध में अन्त कर दिया था, वैसे ही इब्न बख्यार की सेनाओं ने सेनों का भी अन्त कर

दिया। हां, परन्तु राय लखमनिया का बंगाल में जो घृणास्पद अन्त हुआ वह सिन्ध के वीर दाहिर का न हुआ। वह वीरवर रण में शत्रु की चोट से गिरा।

हां, इस काल मैंने भी अपने उत्कर्ष की छाया में ब्राह्मण का कलेवर धारण किया। महायान से मन्त्रयान और मन्त्रयान से वज्रयान की जो अभिसृष्टि और विकास हुआ उसका विस्तार गंजाम से कामरूप और कामरूप से विन्ध्याचल तक था। उस वज्रयानी-कापालिक-औघड़ त्रिवर्ग में मेरी भी शक्ति सिंचित हुई, मैंने भी अपनी पुरोहित-परम्परा बनायी। वज्रयानी सिद्धों में मेरे वर्ग और वर्ण के अनेक थे।

इसी से दर्शन का आडम्बर छोड़ मैंने सिद्धि के अर्थ प्रयोग-प्रिय तरीके अख्तियार किये। मैं सदियों के शोषण से सर्वहारा हो चला था और अब शक्ति, आदर और अधिकार मिलते ही मैंने भी अनियंत्रित भोग और तृप्ति को अपना अस्त्र बनाया। गुह्य-ग्रंथों में मैंने अनेक रहस्यमय परन्तु घृणित विलास के विधान रखे। ब्राह्मण-विधान में जितनी की व्यवस्था थी मेरे विधान में उतनी ही अनीति और अव्यवस्था हुई। मेरी नीति की पराकाष्ठा तो तब हुई जब मैंने कोनार्क से पुरी, भुवनेश्वर से कामरूप और कामाख्या से विन्ध्याचल तथा खजुराहों के देव-मन्दिरों के बहिरंग पर अपने नग्न-संभोग के अनियंत्रित असंख्य प्रयोग अंकित कर दिये – जब सर्वथा व्यवस्था के बीच पुरी के मन्दिर के प्राचीरों के भीतर सर्वथा निर्वर्ण व्यवस्था का मैंने विधान किया, जब वहां ब्राह्मण और अन्त्यज दोनों का परस्पर स्पर्श और सहभोज क्षम्य ही नहीं, आवश्यक तथा अनिवार्य माना गया। मैं तब निश्चय एक नवीन पौरोहित्य का स्वाद ले रहा था।

हिन्दू-काल में मुस्लिम शासन-काल निःसन्देह एक लम्बा कदम था। इसमें सन्देह नहीं कि यद्यपि हिन्दू-राज्यों और केन्द्रों में मेरे ऊपर पूर्ववत् अत्याचार होते रहे परन्तु जहां सारे हिन्दुओं को समान प्रभुता के सामने गिड़गिड़ाना होता वहां मेरी पूछ अधिक हो उठती थी, क्योंकि एक तो सदियों से यह मेरा पेशा हो गया था, दूसरे अभिजात-कुलीय हिन्दुओं से नव-विजेताओं को एक प्रकार का भय भी लगा रहता था।

हिन्दू-मुस्लिम-संस्कृतियों की जो परस्पर टक्कर हुई उससे मेरा लाभ हुआ। अनेक कबीर और नामक सरीखे महात्माओं ने मेरी स्थिति पर आंसू बहाये और मेरे उद्धार का बीड़ा उठाया। नानक ने तो अपने शिष्यों में मुझे विशेष स्थान भी दिया और गुरु गोविन्द सिंह के खालसा और सिक्खों में तो मेरा बाहुल्य था ही। जाट और गूजर जो हिन्दू-वर्णव्यवस्था में कहीं खप न सके थे, वे भी मेरी ही भांति खालसा की शक्ति के स्तम्भ बने। नारनोल के सतनामियों में मेरी विशेष संख्या थी और मैंने औरंगजेब के रिसालों को हैरान कर दिया।

शिवाजी की मरहठा सेना का मैं प्राण था – उस प्रथम भारतीय राष्ट्र की नींव मेरी विजयों पर रखी गयी। मैंने ही दक्षिण की मुसल्भानी रियासतों को कुचल डाला और औरंगजेब की औरंगाबाद में कब्र खोदी। मैंने ही राजपूताने के वीर सिसौदियों से चौथ ली, बुल्देलखंड के दृप्त बुन्देलों और बघेलों से कर वसूल किया और ग्वालियर के कछवाहों को रक्त के आंसू रुलाया। अब मेरी तलवार म्यान से बाहर थी।

अब्दाली की चोट से घायल हो निश्चय स्वयं मैं अंग्रेजों के चकमें में आ गया और निजाम तथा टीपू के धोखे में न इधर का रहा, न उधर का। मेरी शक्ति समुद्र पार वाले डाकुओं ने कालान्तर में छीन ली और मैं फिर एक बार ब्राह्मण-व्यवस्था का शिकार बना। ब्रह्म-समाज और आर्य-समाज के अध्यवसाय से निश्चय फिर एक बार मैंने अपने चारों ओर कुछ देखना शुरू किया। स्वामी दयानन्द का उपकार निःसन्देह मैं नहीं भूल सकता जिसने मनुष्य को मनुष्य के बराबर बैठाने के उद्योग कुछ किये। अंग्रेजी शासन ने भी मेरा कल्याण किया और पहली बार मैं द्विजों के बराबर अपने अधिकार से अपनी ऊंचाई लिए खड़ा होने का सामाजिक अधिकार पा सका। सदा के कुचले जीवन के बाद अब मैंने अपनी प्रभात की कुछ किरणें देखी हैं। मेरे उत्कर्ष का मध्याह्न चिरस्थायी हो।

दास

1

इन्सानियत सौजन्य की पर्याय मानी जाती है और उसकी खूबी इन्सान को इन्सान और सारे इन्सानों को एक-सा समझने में हैं। परन्तु इन्सान ने कभी इन्सान-इन्सान को एक-सा समझा है, इसमें अत्यन्त सन्देह है। इन्सान ने इन्सान पर हुकूमत की है, उस पर हमला किया है, उस पर पत्थर फेंके हैं, उसे कत्ल किया है, जला डाला है और उसे जेर करने के सैकड़ों जरिये ढूंढ़ निकाले हैं।

एक-सी शक्ल, एक-सी उत्पत्ति, एक-सी पैतृकता होने पर भी इन्सान इन्सान का बन्दी रहा है। उसके सामने उसने घुटने टेके हैं, फरियाद की है और उसके कदमों में सिर मारा है। भगवान के प्यारों ने आदमी को अपनी सवारी में जोता है, उसे खरीदा और बेचा है, उसको जानवरों में शुमार किया है। उसी आदमियत का मैं मूर्त्तिमान स्वरूप हूं। मेरी पीठ पर आज भी पुराने मालिकों की मार के ताजे और गहरे घाव हैं। आज भी मैं उसकी याद में उफ करता उसी तरह डरता हूं जिस तरह कोड़ों की चोट झेलते समय डरा था और उफ न किया था। आज भी मुझे अपनी बरबाद होती जिन्दगी की पिछली याद सताती है, आज भी मैं अपनी उस याद के रू-ब-रू खड़ा हूं, जिसमें मेरी मादा के – हां, मैं बीवी को मादा ही कहूंगा, क्योंकि उसे न तो मुझे बीवी कहने का हक था, न उसे मेरी बीवी कहलाने का – कातर नेत्र आशा से मेरी ओर देखते हैं और मैं उसके अपमान की रक्षा नहीं कर सकता, जिसमें मेरे रक्त से बनी बिकती हुई औलाद की बिलखती आवाज है, जिसे मैं फिर गले से न लगा सका। मैं दास हूं – गुलाम, जानवर से भी गया-बीता, इन्सान की कतार में भटका हुआ मुसाफिर । और यह मेरी कहानी है – टूटी इन्यानियत की अटूट कहानी ।

आज़ मैं दास नहीं हूं, यद्यपि दास न कहला कर उसकी-सी मुसीबतें झेलने वाली जातियां दुनिया में हैं और हिन्दुस्तान में उनकी संख्या विशेष है। मेरी कहानी ङ्गारम्भिक सभ्यता की कहानी है जिसके दौरान का एक सिरा अभी हाल तक मुझे छूता रहा है। मैं भारत का दास हूं। वैसे तो सहस्राब्दियों पहले जब इन्सान ने कबीलाबन्दी का जीवन बिताया था, इस धरा पर मेरा प्रादुर्भाव हुआ। उससे भी पहले कबीलों की लड़ाई में एक कबीला सर्वथा नष्ट हो जाता था और दूसरा विजयी कबीला उसके सर्वस्व का स्वामी। परन्तु

धीरे-धीरे जब सभ्यता की किरण पृथ्वी पर फैलने लगी और आदमी ने समझा कि अनावश्यक रक्तपात का कोई अर्थ नहीं, हारे हुओं को बन्दी कर उनके योग से पहाड़ काटना, घर बनाना, पशुओं की देख-रेख करना, खेतों में अन्न उपजाना कहीं अधिक उपादेय है, तो उसने हारे हुए कबीलों के मर्दों को बन्दी कर गुलाम बनाना शुरू किया। धीरे-धीरे उनकी जरूरत अन्यत्र भी मालूम पड़ी, और मेरा व्यापार भी चल निकला। पर वह कथा पीछे की है और उसका इतिहास भी लम्बा और बिखरा हुआ है, जिसे एकत्र कर आगे कहूंगा। अभी इतना कहना पर्याप्त होगा कि भारत ने भी मेरा समुचित उपयोग किया और यहां भी मैंने अन्यत्र की ही भांति अपने पसीने से जमीन सींची, उसमें सोना उपजाया।

2

आज से प्रायः पांच हजार वर्ष पहले सभ्यता के सूर्य के नीचे सिन्धु-नदी की घाटी में जब मैंने अपनी शक्ति के योग से एक नागरिक सभ्यता को जन्म दिया, तब मेरी संख्या बहुत तो न थी परन्तु पर्याप्त अवश्य थी। यद्यपि मैं तब भी दूसरों के इशारे पर नाचता था, दूसरों की सेवा को अपना धर्म समझता था, फिर भी अपने मालिकों के रूप-रंग और गुण-दोष मुझसे भिन्न न थे। नौकर होता हुआ भी मैं इन्सान के बुनियादी अधिकारों से वंचित न था। फैली हुई जमीन को जोत-बोकर निश्चय ही मैं दूसरे के लिए अन्न उपजाता, पर आहार के लिए मुझें दूसरों का मुंह न ताकना पड़ता। अब एक हमला हुआ। देव-सरीखे 'आर्य' पंजाब और सिन्ध पर आ टूटे और उन्होंने मेरी हरी-भरी खेती जला कर राख कर दी। मेरे मालिकों के महल तोड़ डाले, जमीन उलट दी। मुझमें और मेरे मालिकों में उनके लिए कोई फर्क न रह गया। उन्होंने मुझे और मेरे मालिकों दोनों को एक रंग का – काला – पाया और समान रूप से सब को 'दास' कहा। अब मेरा परिवार कल्पनातीत संख्या में बढ़ चुका था जिसमें मेरे पुराने स्वामी भी शामिल थे। कभी के मालिकों के कन्धों से कन्धा मिला कर काम करना जो गुदगुदी पैदा करता है उसका अन्दाज कोई मेरी लिखी कहानी पढ़ कर नहीं लगा सकता। उसकी अनुभूति अपनी है – केवल अपनी – जो यद्यपि वस्तुस्थिति में अन्तर तो नहीं डालती पर अनुभूति के स्वाद में अन्तर निश्चय ही डालती है। उसका स्वाद कुलागत दासों को और होता है, उसके पुराने आकाओं को और।

मेरे नये मालिक हर बात में नये थे – जातीयता में, रूप-रंग में, कद में। उनकी चाबुक की चोट भी तिलमिला देने वाली थी। उनकी आवाज से हृदय कांप उठता था। आगन्तुक विजेताओं की संख्या कुछ विशेष न थी, पर उनका आतंक घना था और उनका प्रतिशोध भीषण। जहां मैं अपने मालिकों के सामने आदमियत के नाम पर अपनी आवाज बुलन्द कर सकता था, वहां आर्यों के सामने मुझे दम साधे रहना पड़ता। वहां मैं चूं तक नहीं कर सकता था। उनके साथ जान बराबर खतरे में पड़ी रहती थी, क्योंकि उनका क्रोध जितना भयानक था, उनकी क्रियमाणता भी उतनी ही आशु-आचरिता थी। प्रमाद या

विरोध, अरुचि तक का दण्ड भी उनके पास बस एक था – वध! और घृणित, कातर, क़ष्टमय जीवन होते हुए भी मनुष्य जीने की इच्छा करता है! मैं भी करता था और अपनी दयनीय स्थिति से कांप कर भी मैं तलवार की पैनी धार से अपनी गर्दन बचाता रहा। मैं आर्यों के साथ युद्ध में जाता, उनके घरों में दिन-रात काम करता, खेतों को गोड़ता, जानवरों की हिफाजत करता और जानवरों में ही उन्हीं की भांति उठता-बैठता, सोता-जागता। वे मुझे बेच-खरीद सकते थे, जुए के दांव पर हार-जीत सकते थे, ऋण की चुकती में दे-ले सकते थे। इनके अतिरिक्त दान तक में मुझे दिया-लिया जा सकता था। बिक कर जाने में, जुए के दांव के रूप में हारे जाने में, खरीद-बेच कर आने में, मुझें विशेष कष्ट न होता – वैसे तो मेरा जीवन कष्ट का अवतार ही था – परन्तु दान में जाकर तो मैं सर्वथा बरबाद हो जाता। तब मेरी दशा जानवर से भी बदतर हो जाती। खीरदे हुए जानवर की अपनी लागत के लोभ से आदमी हिफाजत करता है, परन्तु दान में पाये दास की आर्य ने कभी हिफाजत न की। इस प्रकार प्राप्त मेरा कोई मूल्य न था। और मैं चुपचाप नियति के सामने सिर झुका देता। मेरे प्रति निर्दयता का कोई दण्ड न था। मेरे कत्ल तक की कहीं कोई सुनवायी न थी। और जब दान के रूप में बराबर उपलब्धि होती जाती तब मेरे मरने-जीने का गम किसे था? आर्यों में सबसे शक्तिमान राजन्य थे। उनमें सबसे अधिक आदर के पात्र ब्राह्मण थे। राजन्य रथ भर-भर कर दास और दासियां उन्हें प्रदान करते। और मैं दान के अवसरों पर, विवाह-शादियों में, श्राद्ध-संस्कारों में बराबर निर्जीव वस्तुओं की भांति दिया-लिया जाने लगा। जब तक अपने अध्यवसाय और कठिन श्रम से एक स्वामी को मैं प्रसन्न करता तब तक मैं दूसरे की सम्पत्ति हो जो ता, जब तक इस दूसरे को अपने उत्तरदायी आचरण और स्वामिभक्ति से प्रसन्न करता, मैं तीसरे के हाथ में चला जाता। यह रवैया मेरा दिन-दिन का था; प्रति मास, प्रति वर्ष का। जिस प्रकार जानवर का कोई कुनबा नहीं होता, जिस प्रकार गाय के बछड़े को गाय से बिना पूछे बेचा-खरीदा जा सकता है, उसी प्रकार मेरा भी अपनी सन्तान पर कोई अधिकार न होता। मेरी औलाद भी मेरे देखते ही देखते बिक जाती और मैं अपने आंसू चुपचाप पोंछ लेता!

3

सदियों मैं 'दास', 'दस्यु' और 'कृष्ण' की संज्ञा से जाना गया। सदियों मैं अपनी शक्ति और दृढ़ता से दूसरों के लिए धन'धान्य की राशि खड़ी करता रहा, जिसे भोगने का अधिकार मुझे न था। आर्यों के फैलते हुए राज्यों की अट्टालिका मेरे शरीर के ईंट-गारे से ही खड़ी हुई; पर मैं अट्टालिका की नींव-मात्र था – न उसका उन्नत शिखर, न उसमें रहने वाला। महाभारत-काल में उन्हें साम्राज्य की परम्परा का पहला आभास मिला और तब मेरी उनको अधिकाधिक आवश्यकता पड़ने लगी। अब मैं केवल शरीर से मेहनत करने वाला गुलाम था। मजदूर न था, वरन् अपने मालिकों के ऐश्वर्य का प्रतीक भी था। जिस संख्या में श्रीमानों की सेवा में मेरा उपयोग होता, श्रीमान उसी मात्रा में ऐश्वर्यवान् समझे

जाते। अब मेरी कतार में ऐसे लोग भी शामिल थे, जिनका रंग काला न था, गोरा था और जिनका सौन्दर्य मेरे मालिकों से किसी प्रकार घट कर न था। अब तक मेरी तिजारत शुरू हो गयी थी और दूर-दूर के सौदागरों ने मेरी कीमत आंक ली थी। दूर-दूर से, पूरब और पश्चिम से, उत्तर और दक्खिन से जहाजों में भर-भर कर कारवां की चाल चल वे आते और मोतियों के मोल बिक-बिक मेरी कतार में शामिल होते। हवेलियों की ड्योढ़ियों पर, अन्तःपुर के शासन में, प्रमदवनों के कुंजो में सर्वत्र उनकी आवश्यकता होती, सर्वत्र वे मालिकों की मांग पूरी करते।

अन्त-पुर में दास-दासी दोनों रहते और दासियों के लिए नितान्त रम्य वातावरण भी जब-तब प्रस्तुत हो जाता। रानियों के प्रसाधन में एकमात्र उनका हाथ होता – उनके स्नान में, अंगराग-विलेपन में, अंजन-अभिनयन में, लाक्षा-असलेपन में, सीमन्त-प्रसाधन में, आभूषण-मंडन में। अनेक बार वे प्रबल हो उठतीं, अनेक बार उनके यौवन की आग से राज-ङ्कसाद धधक उठते, अनेक बार दुष्यंत-भ्रमर उनको स्वायत कर लेता। मौर्यों का उत्कर्ष साम्राज्य का व्यवस्थापक हुआ, और जैसे-जैसे सम्राट् का ऐश्वर्य बढ़ा वैसे-वैसे मेरा उपयोग उसे विविध रूप से अनिवार्य होता गया। दो सदियों पहले भारत विशेष रूप से ईरान के सम्पर्क में आया था और उसने अपनी उस दास-परम्परा का पाठ भारत को पढ़ाया जिसे उसने अपने असूरी पूर्वगामियों से पाया था। चन्द्रगुप्त मौर्य भी मेरा उपयोग अनेक ईरानी तरीकों से करने लगा। उसके पौत्र अशोक ने सुयश और ख्याति का अर्जन किया। उसका आर्द्र हृदय गरीबों और आर्त्तों के दुःख से द्रवित होने लगा। उसने अपने शासन की वर्ष-गांठ पर कैदी छोड़े, पंजरगत पक्षियों को स्वतंत्र किया, वधार्हों को दिनों की रिहाई दी, राजूकों को धाय की भांति प्रजा-रूपी दुधमुंही सन्तान के हित में लगाया और धम।-महामात्रों की नियुक्ति कर धर्म की नवीन व्यवस्था की परन्तु मेरी सुधि उसे भी न आयी और मैं पूर्ववत् घृणित 'दास' बना रहा, अपने भाग्य की विडंबना पर आंसू बहाता रहा। सूत्रों और धर्मशात्रों ने स्पष्ट घोषणा कर दी कि दास की कोई सम्पत्ति नहीं हो सकती, देश की भूमि में उसका कोई हिस्सा नहीं हो सकता। मैंने उसे चुपचाप बर्दाश्त कर लिया। बर्दाश्त मेरा स्वभाव बन गया था। कठोर-से-कठोर परिस्थिति को भी मैं अपनी स्वाभाविक शक्ति से झेल लेता। फिर मुझे ऐसे कहने वालों की भी कमी न थी कि मेरी दयनीय दशा मेरे पुराने कर्मों का फल है, जिसे मुझे खुशी-खुशी स्वीकार करना चाहिए।

मौर्यों के बाद शुंग आये, शुंगो के बाद कुषाण और कुषाणों के बाद गुप्त। परन्तु मेरी दशा गंगा के जल की भांति एक-सी बनी रही। उसका रंग कभी न बदला। कुषाण मध्य-एशिया के उन देशों से होकर आये थे जहां जान की कीमत कुछ न थी और दासों का बाजार अत्यन्त गिरा रहता। कुषाणों से मेरा कोई लाभ न हुआ। उन्होंने मेरे प्रति नितान्त घृणित व्यवहार किया। मेरी खरीद-फरोख्त उनके लिए नित्य की घटना हो गयी। मैंने उनके हाथ से भी उसी भाग्य का निपटारा पाया जो पहले से होता आया था और मैंने चुपचाप उनकी चाबुकों और तलवारों के सामने अपना सिर झुका दिया।

भारतीय इतिहास के स्वर्ण-युग –गुप्त-काल – में उस दास-व्यवसाय की पराकाष्ठा

हुई जिसका आरम्भ सदियों पहले हो चुका था। भूमध्य-सागर के तटवर्ती नगरों से, अफ्रीका के अनेक प्रदेशों से, जहाज भर-भर गोरे, गेंहुवे, काले मेरे भाई-बन्धु हिन्दुस्तान आते और गुप्त-सम्राटों तथा श्रीमानों के अन्तः-पुर में रख लिये जाते। चन्द्रगुप्त विक्रमादित्य ने जब मालवा जीत लिया और गुजरात-काठियावाड़ के शकों को भी देश से बाहर कर दिया, तब पश्चिमी समद्र-तट का सारा व्यवसाय भी पूर्वी तट के व्यवसाय की ही भांति मगध के शासन में सम्मिलित हो गया और तब मेरा क्रय-विक्रय काठियावाड़ के समुद्र-तट पर ही होने लगा। जब मेरा क्रय-विक्रय होता, तब एक अद्भुत आशंका मेरे भीतर घर कर लेती। मैं एक दीन सत्सुकता का शिकार हो जाता। दूर-दूर देश से लूट-छीन कर, भगाया जाकर, बूढ़े माँ-बाप और बिलखते बच्चे-बीवी को छोड़ मैं अज्ञात दिशा में जब चल पड़ता तब अपने विषय में सोचना मैं छोड़ देता। दैव कहां ले जाकर पटकेगा, किस श्रीमान् का ऐश्वर्य मैं अपने सम्पर्क से बढ़ाऊंगा, किस देश के पत्थर से टकरा कर मुझें अपना सिर तोड़ देना पड़ेगा आदि भावनाएं मेरे मन में उठतीं और विलीन हो जातीं। परन्तु भारतीय समुद्र-तट या उसके नगरों के बाजारों में जब मेरा क्रय-विक्रय होने लगता तब उत्सुकता फिर एक बार जैसे अनेक सोतों से फूट पड़ती और एक बार चित्त फिर यह जानने के लिए चंचल हो उठता कि जीवन की अगली राह किन मंजिलों से होकर गुजरेगी। बड़ी-बड़ी तोंदों वाले, ऊंची कलंगियों वाले कृष्णकाय सौदागर मेरी शक्ल देखते, मेरा मूल्य आंकते और उनमें से कोई एक मुझें लेकर चल देता। अनेक बार तो इतने हाथों में गुजरना होता कि मुझें अपनी कीमत के सम्बन्ध में भी कोई दिलचस्पी न रह जाती। हममें जो तरुणी सुन्दरियां होतीं, उनकी सौदागरों में पूछ होती, खरीदारों में भी। और, अनेक बार वे मालिक के अन्त-पुर की स्वयं स्वामिनी हो जाती। जो सुन्दर बालक होते वे भी कालान्तर में दर्शनीय तरुण बन रानी और श्रीमतियों के प्रिय पात्र बनते। परन्तु हम रूप आदि से वंचित सर्वथा घृणा और चाबुक के ही पात्र बनते। गुप्त-शासन का 'स्वर्ण-युग' देखते-देखते निकल गया, मेरी दशा पूर्ववत् बनी रही।

अगली सदियों ने जान खतरे में डाल दी, क्योंकि हूणों के जो हमले हुए, उनमें किसी का बचाव न था – न राजा का , न प्रजा का, न मालिक का, न गुलाम का। फिर मुझें तो खोना ही क्या था, सिवा अपनी बेड़ियों के? आक्रमण ने देश को बेदम कर दिया। गुप्त-साम्राज्य के टूक-टूक हो गये। मैं बिलखते हुए श्रीमानों के अन्तः पुर से भागा। परन्तु परिस्थिति संभलते ही मेरी शामत आयी और मेरी धर-पकड़ शुरू हो गयी। आखिर देश से बाहर जा नहीं सकता था। बाहर के खतरे यहां से कुछ कम न थे। चुपचाप मुझे अपना भाग्य बुरा-भला कह कर स्वीकार ही करना पड़ा। मुझे जो अनेक प्रकार के काम करने पड़ते, उनमें से एक सिपाहीगीरी भी था। नीतिशास्त्रों ने तो मना भी किया कि दासों की सेना अच्छी कोटि की नहीं होती, क्योंकि उनके शत्रु से मिल जाने की आशंका रहती है। परन्तु राजपूत-काल के दिन-रात के युद्ध में इतने सैनिक कहां थे जो लड़ते? आखिर राजाओं को मुंझ पर किसी-न-किसी अवसर पर निर्भर करना ही पड़ता। इसमें सन्देह नहीं कि प्रतिशोध की भावना अथवा भय से प्रेरित होकर जब-तब मैं शत्रु से जा मिलता, फिर

भी सेना की नौकरी मुझें पसन्द थी। यह सही है कि घमण्ड से चूर, मद से अन्धे, राजपूत मुझें सैनिक की पदवी या अपनी बराबरी न देते; परन्तु शत्रु-पक्ष के उच्चवर्णीय राजपूत पर तलवार उठाने का अवसर तो कम-से-कम वहां मिल ही जाता।

अनेक बार तो मैं सचमुच अपने आधार से उठ कर उन ऊंचाइयों तक पहुंच गया जिनकी मैंने कभी कल्पना तक न की थी। किनते ही अवरोधों के रहस्य मेरे स्मृति-पटल पर आज भी स्पष्ट हैं, कितने ही अन्तः पुरों की कमनीय वेदनाएं आज भी मेरे कानों में सुन पड़ती हैं, कितने ही शुद्धान्तों का उपेक्षित सुकुमार सौन्दर्य मेरी कठोर और रूखी भुजाओं में बंध चुका है। मेरी तेज बदलती स्थिति फिर भी कोई अभिलाषा की वस्तु नहीं हो सकती थी। मैं उसके बदलते हुए पहलुओं को सापेक्ष दृष्टि से देखता था और इसी से मुझे जब-तब अपनी परिस्थिति से सन्तोष भी हो जाया करता था। वैसे ऐसा भी नहीं कि मेरे जीवन में सच्चे सन्तोष के पहलू न आये हों। वे आये, पर कभी-कभी तो मैं निश्चय ही अपनी मेधा और शक्ति से ऐश्वर्य के शिखर तक जा पहुंचा। परन्तु वे सदियां आगे की हैं – हिन्दू-शासन के पतन के बाद की, जिस नयी धारा में मेरी जीवन-धारा भी फूट कर जा मिली।

4

ये सदियां प्रारम्भिक मुस्लिम शासन की थीं। इनमें विशेष कर तेरहवीं – 1206 से 1290 तक – मेरे उत्कर्ष-काल की प्रमुख सदी है। यह वह काल था, जब सारे मध्य-एशिया, मिस्र और भारत पर मैंने अपनी शक्ति और ऐश्वर्य से शासन किया; जब ईरान और निकटवर्ती धरा को सेलजुक भोगते थे, जब मिस्र की नील-सिक्त भूमि को मामलुक भोगते थे और जब उत्तर भारत का कलेजा अल्तमश और बलबन की दहाड़ से कांप उठता था। ईरान से मैंने अपनी मेधा का साका चलाया। मिस्र में मैंने उस शक्ति की बुनियाद डाली जिसने सलाद्दीन के-से आश्चर्य को उत्पन्न किया, जिसके पोते की मलका शजरुद्दूर ने योरपीय धर्माक्रमण (क्रूसेड) को निष्फल कर उसके नेता नवें लुई को कैद कर फिर उसकी जान बख्श दी थी। भारत में मैंने उस उन्नत गुलाम-वंश की प्रतिष्ठा की जो अपने सुल्तानों की मेधा के लिए अपने समकालीन जगत् में लासानी था और जो इतिहास की भूमि पर अपने गहरे पदांक छोड़ गया।

मेरी कहानी की इस उत्कर्ष-काल की मंजिलें तय करने के पहले उसकी प्रगति को समझने के लिए एक विशेष मनोवैज्ञानिक स्थिति को समझ लेना आवश्यक होगा। लायक बादशाह का बेटा लायक ही होगा, यह कुछ जरूरी तो है नहीं। इसके विरुद्ध इतिहास का प्रमाण तो यह है कि वह अक्सर नालायक होता है। इसका कारण यह है कि अच्छी से अच्छी परिस्थिति में पैदा हुआ पुत्र भी वास्वत में जुए का दांव है, जिसकी हार-जीत खेलने वाले की ही भांति पिता के वश की बात नहीं। परन्तु गुलाम-सुल्तान के उत्तराधिकारी गुलाम-सुल्तान का लायक या कम से कम ताकतवर होना अनिवार्य है, क्योंकि संघर्ष के

अन्त में विजयी होने वाला गुलाम सर्वदा और सर्वत्र 'अवशिष्ट-सर्वोत्तम' की नीति का आदर्श उदाहरण है और उसके गुणों में कभी सन्देह किया ही नहीं जा सकता। वह अपनी प्रतिभा से निरन्तर संघर्ष करता, प्रतिस्पर्द्धियों को कुचलता, अपने वर्तमान पद पर पहुंचता है। इसी कारण जहां महानू-से-महानू राजकुलों में भी अनेक उत्तराधिकारी कमजोर होते है।, वहां गुलाम-वंश में उपवाद तक सम्भव नहीं । गुलाम का पदारोहण ही उसकी शक्ति का प्रमाण है। इसी कारण ऐबक, अल्तमश, बलबन मेरी उस शृंखला का निर्माण करते हैं जिसकी कोई कड़ी दुर्बल नहीं। इसी ऐतिहासिक सत्य को समझ कर निर्वशी शाहबुद्दीन गोरी ने औलाद की बात पूछने पर उत्तर दिया था – 'मैं औलाद के लिए क्यों रोऊं? क्या मेरे तुर्की गुलामों में मेरी औलाद की तादाद हजारों की नहीं है? क्या वे गुलाम मेरी औलाद नहीं?' उसकी वाणी सही हुई और उसकी मृत्यु के शीघ्र ही बाद उसके चार मामलुक गुलाम प्रबल हो उठे, यिल्दिज ने अफगानी पहाड़ों पर अपना झंडा फहराया, कुबाचा ने सिन्ध-नदी की घाटी में अपनी शक्ति के पाये रखे, बख्तियार ने बंगाल में खंग से अपनी कीर्ति लिखी और ऐबक ने दिल्ली के तख्त से अपनी फैयाजी के स्रोत खोले।

अब मेरी कहानी सुनिये । तुर्किस्तान की पथरीली जमीन पर तब मेरा ऐबक-परिवार में जन्म हुआ। बच्चे की हालत में ही मुझे घसीट मेरा खुरासान लाया गया। नहीं जानता, मेरा नाम कुतुबुद्दीन किसने रखा – नैशापुर के पीर काजी मेरे मालिक ने या मेरे पिता ने। जो भी हो, मैं इस बात को नहीं भूल सकता कि काजी ने मेरी शिक्षा का अच्छा प्रबन्ध किया और उसके आलिम खानदान में जो कुछ पढ़ने-लिखने का इन्तजाम हो सकता था, वह सारा मुझे मुहय्या था। मुमकिन है, उसने मुझे लायक मेरे लिए नहीं, अपने लिए बनाया हो और उसकी मंशा महज लागत लगा कर ज्यादा पैसा पैदा करने की रही हो। मैं फिर भी उसका कृतज्ञ हुए बिना न रहूंगा कि उसने मुझे शिक्षा और तौर-तरीकों से इस योग्य तो बना दिया कि मैं जीवन के संघर्ष में अपनी राह आप बना सकूं, खूनी-से-खूनी लड़ाईयों की अगली कतार में खड़े होने से न हिचकूं और दिल्ली के तख्त पर बैठ जाने पर हुकूमत की मुश्किलों के सामने बगलें न झांकने लगूं।

मुझें सरहिन्द की वह लड़ाई भली-भांति याद है जिसमें अपने मालिक के साथ ही बांके चौहानों की चोट से घायल हो मुझे लौट कर अफगानी पहाड़ों की शरण लेनी पड़ी थी। परन्तु मुझे अपनी वह जीत भी याद है जब मैंने पानीपत के जंग में 'रायपिथौरा को जहन्नुम रसीद कर दिया था' और हंसी तथा अजमेर के किलों पर अपने झंडे फहराये थे। मुझे भारतीय गाहड़वाल-साम्राज्य के केन्द्र कन्नौज के जयचन्द के साथ यमुना-तट की लड़ाई भी न भूली और न वह ग्वालियर और कालिंजर के घेरे ही भूले जिनके परिणाम-स्वरूप आज मैं दिल्ली की गद्दी पर आसीन हूं। वह ख्वारिज्म की लड़ाई मेरी फौजी ईमानदारी का सबूत है। जिसमें बन्दी होकर भी मैंने हार स्वीकार नहीं की और दुश्मन के बन्द तोड़ दिये। मेरी मीनार उस ऊंचाई की प्रतीक है जो गुलामों ने अपनी शक्ति और मेघा से प्राप्त की थी।

फिर मैं अल्तमश के नाम से प्रसिद्ध हुआ। मैं तुर्किस्तान के उसी अल्बारी-जिले से

आया था जिसने कुतुबुद्दीन को पैदा किया था। मैं उसी ऐबक का गुलाम था और मैंने भी दुनिया में वही बुलन्दी हासिल की जो मेरे मालिक ने पहले की थी। मिनहाजस्सिराज का इतिहास रूप, गुण, प्रतिभा और उदार स्वभाव का साक्षी है। युवावस्था में ही मैं गजनी लाया गया जहां ऐबक ने मुझे खरीदा, जहां मुहम्मद गोरी ने स्वयं उसे खरीदा था। ऐबक मुझे दिल्ली लाया जहां बहादुर और दिमागदार गुलामों की कमी न थी, जहां अभिजात-कुलीय पठान, तुर्क और ईरानी सरदारों से होड़ थी। परन्तु लियाकत की खूबी का दम मुझ में था और मैं जानता था कि अगर कहीं गुणों की परीक्षा हुई तो मैं किसी से पीछे नहीं रहूंगा। हुआ भी ऐसा ही। गुलाम जिन गुणों से दिल्ली के तख्त पर काबिज हुआ था उन्हीं की वह अपने गुलाम में अवहेलना नहीं कर सकता था। ऐबक ने मुझे तत्काल अपनी शरीर-रक्षक सेना का सिपहसालार बना दिया। उसके बाद शीघ्र ही ग्वालियर के घेरे ने मेरे सिर उस इलाके की हुकूमत का सेहरा बांधा। ऐबक और शाहबुद्दीन गोरी का परस्पर जो सम्बन्ध रहा था वहीं.अब मेरा और ऐबक का हुआ। ऐबक के बाद उसका बेटा, जो बादशाह का बेटा था, मेरे सामने आया, पर सशक्त गुलाम और शाहजादे के बीच जो वास्तविक अन्तर होता है वह दुनिया के सामने प्रमाणित हो गया, और दिल्ली की गद्दी के साथ मैंने सल्नतन का राजदण्ड भी धारण किया।

जिन्होंने शाहजादे का साथ दिया था वे निश्चय की इस उम्मीद में बैठे रहे कि कोई दैवी विपत्ति आवे और मैं उसमें डूब जाऊं। उन्होंने लाहौर के कुवाचा को अपनी ओर मिला भी लिया, परन्तु गजनी के गुलाम हाकिम यिल्दिज़ ने सन्तनत का छाता मेरे हवाले कर दिया। मध्य-एशिया में बवण्डर के बादल उठ रहे थे। 'खुदाई कीड़े' चंगेजखां की फौजें एक के बाद दूसरी सल्नतन को मटियामेट करती जा रही थीं। डर था कि कहीं वह भारत की ओर भी अपना रुख न फेरे। इसी पर अभिजात-कुलीयों की सारी आशा टिकी थी। इसी पर गुलामों पर हिकारत की नजर डालने वाले खानदानी उमरा उम्मीद बांधे हुए थे। पर मैं उस खतरे को जानता हुआ भी जंग के लिए मुस्तैद था। खतरा आया। पहले वह ख्वारिज्म के शाह की फौजों पर पड़ा और उसके उसने टुकड़े-टुकड़े कर दिये। उसकी मार से टूटी फौजें गजनी से जा टकरायीं। यिल्दिज भागा। उसके पीछे ख्वारिज्म का शाह जलालुद्दीन भागा – जिसकी पीठ पर चंगेज के रिसालों के भाले लगे थे – ख्वारिज्म के शाहों का अन्तिम उत्तराधिकारी जलालुद्दीन, जिसका साम्राज्य कभी ओतरार और खीव, समरकन्द और बुखारा से हिरात और इस्तहान तक फैला हुआ था। जलालुद्दीन लड़ता, भागता, फिरता, फिर लड़ता और अपनी राह बनाता सिन्धु नदी की ओर भागा, जहां चंगेज ने उसका पीछा किया और उसे फिर हरा कर बेदम कर दिया। सिन्धु के बीराने में उसने उसे मार भगाया, फिर भी वह उसकी आजादी और निर्भयता को न छीन सका। जलालुद्दीन और चंगेज की यह कशमकश बहादुरी के इतिहास का एक रोमांचक पृष्ठ है। मैं जानता हूं, अगर चंगेज मुझ से टकरा गया होता तो मेरी क्या गति हुई होती, पर जलालुद्दीन का आदर्श मेरे सामने था और तलवार पर मुट्ठी कासे मैं भी सरहिन्द की ओर कदम उठा चुका था। मैं खानदानी उमरों को दिखा देना चाहता था कि गुलाम अल्तमश भी चौहान

रायपिथौरा की तरह दिल्ली के सिंहद्वार पर दुश्मन की राह रोक सकता है। परन्तु इसकी आवश्यकता नहीं पड़ी और चंगेज जल्दी ही लौट गया। फिर मैं बंगाल की ओर बढ़ा। वहां के शासक की पूजा स्वीकार कर मैं मालवा में जा उतरा और उज्जैन को झपट लिया। अब सारा उत्तर भारत जिसे ऐबक का शाहजादा संभाल नहीं सका था, उसके गुलाम के हाथ में था।

फीरोज शाहजादा था और उसकी बहन रजिया शाहजादी । मैंने अब तब खानदानी अमीरों से लोहा लेने के लिए तुर्की गुलामों का ही एक जत्था तैयार कर लिया था। मैं पहले कह चुका हूं कि बादशाह का बेटा नालायक हो सकता है, नालायक होता रहा है, पर अपनी प्रतिभा से आगे बढ़ा हुआ गुलाम कभी नालायक नहीं हो सकता। उसके फौलादी जिस्म में गजब की रूह पर मारती है। उसके भीतर बला का दिमाग राज करता है। मैंने जिन गुलामों से अपना 'चालीस' का जत्था तैयार किया उनमें से हर एक आफत का परकाला था, हर एक अपनी आन पर मर मिटने वाला था, हर एक इन्म में अफलातून और ताकत में रुस्तम था। इस वक्त मैं अलतूनिया के नाम से मशहूर हुआ – उन 'चालिसों' का सरदार जो किस्मत के मारे गुलामों की उम्मीद थे और अमीरों के दिलों की आहें। याकूत और रजिया का सम्बन्ध चाहे अनुचित न रहा हो, पर वह गुलाम-हितों के खिलाफ जरूर था। और मैं उन सारी सामतों से लोहा लेने पर आमादा था जो गुलाम-हितों की मुखालिफत करतीं। मैंने दोनों को जा घेरा। दोनों ने जंगल की राह ली। पर मैं जानता था कि चुटीले दुश्मन का वार जो लौट कर होता है तो आदमी टिकने नहीं पाता, और मैंने दोनों को जंगल में ही बरबाद कर दिया। सल्तनत की हुकूमत फिर मेरी हुई। मैंने उसके सूबे-सूबे पर कब्जा किया, उसके सिक्के पर मेरी उंगली पड़ी। काश, मैं पहले समझ पाता कि दौलत की राह बुरी होती है और वह मर्दानगी के बदले की कीमत है! दौलत की ख्वाहिश ने मुझे बुजदिल बना दिया। मैंने अपनी तलवार दीवान के कोने में टिका दी। वह मेरे हाथ से निकल गयी।

उस हुकूमत को फिर से हासिल करना मुश्किल था। पर मैं जानता था अपनी जिन्दगी कायम रखने के लिए मुझे शक्ति की चोटी को चूमना होगा, क्योंकि मैं अपने सदियों के तजुर्बे से जान गया था कि या तो मैं ताकत की बुलन्दी पर ही रह सकता था या ताकतवर के कदमों में ही। मैंने अपना मार्ग निश्चित कर लिया। अपने आरामपसन्द 'चालिसों' की भीड़ से मैं बाहर निकला और शक्ति के राजमार्ग पर आरूढ़ हुआ। मुझ में न तो ऐबक की फैयाजी थी, न अल्तमश के जिस्म की खूबसूरती – मैं भोंड़ा-ठिंगना कुरूप था – पर मैं अपनी योग्यता का कायल था और गुलामों की गिरी हुई ताकत फिर से कायम करना चाहता था; मुझें तब बलबन कहते थे। मैं भी उसी अल्बारी का तुर्क था जहां से अल्तमश और ऐबक आये थे। किस्मत की मार ने मुझे अपने तुर्की परिवार से अलग कर दिया। मुझे धोखेबाजों ने बरगला कर बचपन में ही कैद कर लिया और मैं हिन्दुस्तान लाया गया। मुझे अब भी याद है कि अल्तमश जिस वक्त गुलामों के बाजार में मेरी भोंड़ी शक्ल पर हिकारत की नजर डालता आगे बढ़ गया तब मेरे बदन में आग लग गयी थी। मैं भीतर

जैसे अपनी ही रूह से उलझ पड़ा था – 'सखुन और लियाकत के साथ यह सुलूक?' मैंने कहा और बाहर अल्तमश को रोक मैंने पूछा – 'जहान के मालिक, किसके वास्ते तूने दूसरे गुलाम खरीदें हैं?' 'अपने वास्ते' – अल्तमश हंसा और बोला। 'फिर खुदा के वास्ते मुझे भी खरीद' – मैंने अर्ज किया। मुझ में गरूर था और मैं समझता था कि मैं एक गुलाम के सामने अपनी मांग पेश कर रहा हूं। गुलाम ने गुलाम की बात सुनी। वह बोला – 'दुरुस्त है। तू आज से मेरा भिश्ती हुआ।' और मैंने मशक उठा ली, पर मैं मशक उठाने के लिए पैदा नहीं हुआ था, अगर मशक उठानी बुरी चीज थी। तत्काल मैं 'चालीसों' के शक्तिमान् संगठन में शामिल हो गया।

अल्तमश का तीसरा बेटा नासिरुद्दीन था – नौशेरवां-सा इन्साफपसन्द और दरवेश-सा त्यागी। पर हिन्दोस्तान की उस जलजलेनाक हुकूमत में न तो नौशेरवां के इन्साफ की जरूरत थी, न दरवेश के त्याग की। उसे जरूरत थी सूझ और हिम्मत की, सख्ती और बेरहमी की और इन सब से ऊपर उस फौलादी शमशीर की – जो मेरे हाथ में थी और जिसका इस्तेमाल मैं बखूबी जानता था। मैंने चालीस वर्ष बराबर हिन्दोस्तान के पंजाबी बुलन्द दरवाजे की रक्षा की। एक पांव झेलम, दूसरा सिन्ध की रेत में गड़ाये खैबर के दर्रे में अपनी तलवार की चिनगारियां उड़ाते मैंने साबित कर दिया कि सलाद्दीन और शजरुद्दूर की गुलाम औलाद अभी जिन्दा है और हिन्दोस्तान की सोने की जमीन की अपनी तलवार से एकमात्र वह गुलाम ही मंगोलों से रक्षा कर सकता है।

मैं ऊपर कह चुका हूं कि सख्ती और बेरहमी की उस वक्त बेहद जरूरत थी, और मैंने उसका इस्तेमाल भी काफी किया। नरमी का मतलब जान दुश्मन के हवाले कर देना था, और मैं अपनी जान दुश्मन के हवाले कर देने का कायल न था। निज खतरों को झेल कर बचपन की जिन्दगी के लमहे-लमहे में मौत का दामन छूता हुआ मैं अल्बारी से दिल्ली पहुंचा था, दम रहते मैं उस जान को खतरे में डालने को तैयार न था। और गुलामों की सल्तनत कायम रखने के लिए उनके दुश्मनों से लोहा लेना लाजमी था। इसी कारण जब बंगाल के तुगरिल ने मुझे चुनौती दी और दिल्ली के फासले पर इत्मीनान कर जो उसने अपने को बंगाल का खुदमुख्तार शाह ऐलान किया तब मैंने ही पूरब की ओर रुख कर कूच की तुरही फूंकी। बरसात का आलम था। सड़कें कीचड़ से बेकार हो गयी थीं, नदियां उमड़ पड़ी थीं, पर मैंने न दिन को दिन गिना और न रात को रात। शहर और जंगल पार करता मैं गौड़ के पूरबी इलाके में जा पहुंचा जहां तुगरिल ने जंगल में पनाह दी थी। उसे पकड़ कर जहुन्नम रसीद किया और राजधानी के बाजार में फांसी के अनगिनत बल्ले गड़वा दिये। तुगरिल का बच्चा-बच्चा, उसका एक-एक हमदर्द, एक-एक फकीर, जिसने उसकी रहमत का सबूत पाया था, उन बल्लों पर चढ़ा दिया गया। इसके सिवा और सरीका न था जिससे गुलामों की सल्तनत कायम रखी जा सके। मैं अपने मकसद को हासिल करने में किसी जरिये को बुरा नहीं मानता था। लोगों ने मुझे बेरहम कहा, पर मैं जानता हूं कि रहम कोई ऐसी चीज नहीं जो हर वक्त हर मौके पर बरती जाय। जो कत्ल एक जगह महज खून है वही दूसरी जगह जवांमर्दी है – मैं इसका कायल हूं। बरनी के तवारीख के

वरक उल्टो, मालूम हो जायेगा कि मेरा दावा बेबुनियाद नहीं। हिन्दोस्तान का कौन-सा शहर था जिसकी पैठ के रास्तों पर डाके न पड़ते थे? पर बरनी इसका गवाह है कि मेरी मौत के साठ साल बाद तक उत्तरी हिन्दोस्तान की सड़कों पर डाकुओं का साया तक न पड़ा।

5

मगर मैं अपनी ताकत कायम न रख सका। मुझमें एक कमजोरी थी। जब-जब मैं गुलाम से बादशाह बना तब-तब मैं अपने आधार हो छोड़ बैठा और यह भूल गया कि मैं गुलाम हूं। वास्तव में मैं गुलाम से बादशाह बन कर बादशाह-मात्र रह गया और वह संगठन मैंने तोड़ डाला जिसकी मदद से मैं सुन्तान बना था। बलबन के रूप में जब मैं दिल्ली के तख्त पर बैठा तब मैंने उन चालीस गुलामों के दल को तितर-बितर कर दिया जिनको ऐबक और अल्तमश ने कायम और मजबूत किया था और जिनके संकेत से पहले सुल्तान बनते-बिगड़ते थे। सुल्तान बन कर मैं गद्दी के दुर्गुणों और ऐश्वर्य से आक्रान्त हो गया, अपने वर्ग को मैं भूल बैठा और एक निजी कुनबा कायम कर मैंने सल्तनत को कुलागत कर देना चाहा। सल्तनत तो कुलागत हो गयी, मगर कुल कमजोर हो गया। उसके उत्तराधिकारी कमजोर हो गये और गुलामों का तो सर्वनाश ही हो गया। अस्तु।

खिलजियों का जमाना मेरे लिए बड़े अभाग्य का हुआ। अलाउद्दीन का व्यवहार अपनी प्रजा के साथ अच्छा न था। क्या मुसलमान, क्या हिन्दू, सबको उसने पीस डाला। हिन्दुओं को तो वह बराबर गुलाम ही समझता था। पर एक बात मैं साफ-साफ कह दूं कि मेरी कोई जात न थी। मैं न तो मुसलमान था, न हिन्दू – केवल गुलाम था। और उस काल दिल्ली और दिल्ली की सल्तनत में जो मुसीबतें गुलामों को भुगतनी पड़ीं उनका बयान मैं नहीं कर सकता। अलाउद्दीन के पास प्रायः 50,000 गुलाम थे और अन्य श्रीमानों के पास भी कम-से-कम इतने ही होंगे। बात यह है कि जैसे सब चीजों की कीमत कम हो गयी थी, गुलाम की कीमत भी इस कदर नीचे गिर गयी कि अदना से अदना आदमी भी खरीद सकता था। जरा सोचिए तो सही – दासी की कीमत 5 से 12 टंकों तक थी, रखैल की 20 से 40 टंकों तक, गुलाम मजदूर की 10 से 15 टंकों तक और खूबसूरत बालक-गुलाम की 20 से 30 टंकों तक!

एक लाख की तादाद कुछ कम नहीं होती। अगर मैं अपनी उस विशाल संख्या को संगठित कर उसे काम में लाया होता, तो कुछ ताज्जुब नहीं कि ऐबक और अल्तमश की परम्परा बनी रहती। परन्तु अपना संगठन खोकर, उसे तोड़ कर मैंने अपने पैरों आप कुल्हाड़ी मार ली। इनता जरूर है कि अलाउद्दीन ने मझे कुचल डाला और मुझ में ऊपर उठने की ताब न रही, यद्यपि मौका मिलते ही मैंने सिर उठाया और भले प्रकार सिर उठाया। मलिक काफूर हजारदीनारी उन हस्तियों में से था जिन्होंने गुलामी आधार से उठ कर अपनी तलवार से समुन्दर तक कुहराम मचा दिया। वह मलिक काफूर गुजरात का हिन्दू था, जो अलाउद्दीन का गुलाम हो गया था। मुबारक का गुलाम खुसरू भी हिन्दू ही

था – नितान्त नीच जाति का अछूत परवानी और गुलाम जिसने सल्तनत की सारी हुकूमत अपने हाथ में कर ली। परन्तु अफसोस, मलिक काफूर अपने ही वर्ग का दुश्मन बन गया और खुसरू ऐश का शिकार! इतना जरूर कहूंगा कि खुसरू सुल्तान होकर भी अपने परवानियों को न भूल सका और उसकी हुकूमत में अन्त तक दबदबा बना रहा।

फिरोजशाह तुगलक के समय मेरी संख्या पर्याप्त रही और मैं हिन्दू से मुसलमान होकर अनेक बार प्रबल हो उठा यद्यपि मैं फिर भी अपना संगठन न कर सका। वैसे तो बनबन के बाद से ही अपना संगठन करना मैं भूल गया था, पर फिरोजशाह तुगलक और उसके पूर्वगामी सुल्तान मुहम्मद की चोट ने तो मुझे बिलकुल सिर न उठाने दिया। हां, फिरोज ने अपने ढंग से मेरा संगठन जरूर किया। कम से कम 1,80,000 गुलाम उसके दरबार की हिफाजत में थे, जो अनेक संख्याओं में जागीरदारों, सूबेदारों और सामन्तों की ओर से खिराज और उपहारों के साथ सुल्तान को भेंट किये जाते। सुन्दर सजे सशक्त गुलामों की एवज में उनको लगान से छूट मिलती । गुजरात के सूबेदार ने तो एक बार 400 गुलाम भेट किये थे जिनमें अनेक हिन्दू सामन्तों के बेटे और ताकतवर अबीसीनी हब्शी भी थे। दरबारी गुलाम दरबार की ओर से तालीम पाते और सेना, हरम या दस्तकारी के कामों के लिए शिक्षित किये जाते। 40,000 महल और हरम की रक्षा और सेवा के लिए नियुक्त थे और 12,000 दस्तकारी में लगाये गये थे। इस प्रकार केवल दिल्ली के नगर में ही करीब 1,00,000 गुलाम थे और शेष 80,000 सल्तनत के विभिन्न प्रान्तों में बंटे थे। अगर संगठन होता तो 2,00,000 के अन्दाज की यह गुलाम-सेना दुनिया को जीत सकती थी। आखिर पैगम्बर की ललकार से प्रभावित होकर जिन रिसालों ने एशिया, यूरोप और अफ्रीका की विजय की थी उनकी प्रारम्भिक संख्या मेरी इस संख्या से कहीं कम थी। यह संगठन कितनी आसानी से हो सकता था जब मेरा एक अलग विभाग था, अलग खजाना था, अलग सेना थी, अलग उसके अफसर थे। जब सुल्तान बाहर जाता, हजारों की तादाद में मेरे तीरन्दाज और तलवारबन्द सिपाही घोड़ों और भैंसों पर चढ़ कर उसे घेरे हुए चलते, उसकी रक्षा करते। अगर किसी दिन मेरे तीरन्दाज और हथियारबन्द गुलाम सुल्तान को कैद कर लेते तो कौन-सी हस्ती थी जो उनसे उसे छुड़ा सकती? मैं मानता हूं कि सूबों के अभिजात-कुलीय – हिन्दू और मुसलमान – राजधानी में उमड़ पड़ते और मेरी-उनकी जबरदस्त टक्करें होतीं। पर क्या ये टक्करें मैंने पहले न जानी थी।? क्या बलबन की सख्ती और खूंरेजी से बढ़ कर मेरी शान उनके दिलों में खटकती? पर मैं खुद अपने भले-बुरे को भूल गया, अपना हित न चेत सका और आज तक मेरी किस्मत न संभली – हां, आज तक।

मुगलों की हुकूमत इस देश पर छायी और फैली। उनमें से अनेक फैयाज और लायक कहलाये। अकबर का नाम उसी तरह मशहूर हुआ, जैसे कभी अशोक का हुआ था, पर उसने भी मेरी फरियाद न सुनी। ऐसा नहीं कि इन्सान-इन्सान का इन्साफ करना अकबर या उसका न्यायप्रिय बेटा जहांगीर अपना फर्ज न समझता था, पर बात यह थी कि मैं इन्सानियत की हदों से बाहर का समझा जाता था। मैं आदमी न था, हैवान से भी गया-बीता

था! और स्वयं अकबर की रहम'भरी आंखों के नीचे मेरी दुर्दशा होती रही! उसी की सामुद्रिक अमलदारी में काठियावाड़ के पास पुर्तगाली डाकू मुझें पकड़ कर योरप में बेच डालते और वह कुछ कर न पाता।

इस काल योरप में गुलामों का बाजार तेज था। यह नया रोजगार था जिसमें पहले स्पेन और पुर्तगाल ने हाथ डाला, फिर इंग्लैण्ड ने। अंग्रेज माझियों ने तो यह रोजगार इनता लाभकर बना दिया कि उनकी मलका और बादशाहों तक ने उसमें हाथ बटाना और हिस्सा लेना शरू कर दिया। इस योरपीय रोजगार का नतीजा यह हुआ कि योरप और अमरीका में इसी मसले पर युद्धों तक की नौबत आ गयी। इसकी छूत हिन्दुस्तान तक आ पहुंची। पुर्तगालियों और डचों ने तो इनता अन्धेर कर दिया कि वे बंगाल की खाड़ी में भूत की तरह डरावने हो उठे। वे गंगा की राह हुगली तक चढ़ आते, वहां से गरीब बच्चों को पकड़ ले जाते और उनको गुलाम बना योरप और अमरीका में बेच डालते। नौबत यहां तक आयी कि पूर्वी बंगाल से पश्चिमी बंगाल तक उनका आतंक फैल गया और शाहजहां को मजबूर होकर मीर जुमला को उनके खिलाफ भेजना पड़ा, अनके दिल्ली के गिरजे बन्द कर देने पड़े और उन्हें सल्तनत से निकाल बाहर करना पड़ा। फिर भी जहाजी बेड़ा पास न होने के कारण शाहजहां समुन्दर की सतह पर उनका बाल-बांका न कर सका और वे दिन-ब-दिन गुलामों के रोजगार में तरक्की करते गये।

6

मेरी दशा निरन्तर बदतर होती गयी। मुझे बस एक बात से कुछ ढाढ़स मिला, वह यह थी कि हिन्दुस्तान के किसानों, मजदूरों और निम्नवर्गीयों का स्तर और नीचे मेरे तल की ओर उतरता आ रहा था। अंग्रेजों के देश में आने से यह स्थिति और भी जोर पकड़ती गयी। कार्नवालिस ने जब इस्तमरारी बन्दोबस्त का विधान किया तब तो यह परिस्थिति और भी जोर पकड़ गयी, क्योंकि अब जमीन जागीरदारों या उनसे अलग एक नये वर्ग, जमीदारों, के हाथ में आयी जिन्होंने किसानों को बुरी तरह चूसना शरू किया। सल्तनत मिट गयी थी। लोगों का धन कम्पनी के अफसरों के हाथ में चला जा रहा था। रिश्वत और लूट का बाजार गर्म था। किसी के पास इतने पैसे न रह गये थे कि वह मुझे रख सकता। नतीजा यह हुआ कि मैं स्वतंत्र हो गया। स्वतंत्र हो गया, यह कहना वस्तुतः एक ऐसा मजाक है जिस पर मुझे खुद हंसा आती है। जैसे कोई कहे कि बाजार खुला है जहां से हर किसी को अपनी इच्छा की चीज खरीद लेने की आजादी है; पर खरीदने की इच्छा करने वालों के पास वह एक पैसा न छोड़े, तो जैसे बाजार में इस प्रकार घमूने वाला पागल हो जायेगा, वही दशा मेरी थी। खूंटे से छूट कर चौपाये आहार की फिराक में गलियों में निकल पड़ते हैं और कम से कम लौट कर उन्हें फिर खूंटे पर पनाह तो मिलती है, पर मेरी बात और थी। मैं खूंटे से छूट कर निकल तो आया था, पर मेरी आजादी बेकार थी क्योंकि मैं ऐसा चौपाया था जिसके सामने आहार के लिए न तो फैली हुई हरियाली थी

और न लौटने पर पुराने खूंटे का आसरा था। मैं अब लौट तो नहीं सकता था। खेतों पर काम था, पर खेत अपने न थे। खुद किसान बरबाद हो रहे थे। जमींदार उनको दिन-ब-दिन बेदखल करते जा रहे थे और वे शहरों की ओर भाग चले थे। उधर बंगाल का बुरा हाल था। करीगरों के अगूंठे कट चुके थे और वे या तो साधु हो जाते या भीख मांगते या गांव की ओर दौड़ पड़ते। इस तरह गांव से शहर की ओर और शहर से गांव की ओर एक अजब भाग-दौड़ मच गयी, नितांत अराजकता की।

अब मेरा पुराना वर्ग अपने पुराने खरीदीरों के पास न रहा, परन्तु मैं अब भी जिन्दा हूं और बुरी हालत में हूं। हां, मेरा कुनबा बढ़ गया है। अब मैं साधुओं-फकीरों में हूं, दीन-भिखमंगों में हूं, भूमिरहित किसानों में हूं और तीव्र गति से मध्य-वर्ग में घर करता जा रहा हूं। इनता विश्वास है कि मेरी शक्ति बढ़ती जा रही है, और यदि जो झेल चुका वह न रहा तो आज जो झेल रहा हूं वही भी न रहेगा।

अन्त्यज

1

मैं अन्त्यज हूं, अछूत । मेरा इतिहास उतना प्राचीन है जितना भारत पर आर्यों का आक्रमण। मेरे विषय में विशेषकर मेरी शाखाओं-प्रशाखाओं के विषय में सविस्तार जानने के लिए **मनुस्मृति** का बारहवां अध्याय देखिए। परंतु वह, जहां तक मेरी जातीयता का सम्बन्ध है, एक विजयी जाति का दृष्टिकोण है। अपना इतिहास मैं स्वयं कहना चाहूंगा। यद्यपि बीती हुई सदियों की अनेक मंजिलें जो मैं चल कर आया हूं, धुंधली पड़ गयी हैं और सदा से कष्ट झेलते आने के कारण दृष्टि भी इतनी स्पष्ट न रह सकी कि दूर तक देख सकूं, फिर भी अपनी कहानी मुझे भूली नहीं। उसे मैं कह सकूंगा और स्वयं कहना चाहूंगा।

कहानी दर्द की है और उसके दौरान पर स्याही पुती हुई है। निःसन्देह दुःख का अनवरत तारतम्य, जीवन की अनुभूति होने के कारण, दुःख भी सामान्य हो गया है। फिर भी समय-समय की भीषण कष्ट-चेतना उन युगों की याद दिलाती है जो भारतीय इतिहास के गौरवमय अतीत पर गहरे व्यंग्य है।

जिसके जीवन में धूप-छांह दोनों हैं वह जीवन को चक्रनेमि का क्रम मानता है और उसके लिए जीवन-निर्वाह कुछ उतना कठिन नहीं। परन्तु जिसने केवल धूप ही देखी और सूरज की ओर मुंह करके ही जिसे बराबर जलना पड़ा उसका जीवन कितना निर्मम, कितना कठिन हो जाता है, यह क्या कुछ कहने की बात है? जिसके मुख को सदा विषाद की गहरी रेखाएं खोत की क्यारियों की भांति घेरे रहीं, जिसके चेहरे को मुस्कान ने कभी स्पर्श न किया, वह भला उस चक्र-क्रम को क्या जाने? मैंने जीवन में केवल संताप पाया है, सुख नहीं, और मेरी कहानी उसी संताप की अभिव्यक्ति है।

*　　　*　　　*

मैं साफ-साफ नहीं कह सकता कि उस दूर की दुनिया में मेरा आरम्भ क़ैसे हुआ। जहां तक मेरी याद जाती है, मोहनजोदड़ो की द्रविड़ सभ्यता या सप्तसिंधु की आर्य-सभ्यता दोनों में मैं अछूत न था। दोनों सभ्यताओं में अपने जनों का गौरव था और मनुष्य की

प्रतिष्ठा किसी न किसी रूप में वहां रक्षित थी। वास्तव में जहां तक मेरा विचार है, युद्धों और विजयों के बाद ही जहां एक वर्ग के मनुष्यों की गरिमा बढ़ती है, दूसरे वर्ग की घट भी चलती है। शायद मैं उसी युद्ध-परम्परा का शिकार हूं, उसी विजय-नीति का जिसने मनुष्य को हीन कर पशु बना दिया।

परन्तु नहीं, ऐसा कहना पशुओं के प्रति अन्याय होगा, उन्हें भी अपनी श्रेणी में घसीटना होगा। पशु कृषि के साधक हैं, भार के वाहक जिससे उनके स्वामी ने कभी परहेज न किया, न आर्य ने, न द्रविड़ ने, जिसका स्पर्श दोनों में से किसी ने अपावन न माना और जिसे सांड़ अथवा गाय के रूप में दोनों ने पूजा। तब भी पशु उसी प्रकार स्पृश्य था जिस प्रकार आज है । परन्तु मैं?

मैं आज अस्पृश्य हूं, अछूत, अन्त्यज। मेरा स्पर्श आज सवर्ण हिन्दू अपावन मानता है, अकस्मात मेरा स्पर्श हो जाने से वह स्नान कर शुद्ध और प्रकृत होता है। अनेक को तो मेरी छाया भी वर्ज्य है।

सम्भवतः उसी काल जब आर्यशक्ति की चपेट से मेरी सभ्यता का अन्त हो गया, मेरे सगे-सम्बन्धियों के स्थानान्तर चले जाने पर भी सामर्थ्यहीन होने के कारण मैं अन्यत्र न जा सका और जब मैंने विजयी जाति की सेवा करनी मंजूर कर ली, तभी मेरी सृष्टि हुई। आर्यों में शूद्र थे जिनका उपयोग आर्य सेवक के रूप में करते थे। उनमें कुछ दास भी थे जो उनके पुराने सेवक थे या मेरे सुदर्शन बंधुओं में से ही चुन लिये गये थे। वे शूद्रों से निम्नतर अवश्य थे, परन्तु अछूत कभी न थे।

अछूत मैं था और वह पहले से नहीं, अब बना, इस नये सम्पर्क से, इस नयी आर्थिक-राजनीतिक परम्परा से। और ज्यों-ज्यों आर्यों की शक्ति बढ़ती गयी, ज्यों-ज्यों देश पर उनका साम्राज्य फैलता गया, ज्यों-ज्यों उनमें अपने-पराये का विस्तार बढ़ता गया, ज्यों-ज्यों उनके सेवकों की संख्या बढ़ती गयी, त्यों-त्यों मैं अपनी वर्तमान स्थिति की ओर सरकता गया और अंत में इस अधोगति को पहुंचा।

कर्मकाण्ड का विस्तार मेरे भाग्य के आकाश धूमकेतु का उदय सिद्ध हुआ। अब तक मैं केवल सामाजिक और आर्थिक लाभों से वंचित रखा जाता था, अब मैं अपने धार्मिक विश्वासों से भी पृथक् कर दिया गया। यज्ञ के समय मेरे ऊपर नजर पड़ जाने पर ऋत्विज् नितांत क्षुब्ध हो उठता था। मैं नहीं समझता कि उस काल कोई व्यक्ति ऐसा था जिसे मेरा यह संताप खला हो, जिसे मेरी यह पशु-यातना कष्टकर जान पड़ी हो। जहां तक मुझे याद है, किसी ने, महात्मा या ऋषि ने, मेरे प्रति अपनी दया-वृत्ति सार्थक न की।

दया का अर्थ उस काल कुछ और था जो शूद्रों, पशुओं और शायद दासों तक ही सीमित था। विवाह के अवसर पर ऋषि-पुरोहित वधू को अपने नये गृह की स्वामिनी-साम्राज्ञी बनाते समय द्विपदों और चतुष्पदों के प्रति दया का बर्ताव करने का उपदेश करता। परन्तु उसके 'द्विपदों' (दोपायों) में मेरी गणना न थी, क्योंकि स्पष्टतः मैं नववधू के नव-राज्य का प्राणी न था। उसके पशुओं और दासों की पंक्ति में भी यदि मैं कहीं होता तो शायद मुझे उनकी कृपा का पात्रत्व मिलता।

हां, कभी-कभी उनको मेरी आवश्यकता पड़ती थी जब नरमेध के लिए अपना पुत्र देने को श्रद्धा-मूक अथवा अर्थ-लोलुप न होने के कारण कोई आर्य स्वीकार न करता और नरमेधयाजी को धनाभाव के कारण आवश्यकता-वश बलिदानार्थ दास भी न मिल पाता तब मेरी पूछ होती, मेरे मस्तक के लिए, मेरे उष्ण रक्त के प्रसाद के लिए, जिसे पीकर आर्य अतिमानव अपने 'समन' (मेला) में उन्मत्त हो नाच उठता, जो उसे देवताओं के पेय सोम से भी अप्राप्य होने के कारण प्रिय था। बाद के युगों में जब आर्य भी हिंस्र-वृत्ति से लज्जित हो उस अपने पुरातन पावन कृत्य को छोड़ बैठा और महाभारत के उस गृहयुद्ध में जब अतिकाय भीम दुःशासन का वक्ष फाड़ अंजुलियां भर-भर कर रक्तपान करने लगा और जब उसे देख तत्कालीन दम्भी सभ्य ने उसे धिक्कारा, तब मैं मन ही मन हंसा। मैंने कहा, प्रकृति वही है, केवल आहार का लक्ष्य बदल गया है।

उपनिषदों ने मानवों की प्राकृतिक एकता का नारा उठाया, जीव-जीव की आत्मा को समान कहा। फिर भी मैं उस दायरे के बाहर था, जिसमें उपनिषत्-काल के राजन्य नेता ब्रह्मघोष करते थे। मुझे किसी अश्वपति ने 'समित्पाणी' होने का आदेश न दिया, मुझे किसी जैवलि ने पांचाल-परिषद् में निमन्त्रित न किया, मुझसे किसी अजातशत्रु ने आत्मा के स्वभाव के सम्बन्ध में प्रश्न न किया। मुझे किसी जनक ने अपनी राज-सभा के प्रांगण में बंधी सोने की पत्तर जड़ी सींगों वाली हजार गायों को याज्ञवल्क्य को परास्त कर हांक ले जाने के लिए न ललकारा।

मैं तब नगर के बाहर श्मशानों में रहता था। नगर के भीतर मैं विशेष अवसरों पर नागरिकों की सुविधा और आवश्यकता के फलस्वरूप ही प्रवेश कर सकता था। और वे सुविधाएं-आवश्यकताएं उनके जीवन की अपवाद थीं, उनके जीवन में जब-तब ही आती थीं। जब-तब ही मुझे अपने भूत-पिशाचों, योगिनी-डाकिनियों, कुत्तों-सियारों के परिवार से कुछ क्षण के लिए नगर जाने का अवसर मिलता ।

नगर में उत्सव होते, नृत्य-गान होते, अनेक प्रकार के आकर्षक मेले होते। मनुष्य होने के नाते, समान वासना, कामनाओं के वशीभूत होने के कारण, उनको देखने की मेरी इच्छा भी होती, परन्तु अपनी स्थिति से मैं लाचार था। मैं नित्य के अपने प्रति व्यवहार से यह कब का समझ गया था कि समान अधिकार और समान आदर के लिए केवल मानव आकार ही पर्याप्त नहीं। मानव-चेष्टाएं, कामनाएं, सुख-संताप केवल शरीर के ही धर्म हैं, समाज के नहीं, यह मैं कब का जान चुका था और इसी कारण आकार की समानता के बावजूद अधिकार के वैषम्य में मुझे किसी प्रकार का कभी लाभ न होता था। एक जमाने से मैं अपनी तत्कालीन वर्तमान परिस्थिति में उत्पन्न हुआ था और इस प्रकार की चेतना की चेतना मेरे दुर्बल मेरुदण्ड को कभी खतरे में न डाल पाती थी। कुत्तों और सियारों के बीच, धधक और बुझती चिताओं के बीच, प्रेतों और बर्बर बनैले जंतुओं के बीच मेरा जीवन बीतता। मैं चिता की अशुभ राख को नितांत पावन भस्म जान अंगीकार करता और उसे अपने भाग्य का ज्वलंत सूचक समझता। प्रेत-चीवर (कफन) मेरे तन को ढकते, मेरी पत्नी के तन को ढकते, मेरे बच्चों के तन को ढकते, मुर्दों की अर्थी को मैंने अपने विश्राम

का पर्यंक बनाया और उस पर लेट कर अपने काम्य और सुनहरे स्वप्नों के ताने-बाने बुने।

उस उपेक्षित, घृणित, भयावह भूखंड को मैंने अपना क्रीड़ास्थल बनाया और उस भीषण श्मशान को एक अशरीरी कल्पना-देवता का रूप दिया। उसे मैंने अपने अपावन अशुभ जगत के बीच नितांत कल्याणकर माना, 'शिव— कहा, उसको मैंने स्वच्छन्दचारी प्रेतों (गणों) का स्वामी कहा। उसे श्मशान के घनांधकार के बीच सर्वथा श्वेतांग से मैंने विभूषित किया। उसके अंग-प्रत्यंग को सहचर आशुकोप नागों से विभूषित किया, अपनी ही भांति विष के घूंट पीने वाला बनाया। परन्तु सभ्य, पावन, शुभ, सवर्ण नागरिकों ने मेरे उस असभ्य, स्थाणु, अपावन, अशुभ देवता को भी छीन लिया, उस मेरे शिव को भी, मेरे गणेश को भी। उन्हें उसने कैलाश पर अलका मैं जा बिठाया, उन्हें शंकर माना, गणेश माना, कार्यारम्भ में उनकी पूजा की। परन्तु वे मेरे देवता थे जिन्हें चोरी के विरुद्ध कानून बनाने वाले और मुझे 'अपराधाी-जातियों' (Criminal Tribes) की संज्ञा देने वाले सभ्यों ने चुरा लिया!

मैं चाण्डाल था, नगर से बाहर श्मशान में रहता था। व्याध बन कर मृग और चिड़ियों का शिकार करता, मछली मारता – यह मेरी पुरानी कहानी है।

सवर्ण जगत में जो भयानक संघर्ष, दारुण युद्ध और भयानक द्वन्द्व चल रहे थे उनसे अपेक्षाकृत मेरा जीवन बरी था। जब कभी मांस बेचने अथवा अन्य कार्यों से मुझे नगर में जाना पड़ता, मैं उस संघर्ष की रूपरेखा कुछ भांप जाता परन्तु मेरा कोई सम्पर्क न था, उससे कोई सहानुभूति न थी, दुःख-दर्द न था। सत्ताधारी धर्म और नीति की ओट से एक-दूसरे पर चोट करते और उसे देख मेरा मन भी उसके अनौचित्य से कांप उठता। परन्तु वे 'समरथ के दोष' थे जिसे ईमानदारी के जगत् में दोष वे थे ही नहीं। महाभारत के उस भीषण युद्ध को मैंने अपनी आंखों देखा जिसे 'धर्म-युद्ध' कहा गया, जिसका एक-एक वार अधर्म के अस्त्र से किया गया था, जिसका एक-एक पहलू नैतिक दृष्टिकोण से त्याज्य था।

परन्तु मुझे उससे क्या? मैं तो चाण्डाल था, मेरा स्थान तो उस कुत्ते के पास था जो यद्यपि आर्यों की ढोरों की रक्षा में सिंह से तो निपट लेता था, परन्तु जिसे यज्ञ के फेंके पात्रों को चाट सकने तक का अधिकार न था। परन्तु अपनी स्थिति के स्पष्टीकरण में मैं फिर विमार्ग हो गया। श्वान फिर भी श्वान था, वह सभ्यों के ढोरों की रक्षा में उनके पास तो रह पाता था! मैं तो उनसे सर्वथा दूर था। मानव की परिधि में पशु का आगमन क्षम्य था परन्तु स्वयं मानव उससे दूर बहिष्कृत। सवर्ण जगत् में संघर्ष हुए और लड़ाकों की कतारें सुबह की छाया की भांति बढ़ीं और घटीं और फिर बढ़ कर रात्रि के अन्धकार में खो गयीं। परन्तु उस जगत की रूढ़ियां मेरे लिए ब्रह्मा के दिन थीं, मानो नित्य बीतती गयीं और जल की लहरों पर लिखे चित्र की भांति मिट गयी और मैं अपनी गति से नगर के सिंहद्वार से दूर प्राचीरों के पीछे श्मशान में पूर्ववत् सुलगती-बुझती चिताओं के बीच सोता-जागता रहा। पतित-पावनी गंगा में पूर्व के क्षितिज से लाल दहकता हुआ सूरज का

गोला मैं नित्य सुबह निकलता हुआ देखता और पश्चिम के क्षितिज पर उसी प्रकार उतने ही बड़े अंगारे को नित्य शाम को उसी गंगा में डूबते हुए देखता। मेरा जीवन कुछ इस प्रकार के उदय-अस्त के दर्शन का आदी हो गया था। ठंडी लकड़ी मृतक के नीचे-ऊपर बोझ दी जाती, उसमें लगाने को आग मैं देता, कुछ चटपट होती, चिता जल उठती, लपटें आसमान चाटने लगतीं, फिर बुझ जाती। ठंडी लकड़ी ठंडी राख हो जाती, परन्तु राख जो लकड़ी से बनी थी फिर लकड़ी न बन पाती। मैं सोचता, लकड़ी जड़ थी और भस्म भी अब सह्य और शीतल है परन्तु दोनों के बीच का इतिहास लाल क्यों था? उसका रहस्य क्या है? जिस शक्ति ने उसमें लाल लपटें पैदा कीं और जिन लपटों के प्रकाश में अन्धकार का नाश हो गया था, कुछ काल के लिए जिसने अपने तेज से दर्शकों को दूर हटा दिया था, उसकी शक्ति कहां से आयी? ठंडी लकड़ी को 'वैश्वानल' की विकराल अनन्त दग्धकारी जिह्वाएं किसने प्रदान कीं?

'मैंने' – धीरे-धीरे जैसे भीतर से उत्तर मिला। एक बार अपनी शक्ति, अपना ङ्योग और अपनी सफलता का परिणाम सोच एक अद्भुत भावना मन में जगी, परन्तु सदियों का दब्बू जीवन जीकर इस प्रकार एकाएक उद्भ्रान्त हो जाने से मैं स्वयं अपने कल्पित अपराध से सहम उठा। जो भाव मन में उठे थे, उन्हें वहन करने के लिए, मैं समझता हूं, मैं समर्थ न था। बोझ भारी था, उसे उठाने वाला शरीर छोटा और दुर्बल। मैंने मन से उस विकार को निकाल दिया और नित्य की भांति सूर्य का उगना-डूबना, चिताओं का सुलगना-बुझना पूर्ववत् देखने लगा।

* * *

संसार में – मैं संसार से बाहर था – शक्ति के लिए निरन्तर दांव-पेंच चल रहे थे, नित्य रक्त की धाराएं बहती थीं, नित्य धर्म की पुकार होती थी। शाक्यों में एक 'सिंह' पैदा हुआ, तथागत, जिसे बुद्ध कहते थे। संसार के दुःख को उसने समझा था और उसने उसके नाश के लिए प्रयत्न भी किये, परन्तु उसका डेरा भी राजाओं और राजन्यों में था। मैं उससे भी दूर बना रहा। सुना, उसने जनभाषा में अपने उपदेश किये, जन-जन को बराबर माना, संघ के द्वार सब के लिए समान रूप से खोल दिये। परन्तु क्या वे द्वार सचमुच मेरे लिए भी खुले थे? सुना, पाटलिपुत्र के संघाराम का महास्थविर चाण्डाल बना। समझ में न आया, क्योंकि परम्परा बनी रही, मैं जहां था वही सांस लेता रहा – अपने श्मशान में, अपनी चिताओं के बीच, अपने अर्द्धनग्न बन्धुओं के साथ ।

सवर्ण समाज ने मेरे ऊपर बड़ी दया की। नीचे उतर कर मुझे भेंटा, उसी प्रकार जैसे शायद भरत ने निषाद को भेंटा था, वैसे ही जैसे 'महामना' ने हमारे कान फूंके, जैसे 'महात्मा' ने हमारे आवास में घर किया। समाज ने नीचे उतर कर भेंटा, क्योंकि अपने ज्ञान के प्रतीक गीता में उसने समता की अद्भुत व्याख्या की, गाय, हाथी और ब्राह्मण को एक साथ बिठा दिया। परन्तु गाय उसे पसंद थी, हाथी की पीठ पर वह सवार होता था, ब्राह्मण को वह फिर भी इच्छा-अनिच्छा से सिर झुकाता था। और मैं अभी श्वान के

साहचर्य में प्रकृत रूप से रमता था। दार्शनिक या नीतिकार को यदि कभी मेरी सुधि आती भी तो अकेली नहीं, मेरे स्वाभाविक सहचर और बन्धु श्वान के साथ। श्वान और श्वपच दोनों का प्रयोग एकपदीय हो गया था। **गीता** ने समता का भाव रखा। जहां उत्तम और नीच का विरोधाभास प्रस्तुत करने की आवश्यकता हुई वहां उसने मेरा उपयोग किया, परन्तु उन अध्यायों में जहां उसने वर्णों के कर्त्तव्याकर्त्तव्य का विवेचन किया वहां उसे मेरी सुधि न आयी। ऐसा क्यों हुआ! इसका उत्तर **मनुस्मृति** के पिछले अध्याय देंगे, जहां सारे देशों और जातियों को अपना-अपना धर्म बताने वाले मनीषियों ने मेरी उत्पत्ति और विकास का सविस्तार प्रणयन किया, परन्तु मेरे अधिकारों के सम्बन्ध में जिनकी भारती गूंगी हो गयी!

3

मनुस्मृति ने तो दास और शूद्रों तक के धन को स्वामी का बताया, उसकी दृष्टि में उनकी कोई सम्पत्ति ही न थी, फिर मेरे अधिकारों के साथ उसकी सहानुभूति कैसे हो सकती थी? और जिस जनवादी आन्दोलन से, जिस लोक-कल्याणकर बुद्ध से मैंने बहुत कुछ आशा की थी, उसने भी उस आशा को निर्मूल कर दिया। राजाओं और श्रेष्ठियों के सम्पर्क में बढ़ने वाला संघ अनेकार्थ में उनका ही हो गया और 'सम्यक् समबुद्ध तथागत' तक को दलित वर्णों के विरुद्ध विधान घोषित करने पड़े। ऋणी व्यक्तियों और शूद्रों को ही जब उन्होंने संघ से बहिष्कृत कर दिया तब नगर-प्राचीरा तक से बहिष्कृत मेरा प्रवेश वहां क्योंकर हो सकता था।

कुछ काल बाद कुछ उथल-पुथल अवश्य हुई, और विदेशी सेनाओं की धमक से देश के प्रदेश कांप उठे। नगरों के प्राचीर भूमिसात् हो गये और उनमें विजयी विदेशियों ने प्रवेश किया। मैं इन विदेशी सेनाओं को जब-तब राह दिखा दिया करता था, और वह कुछ धन के लोभ से नहीं, मार के भय से। इतना जरूर है कि इन विदेशियों ने मुझे मनुष्य समझा। कम से कम उसी प्रकार का मनुष्य जिस प्रकार के मनुष्य उन्होंने भारत में जीते। परन्तु शीघ्र ही इस देश में बस जब उन्होंने यहां की सामाजिक व्यवस्था स्वीकार कर ली, तब मुझे पूर्ववत् यथास्थान खड़ा कर दिया। कारण यह था कि उनका यह दावा था कि वे अपनी हरायी भारतीय जातियों से ऊंचे थे और जब उन हारी जातियों की ही घृणा का मैं पात्र था, तब उनके आदर की वस्तु कैसे हो सकता था?

परन्तु विदेशी हमलों ने निश्चय प्राचीन व्यवस्था को विकृत कर दिया। उससे मेरा विशेष लाभ तो न हुआ परन्तु यह देख कर कुछ संतोष अवश्य हुआ कि सवर्ण भारतीय अपनी सामाजिक स्थिति से काफी नीचे उतर आये। मेरे क्षोभ का कारण यह अवश्य था कि जो विदेशी इस देश के शत्रु रह चुके थे उनको तो मर्यादापोषक धर्मशास्त्रियों ने वर्णों में दाखिल कर लिया, उनके साथ आहार-विहार किया, रोटी-बेटी की, परन्तु अपने मृतक पूर्वजों के मुंह में आग देने वाले मुझको उन्होंने योजनों दूर रखा, मेरी छाया तक के स्पर्श

से वे बचते रहे। यद्यपि मैं जानता था कि यह व्यवहार अत्यंत स्वार्थपरक है क्योंकि मेरे उन अनेक अन्य बन्धुओं को नगर-प्राचीरों के भीतर रख वे उनकी सेवाएं स्वीकार करते थे, यद्यपि उन्हें वे छूते न थे। धोबी, पासी, चमार आदि इसी श्रेणी में थे। विडम्बना यह थी कि हम सब में भी परस्पर ऊंच-नीच का सम्बन्ध था। एक से नीचे एक था और हममें कभी किसी प्रकार की संघ-चेतना की कल्पना न उठ सकी।

धीरे-धीरे कुछ सदियां और गुजरीं। ब्राह्मण-क्षत्रियों ने देश और धन का परस्पर बंटवारा कर लिया। शकों के पांचों कुलों का नाश कर दिया, उत्तर-दक्षिण सर्वत्र उनका बोल-बाला हुआ और उस काल का आरम्भ हुआ जिसे 'स्वर्ण-युग' कहते हैं। शकों के निष्कासन से मालवा की उर्वरा-भूमि तो गुप्तों के हाथ में हो ही गयी थी, गुजरात और काठियावाड़ की सागरतटवर्ती जमीन पर भी उनका कब्जा हुआ जिससे विदेशों के व्यापार से अन्नत धन देश में बरसने लगा। देश समृद्ध और सुखी कहलाया। परन्तु उस समृद्धि और सुख में मेरा अधिकार न था, उसके भोक्ता द्विज थे – ब्राह्मण, क्षत्रिय और वैश्य। वैश्य अपने व्यापार से धन का अर्जन करता था, क्षत्रिय अपनी शक्ति से उसकी रक्षा करता था, ब्राह्मण अपने आशीर्वाद से उसे बढ़ाता था। वैश्य अपना लाभ पाता था, क्षत्रिय कर कमाता था और ब्राह्मण उसकी रक्षा के लिए विधान बना दक्षिणा और दान का अधिकारी होता था। परन्तु मैं उस सारे वैभव और समृद्धि का दर्शक मात्र था। जब-तब श्राद्ध के अवसर पर, ग्रहण-काल में समर्थ गृहस्थ ब्राह्मण-भोजन के बाद दरिद्रों, यतीमों, अपाहिजों से बचे उच्छिष्ट आहार की पत्तलें बड़ी कृपा कर मेरे सामने फेंक देता जिन पर मैं कुत्तों के साथ टूट पड़ता और उस छीना-झपटी के बाद ओंठ चाटता मैं श्मशान लौटता।

यह भारतीय इतिहास का 'स्वर्ण-युग' था। देश में धन-धान्य की राशि खड़ी थी। नगरों में अनन्त मन्दिर बन रहे थे। पहाड़ों में दरी-गृह खोदे जा रहे थे। उन्हें अनन्त व्यय से समृद्ध किया जा रहा था। उनके निर्जीव पत्थर के देवताओं में रत्न जड़े जा रहे थे, लाल-नीलम जगमगा रहे थे। परन्तु मैं अब भी नंगा फिर रहा था, भूखों मर रहा था। उन मन्दिरों के देवताओं तक को मेरी सुधि न आयी जिनकी काया के निर्माण के लिए दिन-दिन, रात-रात पीठ पर कोड़े और चाबुक ले-लेकर पहाड़ के पत्थर मैंने काटे थे। वे सवर्णों के थे, पत्थर के।

वह 'स्वर्ण-युग' था, गुप्त सम्राटों का, 'अश्वमेधयाजी' समुद्रगुप्त का, 'धर्म-प्राचीरबन्ध' चन्द्रगुप्त विक्रमादित्य का, 'वर्णाश्रमाणां रक्षिता' कुमारगुप्त का, 'स्थितेरभेत्ता' स्कंदगुप्त का! यह 'स्वर्ण-युग' दिङ्नाग और वसुबंधु, कालिदास और विशाखदत्त, हिरषेण और निचुल, अमरसिंह और वत्समट्ट और ब्रह्मगुप्त का था। भारतीय इतिहास में यह काल उचित ही 'स्वर्ण-युग' था। एक साथ किसी अन्य युग में इतने महापुरुष, इतने यशस्वी मनीषी, इतने प्रकांड दार्शनिक, इतने सरस कवि और उदारचेता कारुणिक न हुए । किसी काल में विद्या के प्रति इतना अनुराग मनुष्य का न हुआ। कभी उसने अपनी कला को इस सजीवता से न कोरा, कभी राजाओं ने अपनी प्रजा को पिता की निष्ठा से इस मात्रा में

न देखा। फिर भी मैं उस जगत् से दूर था, उसकी प्राचीरों के बाहर, उसके ज्ञान-क्षितिज के पार।

मैं जब नगर में प्रवेश करता, बड़ी सतर्कता से। अंग-अंग को समेटे हुए, वस्त्राभास को लपेटे, जिससे पुण्यकर्मा नागरिक मुझसे छू न जायें। उन्हें स्नानादि द्वारा प्रायश्चित न करना पड़े और इसी कारण जब बाजार के जनसंकुल मार्ग पर मैं चलता तो विधान के अनुकूल मुझे दो लकड़ियां बजा कर निरंतर जोर की आवाज करनी पड़ती जिससे सुदर्शन देवोपम महाभाग नागरिक मेरी राह से हट मेरे स्पर्श से बच जायें! और जब वे धर्मचेता नागरिक मेरा काष्ठ-स्वर सुनते तब सहसा काई की भांति फट जाते। मतवाले हाथी के आगमन से, क्रुद्ध 'महिष' (भैंसा) की दौड़ से आदमी इतना नहीं भागता जितना समानेन्द्रिय वे मेरे हितू स्पर्श से बचने के लिए दूर भागते!

क्यों? यह प्रश्न उतना मेरा न था जिनता उन तरुण बच्चों का था, जो मेरे साथ पहली बार अपने महिष्कृत आवास से नगर में प्रवेश करते और समान रूप के मनुष्यों का यह आचरण देखते। मैं क्या उत्तर देता? कहता – ये सवर्ण हैं, हम अन्त्यज, और चुप हो रहता। यद्यपि मैं जानता था, यह उत्तर न तरुण जिज्ञासा का समाधान करता है और न मेरी शांति का परितोष ही। उस 'स्वर्ण-युग' के शिखर-कवि कालिदास के शाकुन्तलम में दुष्यन्त के नगर में शकुन्तलाम के साथ प्रवेश करते हुए ऋषिकुमारों ने कहा था – 'नगर में प्रवेश करते ऐसा जान पड़ रहा है जैसे अग्नि की लपटों के बीच जा पड़ा हूं, त्यग रहा है जैसे स्थान से शुद्ध होते ही तेल से भरे हाथों से किसी दे छू दिया!' 'स्वर्ण-युग' के शिखर-कवि के शाकुन्तल में ऋषिकुमारों ने शकुन्तला के साथ नगर में प्रवेश करते हुए नागरिकों के प्रति जो कहा वह 'स्वर्ण-युग' का घृणित उपेक्षित अन्त्यज श्वपच होकर नगर में प्रवेश करते समय अपने तरुण बालक से मैं कैसे कहता, कैसे कह सकता था? 'स्वर्ण-युग' था, मनीषी दार्शनिकों का युग था, कवि-कलावंतों का युग था, विक्रमादित्यों का युग था, नररत्नों का युग था।

और नगर से लौटना भी पहले ही पड़ता, सिंहद्वार के बंद हो जाने की आशंका थी और यद्यपि मुझे सिंहद्वार के तोरण के नीचे होकर निकलने की अनुमति न थी, पार्श्वद्वारों के बंद होने का समय सिंहद्वार के समय से भी पहले होता, इससे मेरा पहले लौट पड़ना अनिवार्य था। प्रातः नागरिकों को अपना मुंह दीख जाने के डर से मुझे नगर में ङ्कवेश दिन चढ़ने पर करना पड़ता और दिन डूबने के पहले ही संध्या समय मुझे द्वार मंद हो जाने के भय से नगर छोड़ देना पड़ता। 'स्वर्ण-युग' के इस विधान के प्रति मेरा मस्तक सदा सर्वथा झुका रहता, क्योंकि वह विधान मनीषी धर्मशास्त्रियों का था, न्यायी विक्रमादित्यों का, प्रजावत्सल नरेशों का।

4

सदियां निरंतर चलती रहीं। युगों का क्रम बदलता रहा, परन्तु मेरा जीवन अब भी

पूर्ववत् बना रहा। साम्राज्य उठ-उठ गिर पड़े, नगर खड़े हो-हो मिट गये, परन्तु मेरे आवास और भाग्य में कोई परिवर्तन न हुआ, मेरे यत्न और प्रयास में कोई अंतर न पड़ा। एक बात मैं विशेष बलपूर्वक यहां कह देना चाहता हूं। भारतीय इतिहास के उस अप्रतिम 'स्वर्ण-युग' ने मुझे कुछ भी न दिया ऐसा कहना शायद सर्वथा सही न होगा और सत्य को दबा रखने को मैं उतना ही अक्षम्य समझता हूं जितना मिथ्या भाषण को। इससे उसे कह ही डालूंगा। 'स्वर्ण-युग' ने मुझे चोरी करना विशेष रूप से सिखाया। युग की समृद्धि, उसके स्वर्ण-द्रव्य और वैभव की अन्य वस्तुएं मेरी शांति को भंग करने के लिए पर्याप्त थीं। तपःपूत जीवन बिताने वाले महर्षि विश्वामित्र जब मेनका की आंच बर्दाश्त न कर सकने के कारण शलभ की भांति उसमें जल मरे, तपोधन गौतम की ऋषि-पत्नी जब अपनी वासना का समन न कर सकीं, परम्परागत ब्राह्मण के परिवार में जन्म लेकर जब 'रत्नाकर' (वाल्मीकि) सप्तर्षियों तक को लूट लेने का लोभ संवरण न कर सके, तब मेरी क्या बिसात थी जो मैं गुप्तकालीन वैभव द्वारा आकृष्ट न होता?

उन दिनों एक चीनी यात्री आया, भारत को तीर्थस्थान समझ अपने मनुष्य-जन्म को कृतकृत्य करने। उसने लिखा कि भारत के नगरों में चोरी नहीं होती, वहां चोर नहीं बसते, लोग घरों में ताला नहीं लगाते, शराब नहीं पीते, मांस का व्यवसाय नहीं करते और मांस खाना तो दूर रहा, प्याज और लहसुन तक नहीं खाते। हां, मांस चाण्डाल बेचते हैं, नगरों के बाहर।

सही मैं आखेट करता और मांस बेचता था क्योंकि वह मेरे जीवन का एक विशेष साधन था। परन्तु आज, जब मुझे जबान मिली है, अगर वह भ्रामक भ्रमक मेरे सामने होता तो मैं उससे पूछता कि यदि नागरिक मांस न खाते थे तो मैं उसे बेचता किसको था? यदि नागरिक शराब न पीते थे तो नगर के उद्यानों और प्रासादों के प्रमद-वनों में आपान-भूमि की योजना क्यों होती थी? मेघदूत में शिखर-कवि चित्रकूट के दरी-गृहों में संकेत-स्थान की कल्पना कैसे करता था? परायी स्त्रियों के अभिसार का वर्णन कौन करता था? चोरी न थी – परन्तु मेरे बन्धु-विशेष का नाम फिर दुसाध (दुःसाध्य) क्यों पड़ा? और गुप्त-विधान में दौसाद्ध-साधनिक अधिकारीवर्ग की अभिसृष्टि क्यों हुई? दुःसाध्य में क्या प्रयोगसिद्ध खेर की संज्ञा निहित न थी?

बात यह है कि उस प्रातःस्मरणीय युग में चोरी थी और खूब थी, परन्तु उसका उत्तरदायी स्वयं चोर न था, स्वर्ण-युग की वह विलासप्रियता थी, वह अर्थ-व्यवस्था, जिसने एक ओर द्रविण-राशि (सोने की ढेरी) खड़ी कर दी थी, दूसरी ओर याचकता और नग्नता उपस्थित कर दी थी। अपरिमित ऐश्वर्य और नितान्त नग्नता का वैषम्य ही उसका कारण था। चोरी मैंने की, और खूब की, परन्तु उसके परिणाम भी मैंने ही सहे। चोरी का दण्ड तो दण्डतीति के व्यवस्थापक ने मुझे निरंतर दिया, परन्तु मेरी नग्नता और आवश्यकताओं पर उसकी दृष्टि न गयी, उसके कारणों की उसने खोज न की। उसकी उसे आवश्यकता न थी।

परन्तु चोरी का दोषी क्या मैं अकेला था? क्या उस युग में मेरे समानधर्मा द्विज

न थे, क्या स्वयं ब्राह्मण ने यह वर्जित कर्म न किया? शूद्रक के मृच्छकटिक में चोर कौन था – चाण्डाल या ब्राह्मण? ब्राह्मण रात्रि के अंधकार में सेंध मारने जाता है और मानसूत्र घर पर भूल जाता है तब मानसूत्र के स्थान पर अपने यज्ञोपवीत का उपयोग करता हुआ वह कहता है – 'विस्मृतं प्रमाणसूत्रं मया। अस्मद् विधां ब्रह्मणानां यज्ञोपवीत महदुपकरणीयम्। यज्ञोपवीतमिदं मे प्रमाणसूत्रं भविष्यति।' यह शूद्रक ने लिखा अपने मृच्छकटिक में, उसी शूद्रक ने जोजिसको साहित्य की कल्पना में मैंने – चाण्डाल ने – वह शुक प्रदान किया था जो शुकदेव की ही दिव्य-दृष्टि से मानव-भाषा में बोल उठा था। फिर समाज का दोषी मैं अकेला ही क्यों था और मुझे भी अपने समानधर्मा बंधुओं के साथ नगर में बसने का अधिकार क्यों न मिला?

गुप्तों का साम्राज्य हूणों ने तोड़ दिया और इस देश में टिड्डी दल की भांति अटूट संख्या में उन्होंने प्रवेश किया। समाज की व्यवस्था वैसे ही टूक-टूक हो गयी जैसे साम्राज्य की, परन्तु उसका लाभ फिर भी मुझे न हुआ। विदेशी हूणों, गुर्जरों, पहलवों ने देश की राजनीति को तो जीता ही, साम्राज्य की व्यवस्था भी जीत ली और अपनी विजय के अनुकूल ही समाज में भी अपना स्थान चुना और वस्तु-स्थिति को स्वदेशी विधाताओं ने सहर्ष स्वीकार किया, परन्तु मेरी स्थिति पूर्ववत् बनी रही, उसमें किसी प्रकार का अंतर न पड़ा।

हर्ष के साम्राज्य ने याचकोके लिए भारत की भूमि पर स्वर्ग की अभिसृष्टि की, परन्तु उसकी 'मोक्ष-परिषदों' में मेरे लिए कोई स्थान न था। जिस भावना से प्रभावित होकर उस काल चीनी यात्री हुएनत्सांग यहां आया, उसको वह कितना चरितार्थ कर सका यह मेरे कहने की बात नहीं। परन्तु मुझे यह कहने की आवश्यकता भी नहीं कि उसके आराध्य देव तथागत ने जिस नवसमाज की आरम्भ में कल्पना की थी वह न तब बन सका था, न अब बन सका और यदि वह नगर के बाहर श्मशान पर एक नजर डालता तो उसे मेरे वक्तव्य की सत्यता ज्ञात हो जाती।

बाण और दण्डी ने इस काल जिस चाण्डाल वर्ग की ओर बार-बार अपनी कृतियों में, कादम्बरी और दशकुमारचरित में, संकेत किया वह नितांत घृणा का था, उपेक्षा और अपमान का नहीं। मैं निश्चय तब भी अभी की भांति मानव-समाज का अंग न समझा जाता था। मेरे लिए आवास की भूमि अलग भी, समाज की व्यवस्था भिन्न थी, दण्ड के विधान पृथक् थे।

5

निश्चय अब मैं धीरे-धीरे उस स्थिति को प्राप्त हो गया था जब मनुष्य को द्वन्द्वों से विरति हो जाती है, जब वह दुःख-सुख में, मानापमान में अंतर नहीं डालता। वास्तव में हिन्दू-आचरण की स्थित-प्रज्ञता मुझमें मूर्तिमान हो उठी थी, मैं निर्द्वन्द्वता का सौम आकार था। चोरी के धन को उसके आचरण की ही भांति मैं गर्हित न मानता था, मेरे खुले आवास

में शीतोष्ण का समान प्रहार था, सम्मान-प्रताड़ना मुझे कभी उद्वेलित न करती थी, मृतक-सम्बन्धियों का क्रंदन मेरी आंखों में आंसू न लाता था और न ऐश्वर्यवान् की वैभवशालीनता ही मुझे आकृष्ट करती।

नगर में तब पूजा का एक नया स्वरूप खड़ा हो रहा था जिसे ब्राह्मणों ने नहीं, मन्त्रयानी साधकों ने सिरजा था। उनकी अनिवार्य संतति वज्रयानी सिद्धों में उन साधकों का आकार सपुरुष हो उठा। अब उन्हें ध्यान-समाधि की चेतना प्रभावित न करती, अतृप्ति की उनमें अब एक नयी वासना जग उठी थी जिसके साधन भिन्न थे, अभितृप्ति भिन्न थी, मात्रा भिन्न थी, मर्यादा भिन्न थी।

अब साथ ही शाक्तों, कापालिकों का युग चल पड़ा था। साधक की कामना लिये ये नगर के देवायतनों को छोड़ मेरे श्मशान में आते और मेरे आवास तक में मुझे क्षण-भर कल न लेने देते। प्रेत चीवर के लिए वे मुझसे झगड़ते, मेरी टपकायी शराब छीन अपने खप्पर में डाल रक्त के साथ गट-गट पी जाते, श्मशान के कुत्तों के साथ एक ही पात्र में वे खाते-पीते और समसे घृणित बात यह कि उनकी सिद्धि का एक साधन ऐसा था जिसकी मांग ने मुझे शर्म में गाड़ दिया और जिसको चिह्वा पर लाना मेरे लिए अत्यन्त कठिन है। बस आप इतने से समझ लें कि मेरी धूल-धूसरित मलिनवसना कन्याएं भी उनके धर्माचरण से बची न रह सकीं!

मनुष्य इतना नीचे कभी न गिरा, इस प्रकार धर्म को उसने अपनी पशु-वृत्ति का साधन कभी न बनाया, उससे उसने अपने इष्ट को कभी न साधा। कापालिकों और योगिनियों के अमानुषिक कृत्यों को देख मैं अपनी जीभ दांतों तले दबा लेता, अपनी आंखें मींच लेता। और मैं चाण्डाल था, श्वपच, अन्त्यज, अछूत!

6

उधर इस्लाम का झंडा ऊंचा हुआ और सारे मध्य-एशिया में अरबी रिसाले दौड़ने लगे। एशिया का एक बड़ा भाग, मिस्र और दक्षिणी तथा पूर्वी योरप के अनेक भाग अरबों के अधिकार में आ गये तब इस्लाम ने हिन्दुस्तान की ओर रुख किया। छोटे-बड़े धावों के बाद वास्तविक हमले महमूद गजनी और शहाबुद्दीन गोरी ने किये। फिर उत्तर-भारत पर मुसलमानों का अधिकार हो गया, उन गुलामों का जिनके भाई-बन्धु तब सारे एशिया और मिस्र पर हुकूमत कर रहे थे।

उनकी चोटों से भारतीय धर्म और सामाजिक व्यवस्था कराह उठी और मुझें उम्मीदें बंधी, कुछ सहारा हुआ। एक नयी बात जो मैंने उस विजयी जाति में पायी वह यह थी कि उसे मेरे साथ यद्यपि कुछ खास हमदर्दी न थी परन्तु मुझसे कोई परहेज भी न था। मेरे साथ रोटी-बेटी करने से कोई इनकार न था। उनकी मांग बस एक थी कि मैं नबी का मजहब मंजूर कर लूं, कुरान पर ईमान लाऊं। उसके बाद किसी को मुझे हिकारत की नजर से देखने का हक न था, हिम्मत न थी। न किसी मुसलमान को, न हिन्दू को। यह

सही है कि हिन्दू तब भी मुझे उच्च वर्ग का न मानते, विधर्मी और विदेशी को उन्होंने कभी न माना, उन्हें भी उन्होंने बराबर 'म्लेच्छ' ही कहा, पर सामने मुझे कुछ कहने की हिम्मत न होती क्योंकि ऐसा करना इस्लाम के ऊपर हमला था और इस्लाम पर हमला करना कुछ हंसी-ठट्ठा न था, खतरे से भरा था।

इस्लाम एक बार अपने दायरे में आ जाने पर काफिर की भी रक्षा करता है और मनुष्य में अंतर नहीं डालता। एक बार उसकी परिधि में आ जाने के बाद किसी को ऊपर उठने में असुविधा नहीं तोही यदि उसमें जर्फ हो। मेरा एक बड़ा हिस्सा मुसलमान हो गया। यह कहना सरासर गलत है कि मैं तलवार के डर से मुसलमान हुआ। तलवार के डर से मुसलमान द्विज हुए – ब्राह्मण, क्षत्रिय, वैश्य जिन्हें अपना धर्म छोड़ते दर्द हुआ, सर्वस्व खोता-सा जान पड़ा। मुझे मुसलमान होकर अगर कुछ खोना पड़ा तो अपनी पुरातन सामाजिक बेड़ी, वे प्रतिबन्ध जिन्होने सदियों से मुझे जकड़ रखा था और जिनके कारण मैं अपने आप को पशुवत् समझता था।

इस्लाम में दाखिल होकर मैं एक नयी दुनिया में खड़ा हुआ जहां अपनी सूझ और ताकत से मैं हर ऊचांई तक उठ सकता था, जहां मेरे बच्चों को दूसरों का मुंह न ताकना पड़ता था, जहां मैं अपनी तलवार के जोर से नित्य नये मैदान सर करने लगा। निश्चय मैं स्वेच्छा से मुसलमान हुआ, उस दुनिया से नजात पाने के लिए जहां मेरे लिए सिवा भूख, मार और नंगपन के और कुछ न था। अब मैंने जाना कि दुनिया कितनी आकर्षक, कितनी प्रशस्य है, उसकी न्यामतें कितनी हैं, उसकी रहमत कितनी बड़ी है!

परन्तु यह मेरे एक अंग की कहानी है। मेरे प्राण फिर भी अपने हिन्दू-गौरव और कठोरता के भार में कुचले जाते रहे। मैं संतोष के साथ अपने पूर्व कर्मों की सजा वहां भूगतता रहा, यद्यपि यह संभव न था कि वहां तक इस्लाम का प्रकाश सर्वथा न फैलता। कम से कम इस्लाम में छुआछूत की बीमारी न होने के कारण वह चोट न थी जो मुझे अन्त्यज होने से हिन्दू देशी के हाथों नित्य क्षण-क्षण भुगतनी पड़ती थी। संघर्ष की बुनियादी चपेटों के बाद जब संस्कृतियां एक-दूसरे को समझने लगीं, तब कुछ उसे महापुरुष भी जागे जिन्होंने मनुष्य को हिन्दू-मुसलमान होने के नाते नहीं, मनुष्य को महान कहा और उसे मानवता के धरातल पर अपनी शक्ति और शालीनता के साथ खड़ा किया। कबीर और नानक उन्हीं में से दो थे। पुरी के मन्दिर में जब-तब मेरा प्रवेश हो जाता परन्तु अन्यत्र मैं मन्दिर की प्राचीरों के पास तक न फटक सकता था। देवता, जो हिन्दू धर्म के अनुसार मेरा भी 'सर्जनहार' था, मेरे स्पर्श या दर्शन से अपावन हो जाता। फिर देवता के अपावन हो जाने से संसार की सद्गति कैसे होती, उसके व्यवहार कैसे चलते? रैदास ने आवाज उठायी और कुछ अंशों में वह मान्य भी हुआ परन्तु वह केवल मेरा एकांग चमार था। उसके पद तो वर्णाश्रमियों में गाये जाने लगे परन्तु उसके चमार भी वहीं बने रहे जहां वे पहले थे, मैं भी वहीं बना रहा क्योंकि आर्थिक आधार मेरे हाथ में न थे और न वह चराचर का स्वामी ही मेरे हाथ में था जिसकी इच्छा बगैर पत्ता तक नहीं हिलता!

हां, वह चराचर का स्वामी भी, जिसकी इच्छा बिना पत्ता तक नहीं डोलता, किसी

के हाथ में है। यदि ऐसा न होता तो यह कैसे सम्भव था कि सृष्टि का सबसे सुन्दर प्राणी व्यवस्था की विषमता का इस कदर शिकार होता जिस कदर मैं हूं। सदियों और युगों से बर्दाश्त के लिए अपने आचरण से आदर्श प्रस्तुत करते आते मेरी नैतिकहीनता इस प्रकार सिद्ध क्यों होती यदि वह घट-घट का व्यापी दूसरों का गुलाम होकर उनके इशारों से मेरी काया न डाहता? उस झूठ के मैंने आकार देखे। वह आकार बड़ा व्यापक था।

मैं अब भी अपने अंग सिकोड़े पूर्ववत् अपनी पीठ और सीने पर हिन्दू समाज के कोड़े सहता, उसका जुआ अपनी गर्दन पर संभाले चुपचाप बिना 'उफ' किये चलता रहा। मेरा आकार क्षीण हो चला, क्षीण होता रहा, हिन्दू मेरे धर्म-परिवर्तन को कायरता कहते, उस पर ग्लानि प्रकट करते। परन्तु वह ग्लानि कुछ इसलिए न थी कि उनके धर्म के आकार में संकोच हो रहा था – उनके धर्म का अंग मैं कभी न रहा – बल्कि इसलिए कि उनके अन्त्यज सेवकों की संख्या निरन्तर घटती जा रही थी।

7

अब एक नयी जाति से सामना था, गोरी जाति से जो समुद्र पार से आयी थी और फिरंगी कहलाती थी। उनमें जिन्हें अंगरेज कहते थे, वे बड़े प्रबल हुए और धीरे-धीरे उन्होंने देश पर अपना आधिपत्य स्थापित कर लिया। हिन्दुस्तान अब तुर्कों की उस हुकूमत से ऊब चुका था जिन्होंने विदेश को कभी अपना घर न जाना और इसी देश में जो मरते-मिटते रहे थे। परन्तु उसने इन नवागतों को स्वीकार कर लिया।

अब मुझे कुछ सुविधाएं मिलीं। नवागत ईसाई थे, उनको मनुष्य-मनुष्य में सामाजिक अन्तर की कभी तमीज न थी, स्वदेश में कभी उसे उन्होंने जाना न था। इसलिए उन्हें मुझे अपना नौकर बनाने में किसी प्रकार का परहेज न हुआ। और मुझे नौकर बनने में कोई एतराज न था। मुझे तो इस बात की खुशी थी कि मनुष्य ने नौकर मान कर ही सही, अपने पास मुझे जगह तो दी। पहले भी मैं सेवक था पर दूर का अदृष्टि, अन्त्यज सेवक, अब पास का था और दूर के सेवक से पास के सेवक में कहीं अधिक अपने व्यक्तित्व का भान होता है। जहां मैं अब तक जूठी फेंकी पत्तलों के लिए कुत्तों से युद्ध करता आया था, वहां चमकती प्लेटों में छप्पनों प्रकार के व्यंजन परोसने का सम्मान तो मिला। जहां मुझे अपने पहले स्वामियों के गंदे ढोरों को छूने का साहस न होता था, वहां अपने श्वेतांग भुओं के 'ग्रेट-डेन' और 'अलसेशन' कुत्तों को साबुन से धो-धोकर चमकाने में मुझे निश्चय एक ङ्कार का सुख होने लगा। मुझे इस बात को सोच कर गर्व होता कि मैं उन स्वामियों का नौकर था जो मेरे पुराने स्वामी हिन्दुओं के शासक थे और जिनके पास बड़े-बड़े धर्म-धुरन्धर तथा शस्त्रपाणि छोटी-छोटी कृपाओं के लिए घुटने टेके गिड़गिड़ाया करते थे।

मैं पहले कह चुका हूं कि देश के नये स्वामी ईसाई थे। उनके साथ भी पुजारियों का एक दल था। परन्तु यह दल देशी मंदिरों के पुजारियों से मानसिक चेतना, ज्ञान और व्यवहार में कितना भिन्न था! जहां मंदिर के पुजारी मुझे कुत्तों की भांति मार भगाते, मेरी

छाया तक का स्पर्श अपावन मानते वहां ये नये पुजारी दया का अवतार बन मुझे पास बुलाते, मेरे घावों पर प्रेम से हाथ फेरते । उन्होंने अपने प्राचीन महात्मा और पथप्रदर्शक मसीहा ईसा का मुझे संदेश सुनाया। उन्होंने कहा कि दलितों के उद्धांर के लिए, गरीबों के लिए पृथ्वी पर स्वर्ग की स्थापना के अर्थ वह खुदा का बेटा ईसा सूली पर चढ गया था और उसने अपने हत्यारों पर भगवान से दया की क्षार्थना की थी। कहा था – 'पिता, इन्हें माफ करो, ये अज्ञानी है।' उन सुन्दर स्वच्छ पुजारियों ने बताया कि उस स्वर्ग के अधिकारी गरीब और उपेक्षित, धनी और अभिताज-कुलीय की अपेक्षा कहीं अधिक हैं क्योंकि 'सुई के छेद से ऊंट का निकल जाना सम्भव है पर धनिकों का स्वर्ग में प्रवेश पाना सम्भव नहीं।' यह चेतना कितनी नयी थी और उससे कितनी भिन्न थी जो मैं निरन्तर सदियों से भुगतता आया था। और उनका आचरण कितना अनुकरणीय, उनका व्यवहार किनता आकर्षक था, उनसे कितना भिन्न जो शिवि और जीमूतवाहन की कथा कहते हुए भी मेरे मर्म पर निर्मम आघात करते कभी न चूके थे। मुझे कभी विश्वास न हुआ था कि शिवि ने कबूतर की रक्षा के लिए अपने शरीर की बोटियां लुटायी होंगी या जीमूतवाहन ने दूसरे के लिए अपना शरीर ''वैनतेय'' (गरुड़) को प्रदान कर दिया होगा, क्योंकि उनके आदर्श की सौगंध खाने वाले पुजारियों का व्यवहार उनकी महिषासुर-मर्दिनी के सिंह का था। परन्तु इन नये पुजारियों की कथा में सन्देह करने का कोई कारण न हुआ जब मैंने देखा कि वे हमारे हितचिंतन में संलग्न है और हमारे ऊपर उनका वरद हस्त है।

खुशी से उनके आश्रय में बाद में मैंने जाना कि शायद वे भी किसी के नौकर थे और उनको भी अपने काम की कैफियत देनी थी जिस पर उनकी तरक्की बहुत कुछ निर्भर करती थी। मुझे यह ज्ञान तनिक भी न खला क्योंकि जो काम मैं दूसरों के घृणित कठोर दबाव से करता था वहीं मुझे प्रेम, दया, अधिकार के लिए करने में कोई परहेज न था। मैंने देखा कि ईसाई होने के साथ ही मेरी स्थिती बदल जाती, मेरी शक्ल दूसरी हो जाती। मैं पढ़ने-लिखने का अधिकारी हो जाता, साफ-सुथरे कपड़े पहनता, जीवन में ऊंचे से ऊंचे पदों को पाने का हक हासिल करता और अपने पुरातन प्रभुओं के ऊपर कितनी ही बार अपनी हुकूमत की चाबुक फटकारता । परन्तु इन सब से ऊपर वह भावना थी जिसने मेरे हृदय में क्षवेश कर मुझे आत्मविश्वास दिया, बल दिया और मैं अपने को अब मनुष्य समझने लगा।

8

परन्तु अब भी मेरी एक बड़ी संख्या उसी सनातन परम्परा की दास थी जिसमें वह सदियों से पिसती आयी थी मेरे दुख और दारिद्रय से नहीं वरन् हिन्दू समाज के एक बड़े अंग के खो जाने के भय से स्वामी दयानन्द नामक एक महात्मा ने मेरे प्रति मानुषिक व्यवहार की जनता से अपील की, परन्तु उस महात्मा की आवाज नक्कारखाने में तूती की आवाज की तरह डूब गयी। मैं पूर्ववत् अकिंचन, घृणित और अछूत समझाा जाता रहा,

मन्दिरों में मेरा प्रवेश निषिद्ध था। दक्षिण में मेरी छाया से अशोच होता रहा।

अंग्रेजी शिक्षा के प्रभाव से प्राचीन 'स्वर्ण युग' की प्राचीरें तो निश्चय ढह गयी थीं, परन्तु इसमें संदेह नहीं कि मेरे ऊपर जुल्म की कभी कमी न हुई थी। मैं अब भी मन्दिरों में देवताओं के दर्शन न कर सकता था, मेरे बच्चे आम स्कूलों में न जा सकते थे, बम्बई के होटलों और रेस्तराओं से कितनी बार मैं निकाला गया, कितनी ही बार मालेजों में मेरा प्रवेश सवर्ण हिन्दुओं के विरोध से रोक दिया गया, यद्यपि उनके बच्चों से जेहन में मैं कहीं होशियार था। इसका सबसे बड़ा सबूत तो यही है कि आज भारतीय संविधान समिति का अध्यक्ष मैं ही हूं।

मेरी संख्या करोड़ों में है और इस संख्या के साथ मैं देश की राजनीतिक तुला के पलड़ों को अपने भार से चाहे जिधर चाहता झुका सकता था। मेरी शक्ति अभी तक आंखों से ओझल रह सकती थी जब तक देश में राजनीतिक निर्वाचन के आधार शिक्षा और ध ान थे। परन्तु मैं जानता था कि फैलते हुए राजनीतिक क्षितिज में देर तक मेरी इस शक्ति की उपेक्षा नहीं की जा सकती। और इसे अकेला मैं ही न जानता था, दूसरे भी जानते थे जिन्होंने हिन्दू जाति की इस अपनी बेड़ी को काट कर उसे स्वतंत्र कर देना चाहा। इसी बीच विदेशी राजसत्ता ने देश को कुछ अधिकार दिये, कुछ देने के वादे किये, यद्यपि ये वादे और ये अधिकार नितांत झूठे और खोखले थे जिनको पूरा करना उसे अभीष्ट न था।

उधर हिन्दू-मुसलमानों में अनेक बार परस्पर संघर्ष की चेतना जागी और 1909 ई0 में दोनों के अलग-अलग निर्वाचन-क्षेत्र नियत हुए। मेरी भी एक शक्ल बनी जो 1919 तक निखर कर स्पष्ट हो गयी। अब धारा-सभाओं में मुझे भी स्थान मिला और दोनों पक्ष अपना बल बढ़ाने के लिए मेरा भी आदर करने लगे। जब मैंने समझा कि मेरी कुछ शक्ति है तो मुझे भी कुछ पैंतरे बदलने की इच्छा हुई और मैंने उस आमन्त्रण को अनुराग से देखा जो मुसलमानों के पेशवा ने मेरे पास भेजा। इतना ही नहीं, मेरे नेता ने हिन्दुओं को इस बात तक की धमकी दी कि हम उस धर्म की सामाजिक परिधि में समा जायेंगे जहां मनुष्य का मनुष्यवत आदर होता है। फिर यह कैसे संभव था कि मेरे पुराने स्वामी अपने कानों में उंगली डाले चुप बैठे रहते?

अब मुझे रिझााने का प्रबंध होने लगा। मन्दिरों के दूवार मेरे लिए खोल देने की चर्चा होने लगी और देश में एक महात्मा ने मेरे उद्धार का बीड़ा उठाया। उस आन्दोलन में कितना मेरे प्रति प्यार था और कितना मेरे खो जाने का भय, यह मैं नहीं कह सकता। परन्तु इसमें संदेह नहीं कि अनेक प्रगतिशील हिन्दू मेरे उद्धार की प्रेरणा से अनुप्राणित थे, कितनों ने ही वर्ण-धर्म के विरुद्ध सबल आवाज उठायी थी।

महात्मा की शक्ति बड़ी थी। उसका प्रभाव व्यापक था और उसकी आवाज से कितने ही मन्दिरों के मुख्य द्वार टूट गये। परन्तु वस्तुतः वह मेरी आवश्यकता न थी और न मैं चाहता ही था कि समाज के जिन अंगों ने अपनी पूजा का कोई विशेष रूप रखा था उसमें मैं हस्तक्षेप करूं। मन्दिर और देवता मुझे कभी न भाये थे और न मैंने उनके

लिए कभी आवाज उठायी थी। मैं तो उस निस्सीम प्रकृति का पुजारी था जिसकी व्यापक गोद में मैं खेला बढ़ा था। मेरी आवश्यकता तो वास्तव में आर्थिक थी जिसके आधार पर मैं दूसरों के बराबर कंधे से कंधा लगा खड़ा हो सकता था, क्योंकि मैं जानता हूं कि आर्थिक अधिकारों के बगैर राजनीतिक समता का कोई अर्थ नहीं। इसे उस महात्मा ने भी समझा और इस अर्थ में उसने कुछ सही प्रयत्न भी किये, परन्तु मैं आज तक यह नहीं समझ सका, कम से कम सामाजिक दृष्टिकोण से, कि जो हिन्दू वर्ण-व्यवस्था को ईश्वरीय मानता और उसको बनाये रखने तथा सुधारने के स्वप्न देखता है, वह कहां तक उसका हितू हो सकता है जो सदियों से उस व्यवस्था के चक्र द्वारा पिसता रहा है। काश वह इस बात को समझ सकता कि वर्ण-व्यवस्था की नींव उन्हीं उसूलों पर रखी हुई है जिन पर अपने विधान द्वारा वर्गों की उत्पत्ति कर चतुर समर्थ अपने वैभव के सुख भोगता है, जिन पर चातुर्वर्ण्य स्वयं अपने पाये रखे मुझे कुचले जा रहा है। काश वह समझ पाता कि शोषकों के प्रति भ्रातृस्नेह और संरक्षण की भावना उतनी ही असिद्ध है जिनती कुत्ते द्वारा खरहे की या बिल्ली द्वारा चूहे की – प्रकृत्य मित्रों की!

उसने स्वयं स्वतत्रंता की लड़ाई विदेशियों से लड़ कर जाती थी। उस लड़ाई में उसने यह सच्चा नारा उठाया था कि यदि शासन-प्रणाली का उचित सुधार न हो सका तो उसका अन्त करना होगा और उसका अंत ही करना पड़ा। उसी प्रकार मानवता के शत्रु, सामाजिक वैषम्य के पोषक, सदियों शूद्रों, दासों, नारियों और मेरे ऊपर कठोर निर्मम शासन करने वाली उस व्यवस्था का सुधार नहीं हो सकता, उसका अंत ही करना होगा।

मैंने अब अपना मार्ग निश्चित कर लिया था, अपना निर्भीक नेता चुन लिया था। परन्तु मेरे नेता के जन-बल और उसकी स्पष्टवादिता से डर कर देश के सबसे बड़े राजनीतिक दल ने मुझ में से कुछ को फोड़ कर उनका अलग नेता खड़ा किया जो मुझे किसी ङ्कार स्वीकार या सम्मत न था। अन्त में मेरे राजनीतिक दृष्टिकोण का लोगों को आदर करना पडा। देश का अभाग्यवश बंटवारा हो जाने पर मुझे अपनी कठिनाइयों के बावजूद उसकी प्रगति में हिस्सा लेना पडा और मैं खुशी से उसमें हिस्सा ले रहा हूं।

मगर मैं एक बात स्पष्ट कर दूं कि मेरी लड़ाई अभी शुरू हुई है, और मुझे अभी बहुत लड़ना है, बड़े बलिदान करने हैं, यद्यपि मैं बलिदान के पथ से अपरिचित नहीं। मुझे विशेषतः उस भावना से लड़ना है जिसमें मेरे प्रति उदारता और दया का प्रचार किया जाता है। मैं इसे स्पष्ट कर देना चाहता हूं कि मुझें दूसरों की दया और उदारता पर निर्भर नहीं रह है। मैं अपने पैरों पर खड़ा हूं और मानव होने के नाते अपने अधिकारों को हस्तगत करना चाहता हूं जिन्हें निश्चय लेकर ही मैं रहूंगा। चूंकि मैं दया की भीख नहीं चाहता इसलिए मैं अपनी नयी संज्ञा 'हरिजन' से भी घृणा करता हूं, उसी प्रकार जैसे 'अछूत' से। मैं इस नये नाम को पुराने से किसी अंश में अच्छा नहीं समझता। मैं इस बात को नहीं भूलता कि 'हरिजन' शब्द से फिर उसी वर्ग-विशेष का अर्थ होने लगा है जो सदियों से अन्त्यज का रहा है और जिसे उस व्यवस्था ने दिया है जिसने सदियों के अपने दलन से मेरा 'दलित' और 'सर्वहारा' विशेषण सार्थक किया है।

मैं उस व्यवस्था द्वारा फिर दिया हुआ यह नाम अंगीकार न करूंगा। मैं इस बात को नहीं भूलता कि जिस दिन से इसका व्यवहार मेरे पर्याय में हुआ है उस दिन से सवर्ण हिन्दू के प्रति किया गया इस का प्रयोग उसे गाली-सा लगता है। मैं किसी 'हरि' का 'जन' नहीं हूं और विशेष कर उस व्यवस्था के 'हरि' का तो हरगिज नहीं जिसने मुझे उस 'हरि' से सर्वदा दूर रखा है, जिस 'हरि' ने मेरी सदियों की कराह पर आंसू न डाला, जो पत्थर का है। मैं 'जन' अपनी जनशक्ति का हूं जिसका एक-एक अंग दुःख की अनुभूति से सचेत है, जिसका एक-एक जन प्रगति की दीप-शिखा लिये आगे बढ़ रहा है।

मुझे नहीं चाहिए हरिजनत्व की इस कृपा से बसायी हुई मेरी यह नवीन 'कालोनी'। पहले मैं नगरों के बाहर श्मशान में रहता था, आज भी मेरी बस्ती जो मेरे दयावान उपकारी बसाते हैं वह नगरों और गांवों के बाहर! पहले भी मुझे नगर के भीतर बसने का अधिकार न था, आज भी नहीं है। नगरों में वह मुसलमान या ईसाई तक जिसे हिन्दू हिन्दू नहीं मानता, सवर्ण हिन्दू की बगल में महान बना कर बस सकता है पर मुझे हिन्दू कहता हुआ भी वह आज भी अपने पास बसने नहीं दे सकता, रोटी-बेटी की बात तो सपने में भी दूर है। कथनी और करनी दोनों भिन्न है और मुझे भी हृदय टटोल कर उनकी गहराइयां आंक लेने की अब सूझ हो गयी है। इसलिए मैं जानता हूं कि आज का सौजन्य भी प्राचीन 'स्वर्ण-युग' के आदर्शो पर अवलम्बित है और मैं उससे नहीं अपने कृतित्व और जनशक्ति से आशा करता हूं। मैंने अपना रास्ता आप बनाया है, आगे का मार्ग भी मैं अपनी आवश्यकता और अधिकार के अनुकूल आप प्रशस्त कर लूंगा।

लेखक

1

मैं लेखक हूं, और सदियों से नहीं, सहस्राब्दियों से लिखता आ रहा हूं। फिनीशी से पहले, मिकीनी, असूरी और बाबुली से भी पहले, सुमेरी और मिस्री लेख मैंने लिखे और चित्र की लिखावट से लिपि को वर्तमान वर्णमाला का रूप भी मैंने ही दिया।

बाबुली विध्वंस के समय वेलशज्जार के भोज में उसके सर्वनाश का लेख उसके प्रासाद की दीवार पर मैंने ही लिखा था, हम्मुराबी के विधान भी मैंने ही लिखे और मतु तथा मूसा के आचार-नियम भी। मेरी कहानी लम्बी और सारभूत है —शक्ति, आतंक और कष्ट से भरी।

कालांतर में मैं भारत में जनमा और यहां भी मैंने अपने असाधारण इतिहास का निर्माण आरम्भ किया। ईसा से हजारों वर्ष पूर्व सुमेर और मिस्र की समकालीन सैंधव सभ्यता के केन्द्र मोहनजो दड़ों और हड़प्पा की मुहरों पर जो मैंने चित्र-लिपिअंकित की, वह कपाल का ब्रह्मलेख सिद्ध हुई जिसे आज तक कोई पढ़ न सका — न देशी, ने विदेशी।

तब मेरी शक्ति और मर्यादा की कोई सीमा न थी। मिस्र और सुमेर में, काबुल और क्नोसस् में, अक्काद और एलाम में, जोहनजो दड़ो और हड़प्पा में सर्वत्र मेरा आतंक छाया हुआ था। साधारण जनता को लेखक का वह रहस्य ज्ञात न था जिसमें पुजारी और पुरोहित की हैसियत से प्रायः मैं अपने देवोत्तर ज्ञान का भंडार छिपा रखता, जिसमें अनेक बार राजा की हैसियत से मैं अपने प्रासाद और खजाने की सम्पत्ति की सूची और उसका बीजक अपने उत्तराधिकारियों के लिए सुरक्षित कर जाता।

सिंधु के कांठे में भी मेरी शक्ति जगी और जब मैंने पहले-पहल अपने समानधर्मा को बिना किसी से कहलाये केवल मिट्टी की पट्टिका पर लकीरें खींच कर संदेश भेजा तो चतुर्दिक् मानव संसार को मेरी शक्ति के जादू पर असाधारण आश्चर्य हुआ। अपनी शक्ति के आधार इस लिपि-भेद को मैंने सर्वथा गुप्त और उसकी परम्परा को केवल उन व्यक्तियों तक सीमित रखा जो मेरे अंतरंग या समुदाय के थे।

मेरे लिपि-ज्ञान के साधारणीकरण का जब पहला आन्दोलन खड़ा हुआ तब मैंने उसका जी-जान से विरोध किया और शक्ति के सारे साधनों से मैंने अपने आक्रान्ताओं का सामना किया। विरोधियों का पहला आक्रमण मैंने निष्फल कर दिया। परन्तु मेरी शक्ति

में हिस्सा लेने के जब अनवरत जन-आन्दोलन होने लगे, तब अन्त में विवश होकर औरों को भी अपने रहस्य का भेद बताना पड़ा। फिर भी मैं इस बात को भूला कि मेरे ज्ञान के अधिकारियों की संख्या कम से कम रहनी चाहिए और इस ज्ञानवृत्त के निर्माण में मैं सर्वथा सफल हुआ।

कुछ काल बाद एक अत्यन्त शक्तिमान् जाति का मेरी प्राचीन भूमि पर आक्रमण हुआ जिसने तत्कानीन भारतीय सभ्य नगरों और साथ ही मेरी लिपि को भी नष्ट कर दिया। इन नवागतों में गायकों की संख्या बड़ी थी और उनकी कल्पना को प्रकृति का साधारण से साधारण दृश्य भी जगा देता था। परन्तु वे केवल गायक थे – कवि और रट्टू। गायक जो गाते अन्य उसे रट लेते – यद्यपि उनको रटने में विशेष श्रम न पड़ता । मेधा उनकी अच्छी थी और स्मरण-शक्ति उनकी सर्वथा सजग रहती।

मेरी लिखावट पर उन्होंने बहुत आश्चर्य तो न किया, परन्तु उसे देख उन्हें कुतूहल अवश्य हुआ। जाहिर था कि उन्होंने लिखावट पहले भी देखी थी – शायद सुमेरियों की – परन्तु इस सम्बन्ध में उनकी जिज्ञासा विशेष बलवती न हुई और मेरी तात्कालिक लिपि सर्वथा नष्ट हो गयी। मैं जानता हूं, सहस्राब्दियों बाद पुराविदों ने नील, दजला और फरात नदियों की लिपि पढ़ डाली परन्तु मेरी लिखावट आज भी उनके लिए पहेली है।

आर्यो के ऋषि के रूप में मैं फिर जन्मा । मेरे हाथ कटे थे, मेरी लिखावट कब की अतीत के प्रेतचीवर में लिपट चुकी थी। मैंने भी गायक की कला अपनायी। मैं अब लिखता न था, पर देखता था और अपने दर्शन का गान करता था। मेरी संज्ञा 'द्रष्टा' हुई और मैं 'ऋषि' कहलाया। हजारों ऋचाओं और सूक्तों की मैंने रचना की जिनका अर्थ अधिक प्रच्छन्न होता और जिनकी व्याख्या मैं स्वयं करता। फलतः एक बार फिर मेरी शक्ति जगी, क्योंकि देवताओं के रहस्य का उद्घाटन एकमात्र मैं ही करता था, उपासकों के पाप-पुण्य के अनुकूल उनको अन्त्य परिणाम बनाना मेरे ही हाथ का खेल था – और अब, बाबुली ज्योतिष के आधार पर, ग्रहों-नक्षत्रों की गति से मानवों के भाग्य की गति जो मैंने जोड़ी तो मेरी शक्ति निश्चय आसमान चूमने लगी।

इसमें सन्देह नहीं कि लेखन की कला खो जाने के कारण मैं अंशतः पंगु हो गया था, यद्धपि देव सम्बन्धी रहस्य के लिखित न होने और वैयक्तिक सीमा तक परिमित रहने के कारण मेरे प्रभाव का आकार काफी बढ़ भी गया था।

2

अपने खोये अस्त्र (लिपि) की कमी मैंने बराबर महसूस की और उसको फिर से ज्ञाप्त करने का भगीरथ प्रयत्न किया। देवता-सम्बन्धी ज्ञान ही मेरी शक्ति का आधार था और अपनी लेखन-कला का सम्बन्ध भी मैंने देवता से ही करने का निश्चय किया। मेरा सम्बन्ध एक ओर ब्रह्मा से, दूसरी और उसके ज्ञानी – ब्राह्मण – से हो चला, और अनेक अर्थ में मैं स्वयं ब्राह्मण था भी ।

ब्रह्मा के मुख से ब्राह्मण और उसके ज्ञान 'वेद' की उत्पत्ति बता कर मैंने लिपि को भी उसी ब्रह्मा के मुंह में रखा और उसी से निकली बता कर उसे 'ब्राह्मी' कहा – वही ब्राह्मी जिससे कालांतर में भारत की सारी प्रान्तीय लिपियां और उनकी शाखाएं-प्रशाखाएं निकलीं, जिनसे आज की सर्वांग सुन्दर देवनागरी का प्रादुर्भाव हुआ।

मैं पहले कह आया हूं कि अपना लिपि-ज्ञान खो देने के बाद मैं गायक और ऋषि हो गया था – मैं देखता और गाता था। इस देखने और गाने में गहरा रहस्य था। प्राकृतिक दृश्यों और रहस्यों के भीतर यदि देवत्व का अध्ययन मैंने किया तब उसकी विविध शक्तियों का प्रसार और उद्घाटन भी मैं ही कर सकता था। सो तो मैंने किया ही, परन्तु मैंने केवल उतना ही न देखा था, उससे कहीं अधिक देखा था। राजा और राज्यों की लूट भी मैंने देखी थी और स्वभाव से गायक होने के कारण मैं अनेक बार उस लूट का अंशतः में जो दानियों की स्वस्ति-वाचक ऋचाएं प्रस्तुत हुई, उनकी परम्परा मैंने ही प्रारम्भ की।

लिपि को फिर से प्राप्त कर मैंने अपनी शक्ति और बढ़ा ली। मेरी गायक-पंक्ति में अनेक विद्वेषी भी धुस आये थे, फिर अपने देवोत्तर कर्मकाण्ड अपने उत्तराधिकारियों के लिए सुरक्षित करने के हेतु मैंने 'ब्राह्मण' ग्रन्थों की सृष्टि की और उन्हें अपनी नयी लिपि में लिख डाला।

चिन्तन, मनन और लेखन पर जो मेरा प्रायः एकाधिकार था वह अब पहले सा न रह सका। उसमें अब अन्य भी भाग लेने लगे थे। मेरी शक्ति इससे तो कुछ वितरित हुई ही, एक अन्य कारण से उसका ह्रास हुआ। मुझमें गायकों की संख्या काफी थी और गायक इतिहास में जब कला की सीमाओं में बंध गया तब उसकी स्वच्छन्दता भी नष्ट हो गयी।

देवोत्तर गायन से राजोत्तर गायन की ओर प्रतिगति केवल एक कदम की थी और उस ओर मैंने प्राचीन काल में ही अपने डग भरे थे। ब्राह्मण और उपनिषत्-काल में मेरी इस दयनीय वृत्ति का और भी विस्तार हुआ। वाल्मीकि और उनसे पहले च्यवन ने गायन के रूप में ही आरम्भ में युद्ध में राजा की विजय और उसके शौर्य का बखान किया था। नवागत काल में उनकी छन्दोवृत्ति मुझ लेखक की निधि बन गयी और मैं उसे बार बार लिखने लगा।

मेरा यह आचरण कुछ अपनी स्वतंत्र इच्छा का परिणाम न था। देश की आर्थिक और परिणामतः सामाजिक स्थिति कब की बदल चुकी थी। गायक और कवि, द्रष्टा और मुनि, कवि और लेखक, अपनी अनुभूति को अब लिपिबद्ध न करते थे। उनका विशेष कार्य अपने आश्रयदाताओं की प्रशस्ति लिखना था। उनके आश्रयदाता अब तक प्रदेश पर प्रदेश जीत, शत्रुओं की स्वतंत्रता कुचल, विस्तृत भूखंडो के स्वामी हो चुके थे। उनके कृत्रिम जीवन के अनेक साहाय्यों में अब कवि और लेखक 'वैतालिकों' के रूप में प्रयुक्त होने लगे थे। मैं अब उनकी विख्यात राजसभाओं का सदस्य बन गया। उनके पूर्वजों के यशस्वी कृत्यों का छन्दोबद्ध आलेखन मेरा विशिष्ट कार्य हो गया। इसी काल मैंने रामायण और महाभारत की रचना की।

रामायण और **महाभारत** के काण्डों और पर्वों में मैने सुर्यवंशी तथा चन्द्रवंशी

क्षत्रियों के वीर कृत्यों के प्रबन्ध रचे। एक बार मन में इन कृत्यों से कहीं यशस्वी परशुराम के पराक्रम को छन्दोबद्ध करने की भी प्रबल भावना जगी और उस तपस्वी के उचित उद्वेग से प्रजनित क्षत्रिय-गर्व-नाश को जब मैंने 'परशु-रामायण' में व्यक्त करना चाहा तो मेरी ओर आश्रयदाता की भृकुटि टेढी हो गयी। तब मैंने जाना कि मेरी लेखनी पर मेरा अधिकार नहीं और इसका प्रयोग मुझे आश्रित की भांति आश्रयदाता की भाव-भंगिमाओं के अनुकूल ही करना होगा।

मेरी लेखनी रुक गयी। उसका अभिमत मार्ग आलेख्य के अभाव से शून्य हो गया और मैं मनोरथ को कुचल राजसभा के सभ्याचरण में लगा।

3

अब तक मैं अपने को वर्ग-विशेष के स्वार्थों से सम्बन्ध कर चुका था। उससे स्वतन्त्र मेरी कोई वृत्ति तो थी नहीं, प्रवृत्ति भी न थी। मैंने उपनिषदों और दर्शनों का प्रणयन किया था, अब सूत्रों और शास्त्रों का करने लगा।

एक बात कह देनी यहां उचित होगी कि मुझे इस बीच कभी आहार की चिन्ता न करनी पड़ी। जिस प्रकार कुछ आयुधजीवी थे, जिस प्रकार कुछ रूपजीवा थीं, उसी प्रकार में लेखनी-जीवी था। जिस प्रकार आयुधजीवियों को दूसरों के अर्थ अपने आयुध का प्रयोग करना होता, जिस प्रकार रूपजीवाओं को दूसरों के अर्थ अपने रूप का उपयोग करना होता, उसी प्रकार मुझे अपनी लेखनी का प्रयोग दूसरों के अनुकूल करना पड़ता और जिस प्रकार आयुधजीवी अपनी वृत्ति से संतुष्ट थे, जिस प्रकार रूपजीवा अपने पेशे में किसी लज्जा का अनुभव न करतीं, उसी प्रकार मुझे भी अपनी लेखनी के सद्‌वत् प्रयोग में किसी प्रकार का क्षोभ न होता।

मेरी वृत्ति स्वयं-सिद्ध थी। उसके लिए मुझे कोई प्रयत्न न करना पड़ता। जिस प्रकार राजा अपनी सेना और सेवकों का प्रबन्ध करता, जिस प्रकार वह अपने अंतःपुर और प्रासाद का प्रबन्ध करता उसी प्रकार वह मेरा भी करता । इसके बदले मुझे केवल उसकी भावभंगिमाओं को अपने काव्य या निबन्ध में प्रतिबिम्बित करना पड़ता, जिसमें सुदूर काल से आदी हो अब तक मैं सिद्ध हो चुका था। राजा के अभियान-प्रस्थान, युद्ध-विजय का मैं प्रशस्त्यात्मक अंकन करता और लब्ध-प्रतिष्ठ होता।

इसी मनोवृत्ति से प्रभावित हो मैंने नारी, शूद्रो, दासों और अन्त्यजों के विरुद्ध स्मृतियों में भयानक प्रतिबन्धों की अभिसृष्टि की, उनके प्रकृत अधिकारों पर कुठाराघात किया, उनको पशुओं की पंक्ति में ला बिठाया।

उसी पाप के भीषण परिणामस्वरूप आज मेरी यह दशा हुई।

4

मेरे काव्य का प्रवाह अब तक अजस्त्र हो चला था। उसकी धारा अब पाठकों को विस्मित करने लगी थी और उसकी सीमाएं उन शिष्टों तक परिमित हो चुकी थीं, जो सुसंस्कृत समझे जाते थे और जिनका एक विशेष वर्ग नब चुका था।

इस विशेष वर्ग से शूद्रादि उतने ही दूर थे जितनी उन शिष्टों की अर्द्धांगिनी नारियां। नारी को किसी काल 'नरक का द्वार' कहा गया था। किसी समय ऋष्यशृंग दशरथ के पुत्रेष्टि यज्ञ के अन्यतम पवित्र ऋत्विज् केवल इसलिए चुने गये कि उन्होंने जीवन में कभी नारी न देखी थी और बुद्ध ने कभी संघ में नारी का प्रवेश संघ के नाश का कारण घोषित किया था। भरत के रूप में जब मैंने अपने नाटय-शास्त्र की रचना की तो मैंने भी उसमें विधान किया कि रंगमंच पर नारी सर्वदा प्राकृत बोलेगी – चाहे वह राम की हो, चाहे पाणिनि की। और मेरी लेखबद्ध भाषा का परिष्कार करने में स्वयं पाणिनि ने कुछ कम सहायता न की। पाणिनि-कात्यायन-पंतजलि मेरे वे रूप थे जिन्होंने शिष्टों की परम्परा में भाषा का संस्कार किया और उसे सर्वथा वर्ग-विशेष का बना दिया। तीनों राजा की संरक्षा में फूले-फले – राजा चाहे नन्द रहा हो, चाहे पुष्यमित्र ।

अब तक मैंने प्राचीन परम्परा को अपने विशेष दृष्टिकोण से पुराणों और इतिहासों में लिपिबद्ध कर लिया था। वह विशेष दृष्टिकोण शासक-वर्ग का था। जनता का रूप मैंने उसमें न आने दिया। यदि कुछ आया भी तो राज-वंदना में, राजमार्ग पर राजदर्शन करते, राजा पर अक्षत फेंकते, उसकी विजय के बाद उसका जयकार करते, अथवा प्रातः काल राज प्रासाद के वातायन से बाहर निकले राजा (अग्निवर्ण) के चरणों की स्तुति करते।

निःसंदेह मैंने प्राकृत और संस्कृत दोनों की काया का निर्माण किया और उनको उत्कर्ष की चोटी तक पहुंचाया। सातवाहन हाल के रूप में जब मैंने लेखनी उठायी तब गाथा सप्तशती का वह रूप निखर पड़ा । जिससे अमरुक से बिहारी तक सदियों साहित्य की काया सजती रही यद्यपि नग्न विलास ही उसका प्रतिपाद्य विषय था।

एक बार तो बुद्ध की इच्छा के विरुद्ध भी मैंने उनके जीवन वृतांत का रहस्य अपने **बुद्ध-चरित्र** और **सौन्दरनन्द** द्वारा प्रकट किया। मैं तब अश्वघोष था। तथागत ने अपने आचरण द्वारा स्पष्ट आदेश दिया था कि धर्म का उपदेश संस्कृत में न होकर पालि-भाषा में हुआ करे जिससे यह जन-जन तक पहुंचे और 'बहुजनहिताय', 'बहुजनसुखाय' की आशा पूरी हो। फिर भी मैंने – भिक्षु और बौद्ध दर्शनिक होकर भी – संस्कृत में तथागत का गुणानुवाद क्यों किया, यह मेरा रहस्य है।

शक रुद्रदामन् की प्रशक्ति में संस्कृत गद्य का पहला रूप मैंने जूनागढ़ के अभिलेख में प्रस्तुत किया। वह निश्चय मेरी साहित्यिक उंचाइयों का प्रतीक है। ब्राह्मणों का गद्य-क्रम निश्चय सदियों पहले प्रस्तुत हो चुका था, परन्तु साहित्य के रूप में रुद्रदामन् के इस शिलालेख में मैंने पहले-पहल संस्कृत-गद्य की अभिसृष्टि की।

इसी काल पार्श्व, नागार्जुन, चरक और मातृचेट के रूप में मैंने कनिष्क के पार्षद

हो लेखन का विस्तार किया। आश्रम की शक्ति और ज्ञान के गाम्भीर्य से समर्थ हो मेरी लेखनी निरन्तर चलती रही। ज्ञान और उपदेश, प्रशस्ति और विलास, विधान और निषेध के स्कंध अनवरत सर्जित होते रहे – मेरी लेखनी चलती रही, जातक और पुराण, आख्यान और पंचतंत्र – उसके अटूट वर्षण से बिन्दुवत् टपकते रहे।

मैं अब समृद्ध था, सुखी और संतुष्ट, यद्यपि 'स्वान्तःसुखाय' की मेरी घोषणा केवल काल्पनिक थी। मेरा सुख निश्चय अपना था, परन्तु मेरे लेखन की प्रवृत्ति 'स्वान्तः' हरगिज न थी।

5

गुप्त काल में मेरा विशेष सम्मान हुआ क्योंकि समुद्रगुप्त स्वयं कवि और संगीतकार था। उसकी परम्परा कुछ काल तक बनी रही। दिङ्नाग और वसुबन्धु के रूप में मैंने बड़ी निर्भीकता से दार्शनिक चिंतन की परम्परा रखी। राजसभा से थोड़ा बहुत सम्बन्ध रखते हुए भी मैंने राजा के इशारे पर चलना बेजा समझा और उसके स्पर्श से अपना साहित्य कलंकित न होने दिया, यद्यपि मेरे समकालीनों में ऐसों की कमी न थी जो राजसम्मान को विनीत भाव से स्वीकार करते और राजा की सेवा ही अपना कर्त्तव्य समझते।

हरिषेण, जिसने अशोक के स्तम्भ पर खोदी जाने के लिए समुद्रगुप्त की विजयों की प्रशस्ति-रचना की, ऐसे कवियों का नेता था। उसके हृदय में, ब्राह्मण होने के नाते, उस परम्परा के प्रति सहानुभूति थी जिसने ब्राह्मण धर्म के रूप में अशोक के पशुवध-विरोध और बौद्धधर्मावलम्बन के विरुद्ध आवाज उठायी।

हरिषेण द्वारा विरचित उस प्रशस्ति में पशु-वध की प्रशंसा थी और उसका 'हीरो' वह 'समरशतविततविजयी' समुद्रगुप्त था जिसने आर्यावर्त से स्वतंत्र राज्यों को उखाड़ फेंका था, आटविक राज्यों को जिसने अनुचर बना लिया था, दक्षिणापथ के राजाओं को पराजित कर जिसने उनकी लक्ष्मी का हरण कर लिया था और गणराज्यों को जिसने संत्रस्त कर दिया था। उसकी कीर्ति कथा का उसी स्तम्भ पर आलेखन जिस पर अशोक के शांति और सद्भाव के उपदेश खुदे थे, हरिषेण के रूप में मेरे हस्तलाघव का अद्भुत निदर्शन था। यह निश्चय दिङ्नाग की उंचाइयों से मेरा अवतरण था।

परन्तु विष्णुपुराण के लेखक के रूप में फिर मैंने अपनी लेखनी संभाली। इतिहासकार का मानदण्ड मेरे हाथ में था और मैं उस सम्बन्ध में अपने आश्रयदाता तक के लिए अपनी समीक्षक-बुद्धि संकुचित न कर सकता था। मैंने समुद्रगुप्त की उस प्रसार-नीति को धिक्कारा, जिसने देश को एक सिरे से दूसरे सिरे तक स्वान्तः सुखाय लहूलुहान कर दिया था, जिसने सारे राष्ट्र उखाड़ फेंके और मगध में एकतंत्री साम्राज्य स्थापित किया। मैंने अपनी लेखनी सबल उंगलियों में पकड़ी और लिखा :

"ऐश्वर्य की लालसा ने यह क्या किया? यशः शरीर की सम्प्राप्ति के अर्थ यह रक्त-रंजित मार्ग कितना पापमय है! फिर भी इतिहासकार को एक ही आशा और संतोष

है कि जिस प्रकार रघु और राम की कथा आज संदिग्ध हो उठी है, समुद्रगुप्त की विजय-कथा भी स्मृतिपटल से मिट जायेगी; उसकी कीर्ति भी संदेह की वस्तु हो जायेगी। साम्राज्यों का इतिहास जल की लहरों पर लिखा है, और उसके मिटते देर नहीं लगती। साम्राज्य को धिक्कार है, ऐश्वर्य को धिक्कार है!'

इस प्रकार मैंने हरिषेण के पाप का प्रायश्चित किया और अपने मानदण्ड से उसकी कीर्ति-कथा की गर्दन नाप दी।

परन्तु इससे न तो वाल्मीकि की परम्परा नष्ट हो सकी, न हरिषेण की, क्योंकि अगले ही युग में मेरा उत्तराधिकारी कालिदास हुआ जिसने यद्यपि संसार के साहित्य में अपना साका चलाया और वाल्मीकि की प्रबन्ध परम्परा को अपनी सूक्ष्मतम काव्य-शिल्पिकारिता से चरम रूप प्रदान किया, वह न तो वाल्मीकि के गायकत्व को त्याग सका, न हरिषेण के प्रशस्ति-वाचन को । दिङ्नाग के रूप में मैं यथासम्भव अपने इस नये और अद्भुत समर्थ पारिपार्श्विक 'रोल' को नियंत्रित न कर सका।

काव्य के रसतत्व को पृथक् कर मेरी राजप्रिय सामाजिकता का दिङ्नाग ने गहरा मजाक बनाया और उसने मेरे सांस्कृतिक दृष्टिकोण को तार-तार कर दिये। परन्तु मैंने उससे निरुत्साहित होना तो दूर, निरंतर शक्ति पायी। जन-कथाओं का नायक भारतीय शक्ति और संस्कृति का केन्द्र चन्द्रगुप्त विक्रमादित्य मेरा आश्रयदाता था। रोम और मिस्र, काबुल और अरब का धन मेरे गृह में धारासार बरसता था। वह्लीक की यवनियां और ईरान की शराब मेरे विलास का उद्दीपन करती। पश्चिमी जगत का वैभव मेरे मण्डल के लिए प्रस्तुत था – मुझे कमी किस वस्तु की थी – डर किसका था ...?

भारतीय इतिहास का यह स्वर्ण युग था। कला और साहित्य नये प्रतीक उपस्थित कर रहे थे। भारतीय संस्कृति ने नयी करवट ली थी। समाज के प्रति दृष्टिकोण नया था, उसके कर्त्तव्याकर्त्तव्य का मानदंड नया था, उसके मूल्यांकन का विधान नया था। मालवा, गुजरात और काठियावाड़ से शकों के निष्कासन से उन प्रदेशों की समृद्धि अपनी हो गयी थी, वंग-शत्रुसंघ को तोड़ मेरे आश्रयदाता 'चन्द्र' ने 'सिन्धु के सातों मुखों को पार कर' कोजक अमरान पहाड़ों की छाया से निकल वक्षुतट के वह्लीकों को धूल चटा दी थी, उनकी केसर की क्यारियों में अपने घोड़ों को विश्राम दिया था। बदख्शां में मैंने अपनी विजय के झंडे गाड़े थे और प्राचीन देमेत्रियस के आक्रमण का बदला लिया था। जिस प्रकार प्रायः छः सौ वर्ष पहले यूथिदेमों के पुत्र हिन्दू-ग्रीक दिमित ने वक्षु की घाटी से उठ हिन्दूकुश लांघ 'चन्द्र' ने भी बास्त्री की केसर की क्यारियां रक्त से सींच दीं और शहर मुन्जान की गोमेद की खानों से अपने को मालामाल कर लिया।

ऐसी स्थिति में उसे अपना नायक बना अपनी कृतियों में अमर क्यों न करता?

विक्रमोर्वशीय में मैंने उसी विक्रम का शौर्य बखाना और कुमारसम्भव में उसकी पुत्रोत्पत्रि का गान किया। अन्य अनेक स्थलों पर गुप्त-कुल की आवृत-अनावृत रूप से कीर्ति-गाथा भी मैंने गायी। दिङ्नाग ने बड़े हाथ-पैर मारे, कुवाच्य कहे, पर मैंने उसकी उपेक्षा की, उसके शुष्क दर्शनवाद के विरुद्ध सरस निचुल को उकसा दिया और स्वयं

मेघदूत में मेघ से उसकी अवमानना में मैंने कहा – 'विङ्नागानां पथि परिहरन् स्थूलहस्तावलेपान्।'

और अपनी कृतियों में मैंने उस स्वर्णयुग की समृद्धि, विलास और कला का निरूपण किया। आसवसेवी वारांगना-सहचर कामचारी अभिसार-प्रिय गुप्त नागरिक का प्रतीक मेरे मेघदूत का नायक यक्ष था। वात्स्यायन ने कुछ ही काल पहले अपने कामसूत्र से समाज की वासना की पृष्ठभूमि प्रस्तुत कर दी थी जिसमें नग्न विलास मूर्तिमान हो निर्लज्ज विज्ञान का रूप धारण कर चुका था।

वह भी वास्तव में मेरा ही एक चेहरा था और बिना इसको अपनी आधार-भूमि बनाये मैं उस स्वर्ण-युग की मनोवृत्तियों को आकृति और चेष्टा कैसे प्रदान कर सकता था? – तभी तो मैं **कुमारसम्भव** का आठवां और **रघुवंश** का उन्नीसवां सर्ग, **मेघदूत** का उत्तर भाग और समूचा **ऋतुसंहार** प्रस्तुत कर सका। गुप्त-युग के अभिसार-प्रधान समाज और तत्कालीन नागरिकों द्वारा सेवित चषकोत्तर आपानभूमि जितनी ही मागध नागरिक को प्रिय थी उतनी ही मुझे, और मैंने तात्कालिक विलास-मंडन का आंखों देखा आप-भोगा उन्मद वर्णन किया।

वाल्मीकि जैसी उदात्त दृष्टि निस्संदेह मेरी न थी। 'केयूरं नैव जानामि नैव जानामि कुण्डलम्' की परम्परा मुझे पसन्द न थी। मैंने तो ऋग्वेद के 'देवृकामा' रहस्य को अपना कर खोला था, परन्तु निश्चय मेरी बारीकियों की सूक्ष्मता को, कल्पना की उड़ान को, रस के विपाक को, उपमा की अलौकिकता को वाल्मीकि का काव्य-वैभव छू भी न सकता था। फिर मैंने भी स्थिति के अनुकूल किसी प्रकार की समानधर्मिता की उपेक्षा न की और उनके विलाप के स्त्रैण वातावरण में जो मैंने – 'मरणं प्रकृतिः शरीरिणां विकृतिर्जीवितमुच्यते बुधैः!' लिखा, वह निश्चय वाल्मीकि की परम्परा में ही था।

परन्तु मुझे दिङ्नाग के इस आक्षेप को स्वीकार करने में कोई लज्जा नहीं कि मेरी प्रधान प्रवृत्ति साहित्य की रसव्यंजक प्रवृत्तियों से निर्मित थी और मेरी तब तक की उदात्त भावना का प्रेरक वस्तुतः शृंगार ही था। मैं प्रधानतः राजकवि था और यद्यपि मैंने हरिषेण और पाश्चात्कालीन वस्समट्टी की भांति प्रशस्ति-वाचन तो न किया, परन्तु मेरी कृतियों में सूक्ष्म रूप से राजशक्ति का गान सचमुच प्रच्छन्न था।

यह काल प्रधानतः प्रशस्ति-वाचन का ही था और काव्य अधिकतर राजाओं की विजयों के सम्बन्ध में ही रचे जाते थे। ब्राह्मण कवि क्षत्रिय राजाओं के आश्रय में रह कर उनका गुणानुवाद करते थे। उनकी कीर्ति और यश को वे अमर करते थे। फिर मेरा आचरण कुछ अक्षम्य न था, यद्यपि मैंने युगधर्म से ऊपर उठ कर राजा की एकमात्र कीर्ति-रचना के नीचे दबे काव्य को उसका प्रांजल रूप दिया। माना, वह विलास का वितन्वन है, परन्तु निश्चय वह हरिषेण और वाणभट्ट का साहित्य नहीं, कालिदास का है।

मेरी साहित्यिक शक्ति के सम्बन्ध में तो पाठकों को किसी प्रकार का संदेह हो ही नहीं सकता। वैसे मेरी मनोवृत्ति निश्चय गुप्त-काल की मनोवृत्ति थी, वात्स्यायन के नागरिक की मनोवृत्ति, और यदि मैंने उसको वर्जित न कर उसमें योग भी दिया तो वह साहित्य

कम से कम इसलिए तो अंगीकृत होगा ही कि वह गुप्त समाज का दर्पण है।

मैं इस क्षेत्र में अकेला न था। मेरे समानधर्मा विशाखदत्त ने भी मेरी ही नीति को अपनाया और उसने भी प्राचीन-कथावस्तु को गुप्तकालीन सांचे में ढाला। उस सांचे में सामग्री तो निश्चय प्राचीन मौर्यकाल की थी परन्तु उसका वर्ण गुप्तकालीन था। विशाखदत्त के रूप में मुद्राराक्षस का कलेवर निखारते समय मेरी प्रौढ लेखनी चमक उठी और उसने मुद्राराक्षस का अमूल्य रत्न संस्कृत-साहित्य को भेंट किया। देवीचन्द्रगुप्तम् की कथावस्तु निश्चय समसामयिक थी और उसमें स्वदेशी क्लीव नृपति और विदेशी आक्रामक दोनों के विरुद्ध आग उगली गयी थी।

इसमें संदेह नहीं कि गुप्त-काल असामान्य युग था। उसमें शक्ति और समृद्धि की कमी न थी। परन्तु वह शक्ति और समृद्धि की भी थी, इसमें संदेह हो सकता है । जो भी हो, कला और विलास के सहयोग ने पौरुष के अभाव में भारत को शीघ्र पतन का मार्ग दिखा दिया।

बाहरी शक्तियों ने गुप्त-साम्राज्य की भीतर से हिलती हुई चूलों पर आक्रमण कर उन्हें छिन्न-भिन्न कर दिया था। नौजवान स्कंदगुप्त ने सारी शक्ति त्यग कर अपने रक्त के बलिदान से हूणों के निर्मम, नृशंस दलों को रोकना चाहा, कुछ हद तक उन्हें रोका भी, और उसके नये जमे उत्कर्ष के साथ ही अपनी विलासिता से ऊपर उठ मैंने भी सैदपुर भीतरी स्तम्भ पर लिखा – 'हूणैर्यस्य समागतस्य समरे दोर्भ्यां धरा कम्पिता। भमावर्तकरस्य।'

काश में इस प्रवृत्ति को अपनी कलम के राज में कायम रख सका होता।

हर्ष के समय मैंने अपने रूप का विस्तार किया। अब मैं केवल अपने लिए न लिखता था। दूसरों की प्रशंसा में धन लेकर लिखना मेरे लिए स्वाभविक रहा। परन्तु अब मैंने एक नये तरीके को अपनाया। अब मैंने धन और सम्मान के लिए दूसरों के नाम पर भी लिखना शुरू किया। **नागानन्द, प्रिय-दर्शिका** और **रत्नावलि** में वास्तव में हर्ष का अपना कितना था, यह हर्ष और मेरा दोनों का रहस्य है।

मुझे धन की आवश्यकता रहती थी। सम्पन्न पिता का पुत्र होने पर भी रोमांचक मनोवृत्ति का होने के कारण मैं शोणवर्ती गृह में न ठहर सका, उसके बहाव की ओर उत्तराभिमुख चल पड़ा और हर्ष की राजसभा में बाणभट्ट के नाम से विख्यात हुआ। अपनी रोमांचक प्रवृत्ति के अनुकूल मैंने मादम्बरी लिखी और अपनी इष्टदेवी की आराधना में चण्डी-शतक लिखा।

अपने आश्रयदाता की प्रशस्ति में **हर्षचरित** भी मैंने प्रस्तुत किया। उसके दरबार में मातंग दिवाकर और मेरा साला वह मयूर भी रहता था जिसने अपने पापों के परिणामस्वरूप कुष्ट रोग पाया था और जिसके औषधि-स्वरूप उसने **सूर्य-शतक** लिखा। उसके पापों की संख्या अनेक थी, जिनमें से एक मेरे विलास में उसका सहयोग भी था।

मुझे आज भी याद है कि जब मेरी पत्नी रात्रि के अंत में मान किये बैठी थी, जब मेरे और उसके मुखासव की मादकता से दीपशिखा बार-बार धूर्णित हो ऐंठ रही थी, जब बारम्बार अपने मस्तकपात से भी मैं उसका मान-भंजन न कर सका था और जब उस

दशा के अभिव्यंजन में छन्द के तीन पद लिखेः-

गतप्राया रात्रिः शशिमुखि शशि शीर्यत इव,
प्रदीपोऽयं निद्रावशमुपगतो घूर्णतमिव,
ङ्काणामान्ते मानस्त्यजसि न तथापि क्रुधमहो।

और ये तीन पद लिख चौथे की रचना में बेदम था कि मेरे उस श्लाघ्य सम्बन्धी ने भगिनी के प्रति अपने कृतित्व का परिचय दिया और उसने अंतिम चरण जोड़ छन्द पूरा कर दिया –

कुचप्रत्यासत्या हृदयमपि ते चण्डि कठिनम्!

मैंने प्रसिद्ध चीनी यात्री के साथ प्रयाग के उस महा-मोक्ष-परिषद को भी अपनी आंखों से देखा जिसमें हर्ष ने प्रजा की गाढ़ी कमाई अपने दान के प्रदर्शन में नितांत अनुत्तरदायिता से लुटा दी थी। अनेक बार मैं उस झूठ को देख खीझ उठा था परन्तु अपने आश्रयदाता के विरुद्ध सत्य के उद्‌घाटन के अर्थ अपनी लेखनी का प्रयोग न कर सका।

कुछ लोग निश्चय ऐसे थे जिन्होंने अपनी लेखनी का उचित प्रयोग किया। नालंदा बौद्ध विद्यापीठ का बौद्धिक नक्षत्र इस समय आसमान की चोटी पर था और उसके विद्वानों ने सत्य का अनेक प्रकार से विस्तार किया। धर्मकीर्ति के रूप में मैंने उस पुरातन असिद्ध सिद्धांत आत्मवाद और ईश्वरवाद को कुचल दिङ्नाग की परम्परा आगे बढ़ायी।

इसी प्रकार भवभूति ने भी अपने उत्तररामचरित में पुरुषोत्तम के अनौचित्य पर कुठाराघात किया, यद्यपि तब के पुराण-पंथी उससे क्षुब्ध हो उठे और उन्होंने सब प्रकार से उसका विरोध किया। उन्होंने उसे यह भी कह कर ललकारा कि तुम्हारे साहित्य पर कोई नजर तक न डालेगा, परन्तु भवभूति के कलेवर में बसी मेरी आत्मा तत्कालीन जगत की चुनौती में पुकार उठी –

उत्पत्स्यते मम तु कोऽपि समानधर्मा,
कालो ह्य निरवधिर्विपुला च पृथ्वी।

'परवाह नहीं कि मेरी दृष्टि को समझने वाला आज इस भूमि पर नहीं है, परन्तु मेरा समानधर्मा भी कभी न कभी उत्पन्न होगा जो मेरे विचारों की इज्जत करेगा, क्योंकि पृथ्वी का विस्तार बड़ा है और काल की सीमा नहीं!'

भवभूति के समानधर्मा काल के पिछले स्तरों में निःसन्देह उत्पन्न हुए जिन्होने उसके दृष्टिकोण को समझा और उसे सराहा।

भर्तृहरि मेरी वासना और त्याग दोनों का अवतार हुआ। **नीतिशतक, शृंगारशतक** और **वैराग्यशतक** में मैंने अपना आवास बना समाज के उस रूप को खोला, सातवीं-आठवीं सदियों का भारत जिस वेग से धारण कर चला था। **दशकुमारचरित** में प्रकटित समाज घृणित हो सकता है; परन्तु है वह ऐतिहासिक सत्य और उस काल का मूर्तिमान स्वरूप।

फिर मैंने **किरातार्जुनीय** और **शिशुपालवध** की रचना की। कुछ लोगों ने, जिनकी

संख्या नितान्त कम थी, आश्चर्य किया कि मैं गड़े मुर्दे क्यों उखाड़ रहा हूं। परन्तु उन्होंने न समझा कि अपनी जीविका के लिए मेरा ऐसा करना आवश्यक था। राजनीति और समाज का जो रूप उस समय विद्यमान था उसके बराबर यह संशय हो आता था कि कहीं जनता का क्रोध फूट न पड़े। उसके फूट पड़ने से निःसन्देह राजा और उसके लेखक सभी उस धारा में विपन्न हो जाते । इस कारण अतीत-सम्बन्धी दृश्य उपस्थित कर मैंने लोगों का रुख वर्तमान से हटा प्राचीन की ओर फेर दिया और वर्तमान को नष्ट होने से बचा लिया, यद्यपि प्राचीन की छाया होने के कारण वह नष्ट होने से फिर भी बच न सका।

6

अब तक सत्साहित्य का सर्जन लुप्त-प्राय हो चला था, काव्य के क्षेत्र में भी, दर्शन और कला के क्षेत्र में भी। मुझ में मौलिकता न थी, भौतिक रचनाओं को सम्पन्न करने का सामर्थ्य न था। मैं अब या तो प्राचीन ग्रन्थों की टीका लिखता, उनकी व्याख्या करता, या स्तोत्र लिखता। स्मृतियों, अलंकार-शास्त्रों, व्याकरण और नीति-विषयक मौलिक ग्रन्थों पर मैंने अबाध टीकाएं प्रस्तुत कीं।

काव्य के क्षेत्र में मैंने या तो अलंकार-शास्त्रों और उनकी टीकाओं की सृष्टि की या अपने आश्रयदाता राजाओं के 'चरित' लिखे या नख-शिख सम्बन्धी कुछ रचनाऐ प्रस्तुत की। इस काल इस प्रकार के साहित्य की मैंने कश्मीरी पंडितों के रूप में रचना की। **राजतरंगिंती** और **द्वितीय राजतरंगिणी** की परम्परा में कल्हण और जोनराज तो फिर न हुए, परन्तु कैय्यट और मम्मट, रुद्रट और रूय्यक फिर-फिर हुए। इसी काल दामोदर गुप्त क्षेमेन्द्र के रूप में मैंने वेश्यावृत्ति के ऊपर अपने गम्भीर वक्तव्य किये। **कुटनिमतम** और **समयमातृका** द्वारा मैंने अपनी स्वार्जित अनुभूति से रूपजीवाओं को विस्तृत सलाह दी!

यह सलाह, निस्संदेह, स्वार्जित ही थी। राजाओं के आश्रय में रहने के कारण उनके विलासी जीवन का प्रसाद मुझे मिलना स्वाभाविक ही था और मैंने अपनी मौलिक अनुभूति का सिंहावलोकन अपनी इन पुस्तकों में किया।

ऐसे वातावरण में श्वास लेकर भला मैं महमूद गजनी और निआल्लिगिन का सामना कैसे कर सकता था? इसके विपरीत मुझे उस भोज की सभा प्रिय थी जो विदेशियों से सिंध में लोहा लेते भीम की राजधानी अन्हिलवाड़ को, उसकी अनुपस्थिति में, लूट सकता था और जिसकी कृपा से एक-एक श्लोकार्द्ध पर मैंने लाख-लाख सुवर्ण दान में पाये।

भोज के शासन के साठ वर्ष मेरे लिए अत्यन्त सुखद सिद्ध हुए। मैंने उसके संघर्ष-बहुल जीवन की सुनहरी प्रशस्ति प्रस्तुत की जो अमर हो गयी यद्यपि मेरी अमर गाथा का अमर नायक – मेरा आश्रयदाता – न तो परमार भोज महमूद गजनी का सामना कर सका, और न मैं ही उसके सभ्य अलबेरूनी, अलउतबी या फिरदौसी के निकट पहुंच सका।

मेरे तत्कालीन जगत में बड़ी तीव्रता से परिवर्तन होता जा रहा था। नई शक्तियां

देश में घर कर रही थीं, घर कर चुकी थीं। ये शक्तियां मेरे लिए उतनी ही दुरूह थीं जितनी मेरे आश्रयदाताओं के लिए अनवरोध्य। दोनों विपन्न थे – राजा भी, लेखक भी।

मैंने जब उत्तर-पश्चिम में राजनीति का यह डावांडोल रूप देखा तब पूर्व की राह ली और सेनों की राजधानी गौड़ में आश्रय लिया। यद्यपि देश की राजधानी गाहड़वालों का कनौज या उदीयमान चौहानों की राजधानी दिल्ली में काव्य-कार्य की कमी न थी, यद्यपि मेरे बन्धु चन्द बरदाई ने दिल्ली में विलासी राय पिथौरा की प्रशस्ति ही लिखी, परन्तु कनौज के जयचन्द का कवि 'नैषध' कार श्रीहर्ष निश्चय भारवि और माघ की परम्परा में था। दोनों शिहाबुद्दीन की महत्त्वाकांक्षा की लपटों में भस्म हो गये।

परन्तु मैं स्वयं भी उस अमर्यादा से वंचित न रह सका। तब मैं गौड़ में जयदेव के रूप में उत्पन्न हुआ और अपनी सम्मोहक लेखनी द्वारा **गीत-गोविन्द** की मैंने अभिसृष्टि की, उस **गीत-गोविन्द** की जो अन्तरंग-रूप से वज्रयानी सिद्धों की परम्परा में था, कण्हपा और सरहपा की परम्परा में।

मेरा अन्त घृणित हुआ। अठारह घुड़सवारों के साथ बख्तियार ने बंगाल की राजधानी पर अधिकार कर लिया। राजप्रासाद के पिछले द्वार से लक्ष्मणसेन भागा। मैंने चुपचाप उसका पीछा किया। निश्चय बख्तियार के अदम्य पौरुष की रक्तपिपासु तलवार की छाया में मेरी लेखनी स्त्रेण गीतों का सृजन न कर पाती। उसने विश्राम लिया।

आगे का जीवन नया था, जिसमें नयी परम्पराओं और नयी कृतियों का जन्म हुआ। और यद्यपि जहां-तहां मैंने संस्कृत या प्राकृत में अपना राग अलापा, क्षेत्र अब उनका हो चुका था जो एक नयी भाषा में अपने विचार मुखरित कर सकते थे। 'मैथिल कोकिल' के रूप में मैंने तब अपने को 'विद्यापति' घोषित किया और गाया – 'जनम अवधि हम रूप निहारल नयन न तिरपित भेला।'

भाषा दूसरी थी, स्वर नया था, तथ्य वहीं पुराना था – नख-शिखवाला जो सदियों अपना नया कलेवर बदल चलता रहा।

7

भारत में पठानों का राज्य जमा। उन्हें गुलाम कहते थे। गंगा से खुरासान तक, चीन की सीमा से भूमध्य सांगर तक और दक्षिणी रूस से नील नदी तक वीर्यवान यशस्वी गुलामों का ही शासन था। उस समय मैंने हिन्दू राजाओं की क्षत-विक्षत व्यवस्था और आश्रय छोड़ आगंतुक विजेताओं का दामन पकड़ा। मैं अब अनके दरबार में बैठ तवारीखनबीसी करने लगा। परन्तु यह तय था कि इस काम के लिए अपने दृष्टिकोण को बदलना पड़ेगा। अब तक भारत में लेखक और साहित्यिक विशेषतः ब्राह्मण होते आये थे, परन्तु नयी व्यवस्था में अब नये लोगों की आवश्यकता थी।

मुसलमान राजाओं से सम्पर्क बढ़ाना मेरे – ब्राह्मणों के – लिए तीन कारणों से सम्भव न था। एक तो यह कि इस्लाम की मार राजनीति के साथ ही मजहब की भी थी

और मजहब की चोट ज्यादातर ब्राह्मणों पर ही पड़ी। दूसरे ब्राह्मण छुआछूत के विचार से संकीर्ण होने के कारण मुसलमानों से सम्पर्क न रख सकते थे, यद्यपि एक प्रकार के ब्राह्मणों ने इस सम्बन्ध में अत्यन्त कुशलता दिखायी। वे कश्मीरी ब्राह्मण थे।

तीसरा कारण यह था कि ब्राह्मणों ने अब तक संस्कृत या प्राकृत में लिखा था और इस्लाम की शक्ति को फारसी और अरबी के लेखक चाहिए थे जिनमें पारस्परिक ब्राह्मण-लेखकों की खपत किसी प्रकार न हो सकती थी।

देश के तीन वर्णों ने तब लेखक बनना स्वीकार किया। इनमें, जैसा पहले कह चुका हूं, कश्मीरी थे, खत्री और कायस्थ थे।

इनमें अंतिम वर्ण की माया कुछ अजब थी। नहीं कह सकता कि इनको वर्ण कहना कहां तक उचित होगा। प्राचीन काल में लेखक और विशेष कर कानून की व्यवस्था देने वाले लेखक जज को 'कायस्थ' कहते थे। तब यह शब्द केवल एक पद के अर्थ में प्रयुक्त होता था जिस पर ब्राह्मण-क्षत्रिय दोनों की नियुक्ति हो सकती थी, अर्थात् तब कुछ कायस्थ ब्राह्मण थे, कुछ क्षत्रिय। ब्राह्मण कायस्थ ब्राह्मण कायस्थ के साथ शादी-विवाह करता, क्षत्रिय कायस्थ क्षत्रिय कायस्थ के साथ।

बौद्ध-संघ की प्रचार-शक्ति से प्रभावित होकर भारतीय जनता ने वर्ण-धर्म छोड़ संघों की शरण ली। फिर बाद में कुमारिल और शंकर के प्रभाव से जब वह गृहस्थाश्रम में लौटी तब उसके वर्ण-धर्म नष्ट हो चुके थे। प्रश्न यह थ कि इन लौटने वालों को जब इनके वर्ण-बन्धु वापस लेने को राजी न थे तब इनका क्या हो? जो भी हो, इनकी हिन्दू 'काया' में ही स्थिति मानी गयी और अनकी 'कायस्थ' संज्ञा सार्थक हुई। तब से आज तक इनको सही-सही वर्णो में न रखा जा सका। उनमें कुछ तो ब्राह्मण हैं, कुछ क्षत्रिय और जाने क्या-क्या! जान पड़ता है; इनका वर्ण वास्तव में उतना बुरा न था जिनता बुरा उनका पेशा या व्यवहार था। **याज्ञवल्क्य-स्मृति** की टीका **मिताक्षरा** में उनको 'जाति' या 'संकर' माना गया। जान पड़ता है, इतिहास के पिछले स्तरों तक पहुंचते-पहुंचते ये अपने निम्नतम व्यवहार पर उतर आये।

समय के अनुकूल मैंने देखा कि यदि मुझे लेखक का जीवन कायम रखना है तो कश्मीरी, खत्री और विशेष कर कायस्थ के कलेवर में पैठना होगा। मैं कायस्थ के कलेवर में बड़ी रुचि के साथ पैठा, क्योंकि इस्लाम और इस्लामी फौजों की प्रगति का वर्णन करने में यदि कोई मुसलमान इतिहासकारों का मुकाबला कर सकता था तो मैं। मैंने अपनी भाषा, अपना देश, अपनी तहजीब, सब कुछ विजेताओं के रंग में रंग लिया। मुसलमान तवारीखनबीसों का तरीका था कि वे दुश्मन की रूह को 'दोजख', 'रसीद' किया करते थे। मैंने भी उन लड़ाईयों में विजेताओं की जबान अपने मुहं में रखी और अपने काफिर भाइयों की रूह को 'दोजख की राह' भेजना शुरू कर दिया, और सदियों उन्हें उसी राह भेजता रहा।

पिछले दिनों में तो मैंने कितने ही सफेद स्याह कर दिये, कितने की स्याह सफेद। जमीन की माप चाहे कुलोत्तुंग ने शुरू की हो, उसका सही बन्दोबस्त चाहे टोडरमल ने किया

हो, इस्तमरारी बन्दोबस्त चाहे कार्नवालिस ने किया हो, परन्तु जमीन का ब्यौरा मैंने दिया, उसकी चौहद्दियां निश्चित कीं और जब खसरा की बुनियाद पड़ी तब उसका इन्तजाम मैंने अपने हाथ में लिया।

मुसलमानी जमाने में अनेक ऐसे थे जो मेरी दस्तन्दाजी कागजात के मैदान में समझ सकते थे, पर अंग्रेजी हुकूमत में तो मैं सर्वेसर्वा हो गया। मैं पटवारी था। आंखों पर मोटा चश्मा रखे, बायें हाथ से कागज का कोना पकड़े, दाहिने में नरकट की कलम से मैं भाग्य-लेख बदल देता और कलम की नोक से ऐसी टांकी देता जिसे देख ब्रह्मा चकित रह जाते, विश्वकर्मा हैरत में आ जाते और मेरे आराध्य चित्रगुप्त मेरी सूझ को सराह उठते। कितने सर विलियम जोन्स आये और निकल गये, पर अपने गांव में बैठ मैंने जो एक बार लिख दिया, वह फिर न बदला, न बदला।

वकीलों को जब-जब गरीब किसानों को आपस में लड़ाने वाला कहा गया, तब-तब मैं हंसा क्योंकि उसका कारण वे न थे, मैं था। सैकड़ों हजारों मुकदमे, जो मैं चाहता, बुनियाद में ही संभाल देता, पर गांव की शान्ति मेरी प्रतिष्ठा और शक्ति में बाधक होती। मैं निरन्तर गांव की भोली जनता का गला घोटता रहा और जब उसने मुझे पहचाना तब मैंने उसे ब्राह्मणों से सावधान रहने की सलाह दी। कुछ अजब नहीं जो मेरे ही घर में जन्म लेकर प्रेमचन्द ने मुझसे बगावत की और अपने उपन्यासों में मेरे पटवारी नाम का रहस्य खोल दिया। आदमी, खास कर फंद का आदमी, जब जेर होता है तो अपनी ही औलाद से!

मैं एक बार फिर अपनी कहानी में पीछे लौटूंगा, क्योंकि मैंने जो अपनी कहानी की राह पकड़ी थी, वह पगडंडी की थी। राजमार्ग पर चलते हुए मुझे अपने उस रूप को प्रकट करना पड़ेगा जो अमीर खुसरो से शुरू होकर 'सुमन' तक जा पहुंचा। फारसी के स्पर्श ने अरबी को विलासिता का बाना दिया था। तलवार भारत की जमीन पर जब थककर म्यान में लौटी तब मेरी लेखनी ने दीवान, कसीदों और गजलों से भर लिये। मैंने 'सखि-साजन' के रू से बुझौवलों का विस्तार किया और इस्लाम के सम्पर्क से एक नई जबान को सिरजा। मेरी जबान चल गयी और मैं अधिकाधिक उसमें साहित्य-प्रणयन करने लगा। धीरे-धीरे एक ही क्रिया वाली दो भाषाओं ने अपनी-अपनी परंपराओं के साथ जन्म लिया और वे बढ़ चलीं। जिसे हम आज हिन्दी कहते हैं उसे हमने अपने हिन्दू-मुसलमान दोनों रूपों से सशक्त किया -- उसी प्रकार जैसे कालांतर में हिन्दू-मुसलमान दोनों ने उर्दू को सजाया और शक्ति दी।

मुगलों के आगमन से मुझे विशेष शक्ति मिली क्योंकि वे स्वयं भावुक थे, लेखक और शायर थे। बाबर ने अचरज की आपबीती लिखी और जहांगीर ने भी। हुमायूं गजब का शायर हुआ और यद्यपि अकबर स्वयं पढ़ा-लिखा न था, पर उसका दरबार साहित्यिकों का अखाड़ा था। अबुलफजल और फैजी, बाजबहादूर और तानसेन, सभी उसके दरबार मे थे। कुछ ही पहले मैंने अपने जायस के गांव में अपनी **पद्मावत** लिखी थी, तभी जब गंगा की लड़ाई में बिना गोली दागे भोजपुरी पठान शेरशाह के सामने से समरकन्द और

सीकरी के विजेता का बेटा हुमायूं भाग चला था।

पद्मावत मैंने जनता की बोली में लिखी। यह हिन्दी जन-बोली का पहला महाकाव्य था। ऐसा नहीं कि उस काल हिन्दू कवि न रहे हों। हिन्दू कवि थे, और एक से बढ़कर एक। परन्तु वे ब्रजभाषा में लिखते थे। पहला काव्य अवधी में मैंने लिखा, मलिक मुहम्मद जायसी ने।

शीघ्र जब उत्तर भारत में मैंने एक नयी विचारधारा से अनुप्राणित काव्य-दिशा की ओर पैर बढ़ाये। उसका भाव भक्तिमय था। काफी पहले इस्लाम की संस्कृति के साथ ही सूफी-सिद्धान्तों का भी यहां प्रचार हुआ था और मंसूर के नाले यहां भी बुलंद होने लगे थे। कबीर ने तभी एक सांस्कृतिक समन्वय को हिन्दुत्व के केन्द्र काशी में व्यक्त किया। चैतन्य और चण्डीदास ने भी बंगाल में एक नया राग गाया और पंजाब में गुरु नानक ने कबीर के समन्वय को आगे बढ़ाया। मीरा, सूरदास और उनकी परम्परा में अनेक ने कृष्ण का गान किया। परन्तु उस प्रज्ञाचक्षु गायक को छोड़ शेष प्रायः सभी अपने बोझिल मन को हलका कर रहे थे। बेनीमाधव ने तो अपने रस के अंकन से भगवान के नाम की लुटिया ही डुबो दी। निःसन्देह, इन सब कवियों में मैंने एक लहर उठायी थी — जो एक लम्बे काल तक उठती-गिरती रही।

निष्क्रिय विलासी राजाओं के आश्रय में मैंने उनका उद्दीपन किया। नित्य नये रस के संचार से मैंने अपने आश्रयदाताओं को कामातुर रखा, उनकी काम-चेतना जाग्रत रखी। मैं तब देव और बिहारी था, मतिराम और पद्माकर था।

परन्तु अपने इस रूप का अंतरंग व्यक्त करने से पूर्व उस रूप का उद्घाटन कर लूं जिसने **रामचरितमानस** और **भामिनी-विलास** की रचना की। **रामचरितमानस** की अभिसृष्टि कर मैंने समसामयिक सम्राट अकबर से बड़ा अपना साम्राज्य स्थापित किया। आज करोड़ों कंठो से राम की वह कथा नित्य गायी जाती है। मैं सुन कर संतुष्ट होता हूं। हिन्दी कवियों का नाम लिखते समय सभी काव्य की लेखनी मेरे नाम पर 'ससम्भ्रम' नीचे गिरती है। मैंने उस कथा से आश्चर्यजनक कीर्ति-लाभ किया है। निश्चय मेरा काव्य रस और अलंकार की दृष्टि से सर्वांग सुन्दर उतरा और उसकी वस्तु-कथा ने जन-जन को देव-शास्त्रों का ज्ञान कराया क्योंकि स्वयं वह वस्तु-कथा उनका निचोड़ थी। परन्तु आज जो मैं सदियों के बाद लौट कर अपने उस काव्य पर नजर डालता हूं तो उसके काव्य-सौन्दर्य से अलग उसकी कथा-वस्तु में कोई गौरव की बात नहीं पाता।

पुरानी रूढियां, पुराने चिन्तन की धाराएं, मनुष्य का पुरातन भेद पुरानी परम्परा से ही मैंने उसमें रखा था। मैं शूद्र और नारी के विरुद्ध किये अपने प्राचीन अपराध से ऊपर उठ न सका। जन-बोली का प्रयोग मैंने निश्चय मुक्तकंठ से किया, परन्तु स्पष्ट है कि रूढिवादिता जन-जन की भाषा का मान पाकर प्रगति की राह में पहाड़ बन बैठी।

शाहजहां के दरबार में शायरों की कमी न थी। परन्तु मैंने ब्राह्मण होकर जो वहां अपनी संस्कृत से अपना प्रभाव बढ़ाया, वह मेरी मेधा का चमत्कार है। मुझे यद्यपि अनेक बार ब्राह्मण-आचरण से विदा लेनी पड़ी और शतरंज की बैठकों में तो मैंने प्रायः मुसलमानी

बाना ही पहन लिया, परन्तु 'लवंगी' का पुरस्कार क्या मेरी प्रतिभा के अनुकूल न था? – **भामिनी-विलास** की साकार मूर्ति वह 'लवंगी' क्या सौ-सौ ब्राह्मण-धर्मों का मूल्य न थी? लेकिन 'पंडितराज' मैं फिर भी बना रहा और अपने पाप का सारा मैल विश्वनाथ की छाया में, गंगा की तरंगों में, मैंने धो डाला। ताम्बूल-आस्वादन, दरबार-सेवन और कामिनी-रमण ही मुझ जगन्नाथ के तीन विकार थे। काव्य-मर्मज्ञ होने के कारण में निरन्तर इनका अधिकाधिक आमृत्यु सेवन करता रहा।

अब केशव, बिहारी, देव, मतिराम और पद्माकर की परम्परा में, जयसिंह के आश्रय में, मैंने अत्यन्त अद्भुत हस्तलाघव दिखाया। मूछों को ऐंठकर लोगों की नजर बचा नदियों के जनाने घाटों पर रमा करता और अनुभूति का सौन्दर्य मैंने अपनी 'सतसॅया के दोहरों' में निखारा, जिस पर हाल की गाथा-सप्तशती की भी कुछ कम छाया न थी । मेरी परम्परा मतिराम और पद्माकर ने और आगे बढ़ायी तथा बढ़ाते ही रहे जब तक भूषण के रूप में उसी औरंगजेब के दरबार में मैं बगावत न कर बैठा। फिर जो मैंने अपनी घोड़ी को ऐड़ लगायी तो छत्रसाल के बुन्देले दरबार में, फिर क्षत्रपति शिवाजी के राजगढ़ में ही रुका। फिर तो बुन्देले वीर और क्षत्रपति शिवाजी की यशस्वी कीर्ति में ही मेरी वाणी कम्पित हुई।

8

फिरंगियों के देश में अपने के बाद यहां योरप का ज्ञान-भंडार खुल पड़ा। तब मैंने जाना कि अन्य देशों की संस्कृति भी हमारी संस्कृति से कुछ कम गौरव की नहीं, न उनका साहित्य ही हमारे साहित्य से किसी प्रकार घट कर है। धीरे-धीरे देश में अंग्रेजों ने अदालतें कायम कीं, डाक-तार घर बनाये। रेलें दौड़ायीं और सर्वत्र जो बाबुओं की जरूरत पड़ी तो अनेक नयी शैली के विद्यालय खुल; मेरे ज्ञान-भंडार में एक नये साहित्य का प्रादुर्भाव हुआ। बंगाल में मैंने नयी कविता-धारा प्रवाहित की और **मेघनाद वध** लिख डाला। शीघ्र ही बाद मैंने उपन्यासों की एक शृंखला प्रस्तुत की, जिनमें से एक आनन्दमठ ने भारत को उसका प्रसिद्ध राष्ट्रीय गान 'वन्दे मातरम्' प्रदान किया।

उन्हीं दिनों काशी में एक नये युग का आरम्भ हुआ जिसमें हरिश्चन्द्र की बैठक से जो साहित्यधारा बही, वह यद्यपि स्वयं नगण्य थी, उसने पिछले और आगे वाले युगों के बीच स्पष्ट अन्तर डाल दिया। तब से हिन्दी के नये युग का प्रारम्भ हुआ जिसमें विशेष योग बंगला-साहित्य और उससे होकर आने वाली अंग्रेजी-साहित्य की धाराओं का था।

बंगाल में राजा राममोहन राय और उनके बाद केशवचन्द्र सेन और वेदेन्द्र ठाकुर ने ब्रह्म-समाज की नींव डाली थी। वह पूर्व और पश्चिम की संस्कृतियों का समन्वय था। ब्रह्म-समाज के प्रबल स्तम्भ उन्हीं महर्षि देवेन्द्र के घर में तब मैं रवीन्द्रनाथ ठाकुर के नाम से जन्मा और टैगोर के नाम से जगत-विख्यात हुआ। पिता की समन्वित संस्कृति की पृष्ठभूमि मैंने पायी थी और जो साहित्य मैंने अपनी नवीन शैली में प्राचीन भारतीयता के योग से प्रस्तुत किया, उसने संसार में मेरी ख्याति अमर कर दी। मैंने अपनी ऊंचाईयों

से भारत का गौरव बढ़ाया और अपनी कविताओं में मैंने माधुर्य, चिन्तन और गरिमा भरी, जिसमें वर्तमान के प्रति क्षोभ था और भविष्य के प्रति आदर तथा आशा का प्रकाश।

अपनी कविताओं में नवीन आशा का संचारक और नये संदेश का वाहक होकर मैं उठा। मैंने उपन्यास और कहानियां भी लिखीं, परन्तु उनमें मेरी कविताओं की ऊंचाइयां न आ सकी। मैं प्रवृत्तित और तत्त्वतः कवि था, गायक। परन्तु अपने समकालीन शरत्चन्द्र में मैं निश्चय उपन्यास की शैली में अन्यन्तः ऊंचा उठ गया और प्रान्तीय भाषाओं ने उपन्यास-लेखन में मेरी नई शैली का अनुसरण किया। बंगाल के मध्यवर्ग के कृत्रिम साधन-विहीन लोलुप जीवन को मैंने अपनी कृतियों में खोल कर रख दिया।

हिन्दी के क्षेत्र में मैं प्रेमचन्द होकर जन्मा। भारत में तब राष्ट्रीय कांग्रेस ने होमरूल के आन्दोलन को जन्म दिया था। दक्षिणी अफ्रीका के सत्याग्रह के बाद सन् 14 में महात्मा गांधी ने देश का दौरा किया और राजनीति में एक नये आदर्शवाद का प्रयोग आरम्भ किया। अभी तक मुझ पर शरत् का प्रभाव बना था और उसी के परिणामस्वरूप मैंने अपना **सेवासदन** देश को भेट किया। परन्तु उसमें आदर्शवाद की नयी प्रेरणा को मूर्त करना मैं न भूला। उसहयोग आन्दोलन के बाद उसी स्वर में मैंने **रंग भूमि** की रचना की।

मेरा चेतन-संसार अब फैल गया था और मेरा दृष्टिकोण काफी व्यापक हो उठा था। **रंग-भूमि** का मंच जो मैंने प्रस्तुत किया उस पर हिन्दू, मुसलमान, ईसाई, भिखमंगे, किसान और सेठ, पुलिस, पटवारी और अहलकार सभी उतरे। परन्तु आन्दोलन के बाद जिस प्रकार देश की राजनीति स्तम्भित हो गयी, मेरी लेखनी भी कुछ उसी प्रकार कुण्ठित हो चली और **कायाकल्प** के रूप में मैंने नितान्त निष्क्रिय पलायनता को चरितार्थ किया। परन्तु **गबन** में मेरी कला एक बार फिर निखरी और **गोदान** में तो मैंने उस साहित्य की रचना की, जो पहले मैं न तो रवीन्द्र के रूप में दे सका था, न शरत् के।

मैंने अपनी दुनिया अब देख-समझ ली थी। देश और समाज को किस साहित्य की आवश्यकता है, यह दृष्टि मुझे मिल गयी थी। व्यक्ति के स्तर से उत्तर कर मैं उस असीम फैले समाज के तल पर आ गया था जहां का नेतृत्व 'होरी' और 'धनिया' के हाथ में था। आदर्श अब गांव का वह उपेक्षित किसान था जिसकी इकाई पर नये समाज की अभिसृष्टि होनी थी। बौद्धिक रूप से वर्गो के वैषम्य को प्रकट करने के विचार से लेखक को प्रगति का केन्द्र बना मैंने अपना अन्तिम उपन्यास मंगलसूत्र लिखना शुरू किया, परन्तु तभी मेरे उस रूप का धागा टूट गया और साथ ही मंगलसूत्र का भी।

9

हिन्दी काव्य-जगत में मैंने एक नये रूप में प्रवेश किया। एक ओर तो मैंने खड़ी बोली का रूप संवारा, दूसरी ओर ब्रजभाषा को भी मरने न दिया, यद्यपि उसके प्राण कंठ में आ अटके थे। मेरा **प्रिय-प्रवास** लोगों को निश्चय प्रिय लगा यद्यपि उसमें मैंने पुरानी कथा-वस्तु को ही अपनाया था। फिर मैं भारतीयता के पतन को देख अपनी अवस्था पर

निश्चय विचार करने लगा और धीरे-धीरे साकेत तथा यशोधरा का सर्जन किया, यद्यपि **प्रिय-प्रवास** की वस्तु चेतना के फिर भी मैं समीप ही बना रहा। **पथिक** निस्सन्देह मेरी राजनीतिक भावनाओं का प्रतिबिम्ब था और भारतीय जगत की वस्तु-स्थिति के अनुकूल ही उतरा।

इसी युग में एक नयी धारा का विकास हुआ जिसमें मैंने 'पंत', 'निराला' और 'प्रसाद' की त्रिमूर्ति धारण की। 'पंत' के रूप में मैं एक नया प्रयोगी था 'निराला' के रूप में मैं परम्परा की रूढिवादी शृंखलाओं को तोड़ उन्मुक्त हो गया था और 'प्रमाद' की दृष्टि से मैंने राजमार्ग पर पीछे की ओर मुहं कर लिया।

मेरे इस नये रूप को विशेषतः एक नारी ने भी अंगीकार किया और 'छायावाद' के इस प्रजनन में उसका प्रकट योग मिला। 'छायावाद' विशेषतः एक प्रकार का पलायनवाद था। उसमें चिन्तन का विज्ञापन था, परन्तु चिन्तन था नहीं। पर उसने भाषा को कुछ अत्यन्त मुदृ शब्दावली दी।

'छायावाद' की कृत्रिम निष्क्रियता से ऊब कर कुछ काल तक खुली हवा मं सांस लेने का 'पंत' ने भी प्रयत्न किया और 'निराला' तो सर्वथा उसके प्रतिबंध तोड़ स्वच्छन्द ही हो गया। परन्तु 'प्रसाद' के रूप में फिर भी मैं उसके टूटे ताने को संभालता रहा और उस प्रतिगति की अपनी **कायामनी** में पराकाष्ठा कर दी।

इसी प्रकार अतीत के संसार के पुनर्निमाण की भावनाओं से मैंने नाटक भी लिखे और प्रयत्न किया कि मिटा हुआ अतीत लौट आये, यद्यपि मैं जानता था कि मरा हुआ अतीत उस रूप में अब लौट न सकेगा क्योंकि उसकी मृत्यु की आवश्यकता ने ही उसको मारा था। परन्तु जैसे प्राचीन नीतिकार ने कहा था – 'आहार न अन्न है, न फल, आहार मूर्ख है और वह बुद्धिमानों का है।'

इस सिद्धांत में मेरा पूर्ण विश्वास था और मैं जानता था कि मेरे स्वप्न का जादू उन स्वप्निल भावुक 'माध्यमों' पर चलेगा जिनकी देश में, विशेषकर काशी में कमी नहीं। मेरी **कामायनी** चाहे ज्यादा टिकाऊ न हो सके, पर निस्संदेह कुछ दिनों और चलेगी और उसका प्रभाव उसी मात्रा में गिरता जायेगा जिस मात्रा में उन भावुकों की संख्या कम होती जायेगी।

अतीत को खोलना आवश्यक था, भविष्य के निर्माण के लिए, उसके लौटाने के लिए नहीं – और उसे मैंने खोला भी, लेकिन ...

नितान्त निर्भीकता और साहस से मैंने अपने सत्य के प्रयोग लिखे, फिर अंग्रजी के मूल-माध्यम से जो अपनी कहानी लिखी वह भारत की स्वतंत्रता के संघर्ष की कहानी थी, उसकी राजनीतिक प्रगति का उद्घाटन। निश्चय तब मैं ख्याल की बुलंदी, भाषा के माधुर्य, शैली के निखार की दृष्टि से असाधारण माना गया।

आज मेरी अवस्था असाधारण है। ईमानदारी से जीवित रहना कठिन हो रहा है। सत्य के उद्घाटन में वस्तु-स्थिति लिखकर में औरों को कुपित करता हूं, दुश्मन बनाता हूं। चारों ओर दैत्यों का संघ खड़ा है, रात्रि जैसे अपनी उस काली चादर से मुझको और